KB152596

똑똑한 개인주의자를 위한 타인 사용설명서

# 똑똑한
# 개인주의자를 위한
# 타인 사용설명서

에릭 바커 지음 | 박우정 옮김

TORNADO
토네이도

내가 망친 모든 관계들에게

헨리 토머스 버클은 이런 말을 한 적이 있다.

"위대한 사람들은 개념을 논하고 평범한 사람들은 사건을 이야기하며

소인배들은 사람에 대해 떠든다."

나는 이 책에서 사람에 대해 떠들려고 한다.

# 머리말

아직 아무도 총에 맞진 않았다. 그래, 나도 안다, 당신에겐 썩 마음 놓이는 얘기가 아니라는 걸. 하지만 내가 지금 앉아 있는 곳의 사람들에겐 정말 좋은 소식이다.

　두 사내가 편의점을 털려고 시도했지만 직원이 몰래 비상경보를 울렸다. 경찰이 도착하자 악당들은 출입구를 막고 직원을 인질로 붙잡았다. 비상근무대(Emergency Service Unit)-특수기동대(SWAT)의 고급스러운 표현-가 편의점 밖에 진을 쳤고, 뉴욕경찰국의 인질 협상팀이 용의자들과 연락을 취하고 있다.

　아, 그리고 오늘 협상팀에는 특별한 손님이 한 명 있다. 바로 나다. 안녕. 나는 '뉴욕 경찰국 톰슨 형사로부터' 따위의 이메일을 받을까 봐 평생 두려워한 사람이다. 하지만 사람을 상대하는 방법에 관한 책을 쓰고 싶었고, 이 일이 뭔가를 배울 재미있는 기회 같았다. 그래서 지금 여기에 와 있다. 사실 '재미'라는 단어가 제일 먼저 떠오르는 상황은 아니다. 특수기동대 팀들이 동원되었고 목숨이 왔다 갔다 한다. 여기 오지 말고 사람들에게 총구가 겨눠져 있지 않은, '새 시대의 인간관계 세미

나' 같은 곳에서 주말을 보내는 쪽을 선택했어야 했는데. 여러분, 나는 이처럼 위험한 일도 전부 직접 하는 사람이다. 다음의 5분은 내 인생에서 가장 스트레스가 심했던 10년과 맞먹을 예정이다.

이상하게도 전화기 저편의 남자는 꽤 착해 보인다. 하지만 아직 안심하기엔 너무 이르다. 인질 협상은 첫 30분이 가장 위험하다. 친밀감도 조성되지 않았고 감정전이도 되지 않았으며 일이 어긋날 경우 완충제 역할을 해줄 것도 전혀 없기 때문이다. 그저 아드레날린과 공포밖에 없는 상태다.

협상가가 그와 이야기를 시작했을 때, 나는 우리 쪽에서 취해야 할 적절한 절차들을 상기하고 있었다. **속도를 늦추어라. 적극적 청취 기법을 이용하라. 목소리 톤이 중요하다. 당신의 행동이 전염성이 있다는 걸 기억하라. 하지만 지금 가장 중요한 한 가지는 상대가 계속 말을 하게 만드는 것이다.** 상대가 당신에게 이야기를 하는 동안은 사람을 쏘지 않기 때문이다. 그런데 유감스럽게도 그는 더 이상 우리와 대화하고 있지 않다. 전화가 뚝 끊어졌다. 상황이 이보다 더 나빠질 순 없었다.

용의자 쪽에서 다시 전화를 걸어 왔다. 하지만 아까 그 남자가 아니라 다른 사람이었다. 말이 빠르고 쉴 새 없이 욕을 해대는 사람. 나는 이 사내가 하는 말을 다 알아듣지도 못했다. 감방에 갔다 왔고, 갖가지 다른 중범죄들과 함께 몇 년 전에 두 사람을 죽였다는 말은 귀에 들어왔다. 나는 완전히 기겁하면서 "놀라지 말자" 하고 속으로 중얼거렸다.

협상가가 용의자의 말에 답했다. "좌절감을 느끼신 것 같군요" 맞다,

대단히 절제된 표현이다. 하지만 실은 기본적인 '적극적 청취 기법' 중 하나인 '감정 상태 정의하기(labeling)'로 대응한 것이다. 인질범의 감정에 이름을 붙이는 방법이다. UCLA의 매튜 리버만Matthew Lieberman이 수행한 신경과학 연구에 따르면, 이 기법은 꽤 강력한 감정들까지도 약화시킨다는 것을 확인해준다. 또한 이 기법은 당신이 상대방과 말이 잘 통한다는 것을 보여줌으로써 친밀감을 조성한다.

"좌절했지! 당신네는 특수기동대 팀을 통째로 데려왔더만?!? 내 조카가 겁이 나서 죽으려고 한다고!"

"조카요?" 이번엔 '따라하기(mirroring)' 기법이다. 적극적 청취의 또다른 원칙으로, 질문 형식으로 상대가 말한 마지막 말을 반복하는 것이다. 그렇게 하면서 더 많은 정보를 얻고 친밀감을 쌓는다.

"그래, 당신이 방금 전에 통화했던 사람 말이야. 이봐, 난 교도소 밖 세상을 감당하지 못하겠어. 하지만 내 조카가 내 꼴이 되는 건 원하지 않아."

"걱정되시는 것 같네요. 조카의 미래가요. 당신은 조카가 그곳에서 안전하게 나오길 원하는군요." 감정 상태 정의하기 추가. 친밀감 조성하기 추가. 그리고 당신이 원하는 방향으로 천천히 상대에게 조금씩 다가가기.

두 사람이 이야기를 계속하는 동안 용의자의 목소리 톤이 서서히 바뀌기 시작했다. 적개심이 풀리면서 마치 두 사람이 이 문제를 풀기 위해 서로 협력하는 것 같은 모양새가 되었다. 얼마 지나지 않아 용의자가 편의점 직원을 밖으로 내보냈다. 그 다음엔 조카가 나왔다. 그런 뒤 곧 그가 투항했다.

적극적 청취의 힘을 실제로 보니 얼굴을 한 대 맞은 것처럼 충격적이었다. 꼭 마술을 본 것 같았다. 이 기법은 단지 마음을 바꾸게 하는 정도가 아니라 사람들이 총을 버리고 징역형을 받아들이게 한다. 나는 흥분했다. 내 다음 책의 키워드를 발견한 것 같아서 흥분했고 통화한 사람이 내가 아니어서 더 흥분했다.

그때 협상가가 나를 보며 말했다. "에릭, 이제 당신이 통화할 차례예요."

아, 내가 지금 이게 모의 훈련이라고 말하는 걸 깜빡했던가? 아이고 이런. (나를 '못 믿을 이야기꾼'이라고 부르진 말길. 그러면 우리 어머니는 나를 집세도 제때 못 내는 작가라고 생각하실 거다.) '모의' 상황이지만 내 아드레날린이 솟구칠 만한 충분한 이유가 있다. 뉴욕경찰국의 훈련 시설은 굉장하다. 면적이 공항 터미널만 하고 마치 할리우드의 야외 촬영지를 연상시킨다. 인질 사건이 가장 흔히 일어나는 곳, 그러니까 은행 로비나 경찰의 사건 접수부, 옥상에서 뛰어내리려는 상황, 편의점(오레오 쿠키도 갖춘)을 사실적으로 재현한 세트가 마련되어 있고 전문 배우들이 가해자와 인질을 연기한다. 배우들은 내가 그 어떤 것을 대할 때보다 더 진지하게 이 일에 임한다. 그리고 마땅히 그래야 한다. (사실 나는 뉴욕경찰국의 요청으로 훈련 규정의 비밀 유지를 위해 시나리오의 일부 요소들을 바꾸었다.)

모의 공포를 잔뜩 느낀 나는 더할 나위 없이 기분이 좋아졌다. 산꼭

대기에 올라가 요가 수행자들과 함께 대인관계 기술을 공부하고 사람에 대한 깨달음을 얻은 것 같았다. 훈련이 끝난 뒤 사람들과 어울리는 동안에도 하늘을 둥둥 떠다니는 기분이었다. 나는 인간의 소통에 대한 마스터키를 발견했다. 바로 적극적 청취다. 이제 나는 가정에서의 관계 개선을 위해 사람들에게 무엇이 필요한지 알게 되었다.

"그런데 이 기법이 집에서는 아무 효과가 없어요." 그때 협상가들 중 한 명이 내게 말했다.

뭐라고? 심장이 멎는 것 같았다.

"배우자한테는 안 먹혀요. 이 기법들은 집에서 배우자를 대할 땐 효과가 없을 거예요." 또 다른 협상가가 고개를 끄덕이며 '만고의 진리'라는 듯 킥킥 웃었다. 나는 놀라서 입이 벌어졌다. 살맛이 뚝 떨어졌다. 사람을 대하는 이 놀라운 시스템이 아내가 화를 내거나 남편이 얼간이처럼 굴 때는 소용이 없을 거라고? 생명은 구할 수 있는데 결혼 생활은 못 구한다고? 나는 그 사람들에게 소리를 지르고 싶었다. 당신들은 내가 책을 써야 하고 정곡을 찌르는 인상적인 문구를 만들어줄 답이 필요하다는 걸 몰라?

그렇다. 이 방법은 효과가 없다. 인질 협상가들의 말이 옳았다. 워싱턴대학교의 심리학 명예 교수인 존 가트맨John Gottman이 실제로 이 문제를 가지고 실험해보았다. '적극적 청취'는 부부 문제를 해결하는 훌륭한 방법처럼 들린다. 실제로 수행자가 제3자이고 문제와 어느 정도 거리가 있는 인질 협상이나 치료에는 잘 먹힌다. 하지만 부부 싸움은 다르다. 부부 싸움의 주제는 '쓰레기를 버리지 않은 당신'이다. 배우자가 당신에게 소리를 지르고 있는데 '따라하기', '감정 상태 정의하기', 그리고 '모든 감정 받아들이기'로 대화하라는 건, 마치 신체적 폭력을 당하고 있는데 달아나거나 반격하지 말라고 하는 것과 다름없다. 가트맨은 사람들이 흥분했을 땐 그렇게 할 수 없다는 사실을 발견했다. 실제로 적극적으로 상대의 말을 들을 수 있었던 몇 안 되는 부부를 대상으로 한 후속 연구들에서 그 방법은 단기적 효과만 보여주었다. 부부들은 금세 원래 상태로 되돌아갔다.

인질 협상에서는 단기적 효과도 괜찮다. 범인에게 수갑을 채울 시간 동안만 효과가 지속되면 된다. 그러면 완벽하다. 하지만 (바라건대) 오랫동안 지속될 결혼 생활에서 그런 단기적 효과만 있다면 완전한 실패다. 치료사들은 적극적 청취를 권했지만 가트맨 이전에는 실제로 이 방법을 테스트해본 사람이 없었다. 인질 협상가들을 제외하곤 말이다. 부부 상담 치료를 받고 1년 뒤 관계가 개선되었다고 보고한 부부가 18~25퍼센트밖에 되지 않는다는 연구 결과가 나온 건 아마 그 때문일 것이다.

인간은 복잡한 존재다. 3차원 체스만큼 복잡하다. 그렇게 복잡한 무언가에 단순한 마스터키가 있을 거라고 생각한 내가 순진했다. 내가 사람들을 상대하는 문제에 대해 했던 가정은 틀렸다. 그리고 여러분이 인간관계에 대해 알고 있다고 생각하는 많은 것들이 틀렸다. 워워, 진정해라. 그건 여러분의 잘못이 아니다. 우리는 평생 동안 상충되는 정보를 얻어 왔다.

- '옷이 날개인가?' 하지만 사람들은 내게 '겉모습만 보고 사람을 판단하지 말라'고 하는 걸?
- '유유상종'인가? 잠깐만, 나는 '정반대의 사람들끼리 끌린다'는 말을 들었는데?
- '그냥 당신답게 행동해야' 할까, 아니면 '로마에서는 로마의 법을 따라야' 할까?

당연히 혼란스러울 것이다. 어떻게 안 그럴 수 있겠는가? 하지만 이건 매우 중요한 문제이니 조금 더 신중해야 한다. 하버드 의과대학에서 진행한 '그랜트 연구(Grant Study)' 결과를 보자. 268명의 남성들을 80년 동안 추적 조사해 얻은 이 연구에서, 연구 대상자들에 관해 축적된 데이터의 양이 방 여러 개를 채울 정도였고, 무엇이 오랫동안 행복하게 사는 데 도움이 되는지에 관한 풍부한 통찰이 나왔다. 참가자들과 마찬가지로 역시 오랜 세월에 걸쳐 이 연구를 이끌었던 조지 베일런트George Vaillant 교수에게 이러한 수십 년간의 연구를 통해 무엇을 배웠는지 묻자 그는 한 문장으로 대답했다.

**'인생에서 정말로 중요한 단 한 가지는, 타인과 관계 맺는 것이다.'**

그 방대한 연구가 단 한 문장으로 압축될 수 있다는 게 말이 안 되는 것 같다. 하지만 이 말은 진실처럼 들린다. 우리는 인생에서 피상적인 일들을 쫓느라 많은 시간을 보낸다. 하지만 나에게 힘든 일이 닥치거나 늦은 밤 머릿속에 많은 질문이 떠오를 때면, 가장 중요한 것은 결국 사람이라는 것을 깨닫게 된다. 그 사람은 과연 믿을 만한 사람일까? 나를 진심으로 이해해주는 사람이 있을까? 내게 정말로 신경 써주는 사람이 있긴 할까? 여러분이 가장 행복했던 순간들을 떠올려보면 거기엔 아마도 사람이 있을 것이다. 가장 고통스러운 순간을 떠올려도 마찬가지일 거다. 이처럼 타인과의 관계는 우리의 삶을 만들거나 망가뜨린다.

인간은 수천 년 동안 서로를 상대해왔는데도 여전히 관계를 제대로 이해하지 못하고 있다. 우리는 어째서 이 문제에 대해 명확한 답을 얻지 못하는 걸까? 인생에서 가장 중요한 문제 중 하나라고 할 수 있는 관계에 대해, 우리는 대부분 타고난 사회성이나 어디서 주워들은 말들, 그리고 고통스러운 손절의 경험을 통해 혹독하게 얻어가는 약간의 통찰력에만 의존하고 있다. 혹자는 이미 인간관계를 주제로 한 많은 자료가 있다고 말할 수도 있겠지만, 우리는 그런 책들 대부분이 기껏해야 허울만 그럴듯한 의견을 담고 있고, 과학적 정확성이라곤 월간지 뒷면의 오늘의 운세를 참고하는 수준이라는 것을 익히 알고 있다. 우리에겐 진짜 답이 필요하다.

지그문트 프로이트는 "사랑과 일이 우리 인간성의 초석이다"라고 말했다. 내 첫 번째 책은 일에 관해 다루었다. 그리고 이제 이 책에서 프로이트가 한 말의 나머지 절반을 다루려고 한다. 바로 관계다.

이 책은 관계에 있어 우리가 잘못 생각하는 것이 무엇인지와 어떻게 하면 좀 더 올바로 이해할 수 있는지를 다룬다. 우리는 자라면서 들어온 격언들을 테스트하고 과학적으로 이치에 맞는지 살펴볼 것이다.

- '겉만 보고 사람을 판단할 수 있을까?' 아니면 그건 텔레비전에 나오는 셜록 홈스만 할 수 있는 일일까?
- '어려울 때 친구가 진정한 친구일까?' 그리고 이 문구의 진짜 의미는 무엇일까?
- '사랑이 모든 것을 이길까?' 혹은 이혼율이 그렇게 높은 데는, 안타까울 정도로 확실한 이유가 있는 걸까?
- '어떤 사람도 섬이 아닐까?'(솔직히 말해 나는 항상 내가 군도에 더 가깝다고 느꼈다.)

이 책에서는 이용 가능한 최고의 증거들을 활용할 것이고, 진부한 얘기나 미신적 사고는 없을 것이다. 그리고 문제의 여러 측면들을 살펴본 뒤 판결을 내리겠다. 우리는 놀랍고 반직관적인 것들을 발견할 것이고, 그 발견은 흔들면 그림이 사라지는 장난감처럼 통념들을 지울 것이다. 우리는 잘못된 고정관념들을 깨부수고 진짜 답을 찾은 뒤 사랑과 따뜻한 정, 선의로 가득 찬 삶을 사는 데 그 정보를 어떻게 이용할 수 있는지 배울 것이다.

나는 지난 10년 동안 내 블로그 'Barking Up the Wrong Tree(헛다리짚기)'에서 인간 행동 과학에 대해 공부했다. 나는 근사한 학위를 여러

개 받았고 심지어 뉴저지주에서 자라면서 살아남은 사람이다. 하지만 이 관계 지옥 여행에서 여러분을 안내하는 베르길리우스(단테의 《신곡》에서 지옥 여행의 안내자로 등장하는 인물-편집자 주) 역할을 내게 맡겨야 하는 건 그런 이유들 때문이 아니다.

나는 이번 생에서 여러 호칭으로 불렸지만 '사람들과 어울리기 좋아하는 사람'으로는 불려본 적이 없다. 친화성은 심리학자들이 누군가의 성격을 평가하기 위해 사용하는 다섯 가지 기본 특성들 중 하나인데, 그 특성에서 나는 4점을 받았다. 100점 만점에 4점. 인간관계에 있어 나는 주차 브레이크를 걸어놓고 삶을 운전해온 셈이다. 내가 사회 심리학을 공부하기 시작한 한 가지 이유는 나 스스로가 사람들과 잘 지낸 적이 없어서 그 이유가 알고 싶었기 때문이다. 그러니 이 책은 "내가 전문가야. 내가 말하는 대로 해"라는 책이 아니다. "난 내가 뭘 하고 있는지 모르겠어. 그래서 나보다 훨씬 똑똑한 사람들과 이야기를 해봤어"라고 말하는 책이다. 여러분이 이 답들이 얼마나 필요하다고 느끼건, 얼마나 많이 관계에 실패했건, 외톨이이건, 아웃사이더이건, 혹은 이 모든 것이 절대 이해되지 않는 사람이건 간에, 내가 여러분 곁에 있다. 우리는 함께 이 여행을 떠날 것이다.

나는 관계의 핵심이, 우리의 뇌가 정체성, 선택 의지, 공동체를 만들기 위해 엮어내는 이야기들에 있고, 그런 이야기들은 우리를 결속시킬 뿐 아니라 조심하지 않으면 우리를 갈라놓을 수도 있다는 사실에 대해 이야기할 것이다. 그런 뒤에 인생의 의미에 대해 말해보겠다. 진짜다.

관계는 우리에게 최고의 행복을 안겨주기도 하고 **맙소사-이렇게-바닥까지-떨어질지-꿈에도-몰랐어**라고 할 정도의 최악의 순간을 가져다주기도 한다. 우리 모두는 약해지거나 곤혹스러워질까 봐 두려워한다. 때로는 자신이 저주받았거나 망가진 게 아닐까 생각한다. 우리는 파도를 막을 순 없지만 서핑을 배울 수는 있다. 여러분이 이미 사람들과 잘 지내건 혹은 사회적으로 불안을 많이 느끼는 내성적인 성격이건, 점점 더 정서적 거리가 멀어지고 외로워지는 이 시대에 우리 모두는 더 돈독한 우정을 쌓고, 사랑을 발견하고, 꺼져가는 사랑에 다시 불을 붙이고, 다른 사람들과 더 가까워져야 한다.

다른 사람들과의 문제는 대개 우리가 그들을 제대로 알지 못하는 데서 시작된다. 우리 모두는 다른 사람의 성격을 판단하려 애쓰다가 상처를 받는다. 타인을 정확하게 판단하는 법을 배울 수 있을까? 다른 사람이 무슨 생각을 하는지 과학적으로 알아차리는 법은? 거짓말을 간파하는 법은? 보디랭귀지를 해석하는 법은? 간단히 말해, '겉만 보고 사람을 판단할 수 있을까?'

이 질문에서부터 이야기를 시작해보자.

# 차례

# 1부
―

# 타인을 판단할 때의
# 주의사항

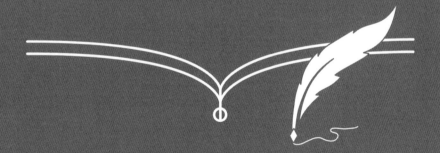

# 1장

## 타인이라는
## 수수께끼를 푸는 방법

그의 열여덟 살짜리 딸이 실종된 지 일주일이 지났지만 경찰은 알아낸 것이 없었다.

1917년 2월 13일, 헨리 크루거Henry Cruger의 딸 루스Ruth가 스케이트의 날을 갈러 나갔다가 돌아오지 않았다. 이 사건을 우선순위로 다루겠다는 최고위급 간부의 장담에도 불구하고 경찰의 수사는 이내 심드렁해졌다. 게다가 이 정도 고통만으론 부족하다는 듯 신문들이 벌떼처럼 달려들었다. 유명한 부잣집 딸이 실종되었다고? 언론 매체들이 환장할 만한 사건이었다.

아내는 밤이면 울부짖었다. 그도 잠을 이루지 못했다. 하지만 헨리 크루거는 포기할 사람이 아니었다. 그는 부자였고 영향력도 있었다. 그리고 자신이 딸을 찾아낼 수 있다고 믿었다. 지금 막 최고의 탐정을 고용했기 때문이다.

이 사람은 경찰관은 아니었다. 최근에 이 사람이 벌인 수사가 누군가를 사형선고로부터 구해냈다. 이 사람은 변장의 달인이었고, 전직 미국 지방 검사였다. 그리고 이 사람은 1917년에 어떤 남자도 마주하지 않았던 반대와 어려움들에 부딪치며 이 모든 일을 해냈다. 왜냐하면 20세기 초 미국에서 가장 위대한 탐정이었던 이 사람은 남자가 아니었으니까.

그녀의 이름은 그레이스 휴미스턴Grace Humiston이었다. 그리고 뉴욕의 신문들이 그녀를 '여자 셜록 홈스'라고 부르기까지는 그리 오랜 시간이 걸리지 않았다. 그 허구의 인물과의 비교는 안성맞춤이었다. 그녀의 삶이 추리소설에서 바로 튀어나온 것 같았기 때문이다. 그레이스는 검정색 옷만 입었다. 그리고 모든 사건을 무료로 맡았다. 당시 하버드와 컬럼비아의 로스쿨은 여학생을 받지 않았기 때문에 그레이스는 뉴욕주립대학교로 진학했다. 1905년 그녀가 변호사 시험을 통과했을 때 미국에는 여성 변호사가 고작 1,000명밖에 없었다.

그레이스는 가난한 이민자들을 대변하는 회사를 설립하고 그들을 착취하는 고용인들, 악덕 집주인들과의 싸움을 도왔다. 그녀는 사람들이 스팸 메일을 받는 것만큼 자주 살해 협박을 받았다. 일자리를 간절히 찾던 이민자들이 최남동부 지역에서 하나둘 실종되기 시작하자 그녀는 잠복근무를 하여 국가적 스캔들로 비화된 불법 노예 거래를 폭로했다. 스물일곱 살 때는 미국 최초의 여성 지방검사가 되었다. 여성이라

아직 투표권도 없던 사람에게는 나쁘지 않은 직책이었다.

하지만 루스 크루거 사건을 수사하면서 그레이스는 몹시 애를 먹었다. 사건이 오리무중에 빠졌을 뿐 아니라 언론의 관심도 식었다. 신문들은 온갖 불미스런 추측들을 모조리 쏟아내더니 유럽에서 격화되고 있던 제1차 세계대전으로 관심의 초점을 돌렸다. 어떤 도움의 손길도 없을 것이다. 천하의 셜록 홈스에게도 왓슨이 필요하다.

그레이스가 "크로니"를 만난 건 법무부에서 일할 때였다. 줄리어스 J. 크론Julius J. Kron은, 공무원 생활을 하기엔 좀 너무 공격적인-그리고 아마도 좀 너무 정직한-사람으로 유명했다. 그 점이 그레이스와 잘 맞았다. 핑커턴Pinkerton 사설 탐정소 출신으로 얼굴에 깊은 흉터가 있던 크로니는 항상 권총을 지니고 다녔다. 그리고 크로니는 그레이스가 걸핏하면 받는 살해 위협이 그저 위협으로 남게 하는 데 능숙했다. 크루거 사건의 경우, 크로니 자신이 세 딸의 아버지였기 때문에 그를 설득할 필요도 없었다. 두 사람은 루스를 찾는 일에 착수했다.

그레이스와 크로니는 시내의 모든 병원과 시체 보관소를 확인했지만 소득이 없었다. 용의자로 의심이 가는 사람은 알프레도 코키Alfred Cocchi, 한 사람뿐이었다. 그는 루스가 실종된 날 스케이트 날을 갈러 갔던 가게의 주인이었다. 경찰이 그를 심문했지만 아무런 혐의점도 발견하지 못했다. 경찰은 그를 용의선상에서 제외시켰다. 두 번씩이나 말이다. 최근에 이탈리아에서 이민 온 코키는 폭도들이 몰려올까 봐 겁을 먹고 본국으로 돌아갔다. 수사에 이용할 만한 정보가 별로 없었다. 그레이스와 크로니는 5주 동안 새로운 단서를 하나도 찾지 못했다.

하지만 그레이스는 포기하지 않았다. 그녀는 경찰이 무언가를 놓쳤다고 확신했다. 그녀와 크로니는 흩어져서 전체 수사를 처음부터 다시 시작했다. 크로니가 코키에 관해 더 많은 걸 알아내기 위해 타고난 '설득력'을 발휘하여 주민들을 상대로 탐문 수사를 펴는 동안, 그레이스는 사건과 관련된 모든 증거를 속속들이 다시 뜯어보았다.

크로니는 주민들과 이야기를 나누는 과정에서, 코키에게 경찰이 알아낸 것 외에 뭔가가 더 있다는 느낌을 받았다. 코키의 가게는 도박꾼들과 범죄자들의 아지트였다. 게다가 코키는 여자를 좋아했다. 그것도 많이. 그는 가게 문을 닫은 뒤 술자리를 벌이고 여성들을 지하실로 유인했다. 그가 젊은 여성들과 고객들 사이의 '만남'을 주선했다는 소문도 있었다. 그리고 폭행도 있었다. 하지만 그곳에서 피해를 입은 딸들의 평판이 나빠질까 봐 그들의 부모는 그 누구도 경찰에 신고하지 않았다.

한편 경찰의 사건 기록들을 검토하던 그레이스는 신문에 실리지 않은 무언가를 발견했다. 코키가 처음 경찰 조사를 받을 당시 얼굴과 손에 심하게 할퀸 상처가 있었다는 것이다. 이 단서가 최후의 결정타가 되었다. 그녀는 코키를 만난 적이 없지만 그가 범인임을 직감했다. 그리고 그걸 증명하려면 그 지하실에 들어가 봐야 했다.

하지만 코키 부인이 거부했다. 그녀는 남편이 달아난 뒤 가게를 수색하려는 시도를 일체 거절했다. 그녀는 심지어 망치를 들고 크로니를 위협하기까지 했다. 경찰이 이미 가게를 수색했기 때문에 그레이스가 영장을 발급받을 방법이 없었다. 그래서 그녀는 영장 대신 권리증을 받았다. 중개인을 통해 코키 부인에게서 가게를 사들인 것이다. 새로운 주인이 자신의 가게 지하실을 확인하겠다는데 막을 방법은 없었다.

그레이스, 크로니, 그리고 일꾼 몇 명이 차갑고 어두운 계단을 내려갔다. 작업장치고는 으스스할 정도로 텅 비어 있었다. 가구라고는 코키의 작업대 하나밖에 없었다. 일꾼들이 작업대를 옆으로 끌어당겼다. 그 아래의 마룻장이 뜯겨져 있었다.

그리고 콘크리트 바닥에 문이 보였다. 크로니가 문을 열고 어둠 속을 내려다봤다. 꼭 잉크를 들여다보는 것 같았다. 아래에 뭐가 있는지 알 길이 없었다. 크로니는 망설임 없이 어둠 속으로 뛰어내렸다. 그리고 털썩 떨어졌다. 무언가의 위에.

그건 시체였다. 부패가 너무 심해서 누군지 알아볼 수 없는 시체. 팔다리는 묶여 있고 머리는 함몰되어 있었다. 그런 뒤 그레이스가 그걸 발견했다. 피가 말라붙어 딱딱해진 스케이트 한 켤레.

1920년 10월 29일에 알프레도 코키는, 루스 크루거 살인으로 이탈리아에서 유죄 판결을 받았다. 그레이스는 코키를 한 번도 만난 적이 없지만 그가 범인이라고 직감했고 이를 증명했다. 그레이스는 셜록 홈스식 연역적 추론을 사용한 게 분명했다. 그렇지 않은가?

아니, 그렇지 않다. 《여자 셜록 홈스(Mrs Sherlock Holmes)》를 쓴 브래드 리카Brad Ricca에 따르면, 그레이스는 그 말에 코웃음을 치며 이렇게 답했다고 한다. "아뇨, 난《셜록 홈스》를 읽은 적이 없어요. 사실 난 연역법을 믿지 않아요. 언제나 상식과 끈기가 수수께끼를 풀 겁니다. 사건에 집요하게 매달리면 연극 같은 행동도, 왓슨 박사도 필요 없어요."

그러니 셜록 홈스를 빼닮은 실존 인물은 최고로 어려운 사건을 해결하는 데 있어 사람의 마음을 읽는 기술이 필요하지 않았다. 그녀는 심지어 가해자를 만난 적도 없었다. 사람을 보고 날카롭게 판단하는 기술은 소설 속에만 존재하는 걸까?

그건 아니다. 하지만 사람을 제대로 판단하는 법을 배우기에 앞서 지금껏 우리가 잘못 생각해왔던 일들 뒤에 숨은 비밀을 알아야 한다.


극도로 위험한 상황에서 정보도 거의 없이 누군가의 성격을 분석해야 하는 사람이 있다면 누구일까? 당사자들의 협조도 없고 목숨이 걸려 있는 문제일 때 사람들의 행동을 분석하는 황금 기준이 뭐라고 생각하는가?

연쇄살인범들에 대한 프로파일링 얘기다. 성격 분석 시스템을 구축하는 데 지금까지 적지 않은 시간과 에너지, 돈이 투입되어 왔다. FBI의 행동과학부는 1972년에 창설된 이후부터 쭉 이 작업을 해왔다. 겉만 보고 사람을 판단할 방법을 배울 훌륭한 출발점 같지 않은가? 그런데 한 가지 사소한 문제가 있다.

프로파일링은 효과가 없다. 프로파일링은 의사과학이다.

아마 당신도 프로파일링을 잘 해낼 것이다. 아무 훈련을 받지 않아도 말이다. 2002년의 한 연구에 따르면, 대학의 화학 전공자들이 훈련받은 살인사건 수사관들보다 더 유효한 프로파일을 작성한 것으로 나타났다. 헐. 2003년의 어떤 연구에서는 한 경찰 집단에게 전문가들이 작성한 진짜 프로파일을, 다른 경찰 집단에게는 가상의 범죄자의 가짜 프로파일을 주었다. 그들은 차이를 구별하지 못했다. 또 2007년의 한 메타분석(거시적으로 보기 위해 한 주제에 관한 모든 연구를 종합하여 고찰하는 방식)은 '알려지지 않은 범죄자의 성격을 예측할 때 프로파일러들이 다른 집단들보다 확실하게 더 뛰어난 분석을 내놓는 것은 아니다'라고 밝혔다.

영국 정부는 프로파일링을 이용하여 수사한 184건의 범죄를 살펴보고 프로파일이 도움이 된 사건은 2.7퍼센트뿐이라고 판단했다. 미국인인 저자가 왜 영국의 통계를 인용하는지 궁금할 것이다. FBI는 이런 유형의 데이터를 제공하는 것조차 거부하기 때문이다. 프로파일링이 얼마나 자주 도움이 되는가? 그들은 밝히지 않을 것이다.

이 모든 정보에도 불구하고 아직도 사람들은 프로파일링이 유용하다고 생각한다. 법적 사건들에 관여한 심리학자들에게 설문조사를 했을 때 실제로 86퍼센트가 그렇게 대답했다. 아마 여러분 역시 5분 전까지만 해도 프로파일링이 유용하다고 생각했을 것이다.

살인처럼 심각한 범죄를 다룰 때 가장 의존하는 시스템이 어떻게 이렇게 거의 쓸모없을 수 있을까? 어떻게 우리 모두가 속은 걸까? 사실이는 그리 놀라운 일은 아니다. 많은 사람들이 점성술과 가짜 심령술에 속곤 하니까. 아마 여러분은 '에이, 그건 완전히 다른 문제지'라고 생각할 것이다. 다르지 않다. 같은 문제다. 사실 똑같은 문제다.

심리학에서 이 문제는 '포러 효과(Forer effect)', 좀 더 와닿는 명칭으로 말하자면 '바넘 효과(Barnum effect)'라고 불린다. 이는 악명 높은 장사꾼 P.T. 바넘의 이름을 딴 용어다. 1948년에 대학교수 버트럼 포러Bertram Forer는 학생들에게 검사지를 나눠주며 성격 검사를 실시했다. 그리고 일주일 뒤 검사 결과를 바탕으로 각자의 고유한 성격을 묘사한 맞춤형 프로필을 학생들에게 나눠준 뒤 그 프로필의 정확성을 0점부터 5점까지 평가하라고 했다. 아주 정확할 때 5점을 주는 방식이었다. 학급의 평균은 4.3이 나왔고 4점보다 낮은 점수를 준 학생은 한 명뿐이었다. 그러자 포러가 학생들에게 진실을 말해주었다. 학생들이 모두 똑같은 프로필을 받았다는 것이다. 그런데도 모든 학생이 결과지를 보고는 "맞아, 이거 딱 나잖아"라고 말했다. 포러가 그 프로필을 어디에서 가져왔는지 아는가? 바로 점성술 책이다.

바넘 효과는 다른 연구들에서도 계속해서 나타났다. 이 현상은 우리의 뇌가 범하는 흔한 오류에 대해 말하고 있다. 코넬대학교의 유명한 심리학자 토머스 길로비치Thomas Gilovich는, 바넘 효과를 이렇게 정의한다. "바넘 효과는 사람들이 보편적 표현으로 똑같이 작성된 성격 평가인데도 점성술이나 성격 검사 같은 어떤 '진단' 도구를 바탕으로 자신을 위해 특별히 작성되었다고 믿을 경우, 자기 성격과 신기하게 맞아떨어진다고 인정하는 경향을 말한다."

여기에서 핵심적인 문제는 통계전문가들이 '기저율'이라고 부르는 개념이다. 간단히 말해 기저율은, 어떤 일이 평균적으로 얼마나 흔하게 일어날 수 있는지, 그 빈도를 말해준다. '전화 걸기'의 기저율은 터무니 없이 높다. '우주 유영하기'의 기저율은 극도로 낮다. 따라서 누군가가 전화를 걸었다는 필터링으로는 집단의 범위를 좁히는 데 별 도움이 되지 않는 반면, 누군가가 우주 유영을 했다는 사실을 알면 지구의 인구에서 단 몇 사람으로 범위를 줄일 수 있다.

경찰이 작성하는 프로필들은 (의도치 않게) 포러의 실험처럼 기저율이 높은 표현을 이용한다. 대부분의 사람들이 사랑받길 원할 때 누군가에게 사랑해달라고 말했다면 그 말이 진실일 가능성은 높지만 그리 통찰력 있는 말은 아니다. 타당해보이는 범죄자 프로필을 작성하고 싶은가? 기저율이 높은 일부 사실들(미국의 연쇄살인범의 75퍼센트가 백인이고 90퍼센트가 남성이다)을 택한 뒤, 틀릴 리가 없는 증명 불가능한 일들에 끼워넣어라('그에겐 성도착증이 있지만 그걸 인정하길 꺼릴 수 있다'). 마지막으로, 몇 가지 임의적인 추측을 하라('그는 아직 어머니와 함께 살고 있고 항상 옷을 캐주얼하게 입는다'). 이 추측들이 틀린 경우에는 어물쩍 넘겨질 것이다. 하지만 운이 좋아서 사실과 맞아떨어지면 당신이 천재처럼 보일 것이다. 위에서 말한 2003년의 연구에서 나온 결과가 딱 이것이었다. 연구원들은 의도적으로 바넘 효과를 이용하기 위해 모호한 주장들로 이루어진 프로필을 작성했고, 경찰관들은 그 프로필이 진짜처럼 정확하다고 판단했다.

포러는 학생들을 속였고, 범죄자 프로파일링은 우리 모두를 속여 온 것으로 나타났다. 우리는 기저율이 높은 약간 모호한 특성을 들으면 그 특성이 사실이길 바란다. 그리고 우리는 스스로 그것을 사실로 만들 증거를 찾는다. 또한 우리는 자신의 믿음을 확인해주는 일들은 기억하고 그렇지 않은 일들은 잊어버리는 경향이 강하다.

**사람들이 수정구슬과 타로 카드에 의지하는 건 확실한 답을 얻기 위해서가 아니라 스스로 삶을 통제할 수 있다고 믿게 하는 이야기를 듣기 위해서다.** 가짜 심령술과 무대 마술사들은 바넘 효과와 기저율을 이용해 마음을 읽고 미래를 예측할 수 있는 것처럼 보이게 만드는 '콜드 리딩(cold reading)'이라는 기법을 이용한다. 그리고 우리의 마음은 그들이 말해주는 이야기들이 사실인 것처럼 만들려고 애쓴다. 유심론자(Mentalist)인 스탠리 잭스Stanley Jaks가 이를 증명했는데, 그는 사람들의 운세를 본 뒤 결과와 반대로 이야기해주었다. 반응이 어땠을까? 아무 문제없었다. 사람들은 그 말을 그대로 믿었다.

말콤 글래드웰Malcolm Gladwell이 2007년에 〈뉴요커(New Yorker)〉지에 쓴 글에서 설명한 것처럼, 의도하지 않은 콜드 리딩이 프로파일링의 실체다. 프로파일링의 무익함에 대한 선도적인 연구자들 중 한 명인 로렌스 앨리슨Laurence Alison은, 점괘 풀이를 프로파일링과 비교한 연구까지 인용했다. '일단 고객이 모순되는 일련의 서술들을 이해하려고 적극적으로 노력하기 시작하면, 스스로 점점 더 서술들에서 일관성과 의미를 발견하려 애쓰게 된다.' 우리는 자신이 들은 말을 객관적으로 평가하고 있지 않다. 우리는 때로 모호함을 합리화하고 용납한다. 모호한 무언가를 '충분히 정밀한 것'으로 받아들인다.

아마 여러분은 타로 카드나 수정구슬을 믿는 사람들에게 '하키 IQ(경기 상황을 이해하고 예측하여 올바른 결정을 내리는 지능지수-옮긴이 주)'가 있을 거라고 생각할 수 있지만, 실은 우리 모두가 어느 정도는 이러한 편향에 영향을 받는다. 천문학자들보다 점성술사가 많은 근본적 이유는 이 때문이다. 길로비치가 설명한 것처럼, 인간은 아무 의미 없는 것에서 의미를 보기 쉽다. 정서적으로 우리는 주변 세계를 통제하고 있다는 느낌을 원한다. 또 세상이 적어도 이치에 맞는 것처럼 보이길 절실히 원한다. 그 때문에 우리에겐 사실이 아닐지라도 이야기가 필요하다. "아, 내가 누군가와 결별한 건 수성이 역행해서구나"라는 식으로 말이다.

사람들을 분석할 때의 진짜 어려움은 대개 사람들에게 있지 않다. 우리 자신에게 있다. 다른 사람들의 행동을 해독하는 일이 어려운 건 사실이다. 하지만 또 다른 숨겨진 문제, 우리가 거의 깨닫지 못하고 절대 해결하지 못하는 문제는 우리의 뇌가 종종 우리와 반대로 작동한다는 것이다. 우리는 사람의 마음을 읽는 비밀이 보디랭귀지에서 드러난 어떤 마법 같은 특별한 표시나 거짓말을 탐지하는 법을 익히는 것이라고 생각한다. 하지만 우리가 싸워야 하는 근본적 문제는 우리의 인지편향이다. 이것이야말로 우리가 정말로 극복해야 하는 것이다.

# 2장

# 사람의 마음을
# 읽는 기술이 있나요?

1891년 빌헬름 폰 오스텐Wilhelm von Osten은, 기르던 말인 한스Hans가 천재라는 걸 알아차렸다. 그래, 맞다, 앨버트 아인슈타인 같은 천재가 아니라 말치고는 천재라는 뜻이다. 한스는 역사상 가장 유명한 말들 중 하나가 되었고 과학사의 발전에 엄청나게 기여했다. 하지만 폰 오스텐이 예상하거나 바라던 방식으로는 아니었다.

폰 오스텐은 동물들의 지능이 과소평가되어 왔다고 굳게 믿었다. 이 문제에 어찌나 진지했던지 그는 한스에게 수학을 가르치기 시작했고, 정답을 맞히면 보상으로 각설탕과 당근을 주었다. 그는 날마다 한스에게 수학 강습을 했다. 무려 4년 동안이나(아마 그가 옆집에 살았다면 여러분은 미친 이웃을 두었다고 생각했을 거다). 하지만 말이 정말로 사람처럼 배울 수 있었을까? 아니면 말도 안 되는 소리였을까?

4년간의 훈련 뒤에 폰 오스텐은 한스의 실력을 선보이는 첫 번째 공개 쇼를 열었다. 무대 앞으로 구경꾼들이 모여들었다. 폰 오스텐이 한스를 보며 물었다. "2 더하기 1은?" 한스는 발굽을 3번 굴렀다. 구경꾼들의 얼굴에 흥미로운 미소가 퍼졌다. "16의 제곱근은?" 한스가 4번 발굽을 굴렀다. 미소가 놀라움으로 바뀌었다. "이번 주 수요일은 며칠이지?" 한스는 9번 발을 굴렀다. 구경꾼들이 헉 하고 숨을 들이켰다.

그런 뒤 오스텐과 한스는 분수 계산을 했다. 한스는 시간을 말하고 관객의 수를 헤아렸다. 심지어 안경을 쓴 관객의 수를 헤아리기까지 했다. 나중에 어떤 사람들은 한스가 14세 아이의 수학 실력을 가지고 있다고 평가했다. 한스가 구두 명령에만 대답하는 건 아니었다. 폰 오스텐이 칠판에 '3'을 쓰자 쿵-쿵-쿵 발을 세 번 굴러 답했다.

또 한스는 알파벳을 숫자로 바꾸어(A=1, B=2, 이런 식으로) 단어의 철자를 표현하고 질문에 답할 수 있었다. 색과 카드, 군중 속의 사람도 구분할 수 있었다. 노래를 연주하면 작곡가의 이름을 대고 그림을 보여주면 화가의 이름을 댔다. 완벽하진 않았지만 10번 중에 9번 정도는 정확했다.

'영리한 한스'라는 별명이 붙은 이 말에 대한 소문이 퍼지는 데는 그리 오랜 시간이 걸리지 않았다. 폰 오스텐은 한스를 데리고 순회공연에 나섰고 곧 한스는 매주 점점 더 불어나는 구경꾼들 앞에서 발을 굴렀다. 한스는 센세이션을 일으켰다. 독일 국경 훨씬 너머의 사람들까지 주목하기 시작했다. 하지만 당연히 회의적인 사람들도 있었다. 폰 오스텐이 한스에게 답을 알려주는 게 아닐까? 모든 게 조작 아닐까? 한스가 어찌나 유명해졌던지 마침내 정부가 나서서 이 기적의 말을 테스트했다.

1904년에 독일의 교육위원회가 한스위원회를 조직했다. 그리고 〈뉴욕 타임스〉의 보도대로 위원회는 아무런 사기도 발견하지 못했다. 무엇보다도 한스가 폰 오스텐이 없을 때도 놀라운 능력을 보여주었기 때문에 모두가 한스의 능력을 확신할 수밖에 없었다. 그 이후 한스에 대한 전설이 폭발적으로 증가했다. 이제 어떤 사람들은 이 말이 사람의 마음을 읽을지도 모른다고 믿었다.

하지만 모두가 그렇게 확신한 건 아니었다. 젊은 과학자이자 한스위원회의 일원이던 오스카 펑스트Oska Pfungst는 더 많은 테스트를 해보고 싶어 했다. 그는 이전의 연구보다 더 광범위한 질문을 던지고 훨씬 많은 변수를 시험했다. 한스는 여전히 우수한 실력을 보였지만 펑스트는 흥미로운 두 가지 변칙을 발견했다.

첫째, 위원회는 한스의 집중을 방해하는 요소들을 훌륭하게 통제했지만 아무도 이 말이 연구 중에 무엇에 주의를 기울이는지는 신경 쓰지 않았다. 펑스트는 한스가 '헤아려야 하는 사람들이나 물건들 혹은 읽어야 하는 단어들을 절대 보지 않았다. 그런데도 불구하고 적절한 답을 내놓았다'라고 기록했다. 둘째, 아무도 한스가 내놓은 틀린 답에 집중한 적이 없었다. 한스는 대부분의 경우 정답을 내놓긴 했지만 틀릴 때는 완전히 틀렸다. 이건 한스가 질문을 '이해'하지 못했다는 의미였다. 한스의 틀린 답들은 엉뚱한 오답이었다.

그래서 펑스트는 새로운 시도를 해보기로 마음먹었다. 그는 한스에게 눈가리개를 씌워 질문하는 사람을 보지 못하게 했다. 어이쿠. 처음으로 한스가 공격적이 되었다. 한스는 강하게 저항하면서 필사적으로 질문자를 보려고 했다. 그러다 마침내 눈가리개를 씌운 채로 가까스로 테스트를 끝냈다. 한스의 정답률이 89퍼센트에서 6퍼센트로 뚝 떨어졌다.

펑스트는 여전히 갈피를 잡을 수 없었다. 하지만 자신이 진실에 더 가까이 다가가고 있음을 알았다. 그는 이번에는 눈가리개를 벗겨 한스가 질문자를 볼 수 있게 했지만 질문자도 문제의 답을 모르게 했다. 이번에도 한스는 형편없는 성적을 보여 정확도가 90퍼센트에서 10퍼센트로 곤두박질쳤다. 질문자를 볼 수 없거나 질문자가 답을 모르는 상황에서는 한스의 아이큐가 급격하게 떨어졌다는 것이다.

펑스트는 마침내 정황을 이해했다. 한스는 천재가 아니었다. 한스가 할 수 있는 일은 사람을 극도로 잘 읽어내는 것이었다. 연구들에 따르면 말은 인간의 머리가 0.2밀리미터 정도로 미세하게 움직이는 것도 감지할 수 있다고 한다. 맛있는 각설탕에 동기부여가 된 한스는, 자신이 정확한 수만큼 발을 굴렀을 때 질문자가 무의식적으로 제공하는 단서를 알아차렸다. 한스는 먹이에 동기부여가 되어 자극에 반응하는 그냥 평범한 말이었다. 한스는 놀라면 발을 구르지 않았다. "와, 그거야말로 정말 놀라운 걸?" 아니다. 한스는 말들이 으레 그러하듯 짜증을 내며 가까이에 있는 사람을 물었다. 펑스트가 결과를 발표한 뒤, 말 주인인 폰 오스텐은 이성적이고 객관적인 반응을 보였다. 그는 완전히 진절머리를 내며 더 이상의 테스트를 거부하고는 말을 데리고 집으로 돌아갔다.

하지만 한스가 심리학뿐 아니라 과학 전반에 걸쳐 엄청난 영향을 미쳤음은 부인할 수 없다. 지금도 교과서에서는 '관찰자 효과'라고도 불리는 '영리한 한스 효과'를 언급한다.

이중맹검연구(double-blind study)라는 용어를 들어본 적이 있는 사람이라면 한스에게 감사해야 한다. 한스의 사례로부터 이 방식이 고안되어 연구 방법에 지대한 영향을 미쳤기 때문이다. 보통 의학 연구들은 참가자의 절반에게 진짜 약을 주고 나머지 절반에게 위약을 준다. 그런데 만약 실험자인 내가 무엇이 위약인지 알고 누군가에게 위약을 줄 때마다 킬킬거리며 눈을 희번덕거린다고 해보자. 한스의 경우와 마찬가지로 '답'을 아는 실험자는 의식적으로든 무의식적으로든 환자에게 정보를 제공하여 실험의 객관성을 떨어뜨릴 수 있다. 따라서 연구들은 환자도, 실험자도 무엇이 위약인지 모르는 '이중맹검' 방식으로 수행된다. 한스에게 눈가리개를 씌우는 것처럼 말이다.

한스는 천재가 아니었다. 하지만 사람들의 마음을 읽을 수 있었다. 그리고 말이 누군가의 마음을 읽는 법을 배울 수 있다면 분명 우리도 그럴 수 있다. 그렇지 않은가?

다른 사람들의 마음을 읽고 싶은가? 주변 사람들의 생각과 기분을 알고 싶은가? 당연히 그럴 거다. 우리는 이런 능력에 열광까지는 하지 않는다. 그러나 연구들은 이러한 능력에 있어 당신이 약간만 우위에 있어도 상당한 힘을 갖게 될 것이라고 말한다. '정확한 대인 지각'은 많은 개인적 이점과 대인관계에서의 이점을 가진다. 연구들에 따르면, 이런 능력을 소유한 사람들은, 더 행복하고 수줍음을 덜 타며 남들과 더 잘 어울릴 뿐 아니라 더 친밀한 관계를 맺는다. 또 월급이 더 많이 인상되고 더욱 우수한 업무평가를 받는다. 보디랭귀지와 비언어적 의사소통을 잘 해석하는 사람들을 자세히 관찰해보면 비슷한 긍정적인 효과들을 볼 수 있다.

우와. 나도 껴주길! 단, 한 가지 문제는 평균적으로 우리들 대다수가 이런 기술들에 완전히 엉망이라는 것이다. 내 말은, 우스꽝스러울 정도로 서툴다는 뜻이다. 시카고대학교의 교수 니콜라스 에플리Nicholas Epley 는, 우리가 낯선 사람들을 대할 때 그들의 생각과 기분을 정확하게 알아차리는 경우는 20퍼센트에 불과하다는 사실을 발견했다(무작위적 확률 정확도는 5퍼센트). 물론 아는 사람들을 대할 땐 좀 낫긴 하다. 하지만 그리 크게 낫진 않다. 친한 친구들을 대할 때는 30퍼센트, 부부의 경우 최고 35퍼센트다. 학교에서 그 점수면 F학점이다. 사실 G학점에 더 가까울 것이다. 당신이 배우자가 무슨 생각을 하고 있다고 추측하든지간에 3분의 2는 틀렸다는 뜻이다.

그런데 정말 재미있는 부분이 있다. **우리는 자신이 다른 사람들의 생각을 기가 막히게 잘 읽는다고 생각한다.** 이 성가신 뇌가 우리에게 아첨을 하고 있기 때문이다. 사람들에게 배우자의 자아존중감을 평가해보라고 하면 제대로 맞히는 경우가 44퍼센트다. 그런데 자신의 추측을 확신하는 경우는 82퍼센트다. 배우자와 함께한 시간이 길수록 자신감은 더 높아진다. 그런데 정확도는? 정확도는 향상되지 않는다. 하지만 분명 자신감은 더 커진다.

어떻게 이렇게 헛다리를 짚는 걸까? 그리고 이러한 부정확한 판단에 왜 그렇게 자신만만할까? 이를 전문 용어로 **자기중심적 닻내리기**egocentric anchoring라고 부른다. 에플리 교수는 우리가 자신의 관점에만 너무 사로잡혀 있다고 말한다. '대부분의 사람들은 실제보다 더 남들이 자신과 똑같이 생각하고 믿고 느낀다고 추정하는 경향이 있다.' 프로파일링과 마찬가지로 우리는 자신의 사고와 경험에 너무 갇혀 있다. 연구들에 따르면, 우리가 다른 사람들의 관점에서 생각하려고 노력할 때도 우리의 정확성은 향상되지 않는다. 자기중심적 편향이 감소되긴 하지만 그 자리를 대체하는 것들이 별반 나을 게 없기 때문이다. 다른 사람들에게 질문을 하면 정확성이 향상되겠지만 우리는 충분히 질문하지 않는다. 보통 우리는 자신의 사고와 경험 안에서만 놀고, 부정확한 추정들을 다른 부정확한 추정들로 대체한다.

그렇다면 다른 사람의 생각이나 감정을 특별히 더 잘 읽는 사람이 있을까? 한마디로 대답해야 한다면 나는 "아무도 없다"라고 하겠다. 그러나 엄밀하게 말하면 이 대답은 사실이 아니다. 분명 일부 사람들이 가까스로 좀 더 우위에 있다. 하지만 한도가 있다. 정신 건강 문제들은 한 분야에서는 슈퍼파워를 부여할 수 있지만, 다른 분야에서는 대개 결함들로 상쇄된다. 우리 모두는 그저 사람의 마음을 읽는 데 몹시 서툴다. 그러면서 행복하게도 우리의 형편없는 실력을 알지 못한다.

어떤 사람들은 이렇게 생각할 거다. "워, 워, 워, 여성들이 남성들보다 사람을 더 정확하게 읽지 않나?" 맙소사. 건드리면 안 되는 구역에서 땅따먹기 놀이라니. 정치적 안건들과 젠더 논쟁들은 제쳐 두고, 당신은 정말로 사람을 읽는 문제에 있어 남성과 여성 간에 차이가 있다고 생각하는가? 그렇다면 덤프트럭을 가득 채울 만한 과학 연구들은 뭐라고 말하고 있을까? (두구두구두구두구 드럼소리 자체 효과.)

맞다, 여성들이 더 낫다. 비언어적 의사소통을 감지하는 데 있어 여성의 우위에 대해서는 관련 증거가 많다. 2퍼센트 정도의 우위이지만 연령층, 검사 방법들, 문화들에 걸쳐 매우 일관성 있게 나타난다. 하지만 균일하게 나타나진 않는다. 여성들이 남성들보다 거짓말을 더 잘 감지하지는 않는다. 여성들의 우위는 표정 감지와 감정 인식에서 더 두드러진다.

그렇다면 왜 여성들이 남성보다 사람을 더 잘 읽는 것 같을까? 직접적인 생물학적 결과는 아닌 것으로 드러났다. 비결은 우리 모두를 더 나은 독심술사로 만들 수 있는 요인들 중 하나 때문이었다. 바로 동기부여다.

근본 원인을 찾기 위해 깊이 파고든 연구들에서 드러난 사실은, 평균적으로 여성들이 남성들보다 사람을 정확히 읽고자 하는 의욕이 더 크다는 것이었다. 그저 여성들이 관심이 더 많고 더 열심히 노력하더라는 것이다. 2008년에 제프 토머스Geoff Thomas와 그레고리 마이오Gregory

Maio가 수행한 연구가 요점을 명확하게 짚어주고 있다. 만약 연구원들이 남성들에게, "공감을 잘하는 사람이 되면 여성들이 당신에게 더 관심을 가질 거예요"라고 말해주면 어떻게 될까? 빙고. 남성들의 의욕이 높아지고 생각과 감정을 정확히 인식하는 능력도 그만큼 높아진다. 당근을 노리는 한스처럼 말이다. 물론 여기에는 이면이 있다. 의욕이 떨어지면 정확도도 떨어진다. 행복하지 않은 결혼 생활을 하는 남편들은 모르는 여성의 비언어적 표현을, 아내의 비언어적 표현보다 더 잘 읽어낸다. 으윽!

신경과학자들에게는 이 모든 일이 전혀 놀랍지 않다. 그들은 우리의 뇌가 대부분의 시간 동안 얼마나 게으른지 알고 있다. 동기부여는 거의 신경과학적 만병통치약이다. 신경을 쓰면 우리의 뇌는 거의 모든 일을 더 잘하게 된다. 우리는 기본적으로 무엇에건 거의 신경을 쓰지 않도록 설정되어 있기 때문이다. 보스턴대학교 교수이자 주의력 및 학습 연구실(Attention and Learning Lab)의 공동 설립자인 마이클 에스터먼Michael Esterman은 "과학은 사람들이 그 일을 좋아하는 등의 내면적 동기나 상을 받는 등의 외재적 동기로 의욕이 생기면, 일관된 두뇌 활동을 더 잘 지속하고 예기치 못한 상황에 대한 준비성을 유지할 수 있다는 사실을 보여준다"라고 말한다.

사람들이 연애 상대를 판단할 때는 정확도가 높아진다. 마찬가지로, 한 연구에서 불안 애착을 가진 여성들에게 남자친구와 예쁜 여성 연구원들과의 대화를 엿듣게 하자 어떻게 되었을까? 그렇다, 질문에 대한 남자친구의 대답을 정확하게 예측하는 여성들의 능력이 향상되었다. 하지만 얻거나 잃을 게 없는 경우 우리의 뇌는 그냥 빈둥거린다.

이런 유형의 책에서, 나는 으레 핵심 원리들에 재치 있는 명칭을 지어주어야 한다. '5초의 법칙' 같은 것 말이다. 장르를 따지는 사람들이 날 쫓아오는 건 사절이니 나는 이 현상을 **게으른 뇌의 원리**(Lazy Brain Axiom)라고 부르겠다.

**따라서 사람의 마음을 더 잘 읽기 위한 첫 걸음은 호기심을 갖는 것이다. 더 나은 방법은 자신에게 동기를 부여해주는 어떤 외부적인 이익이나 손해를 규정하는 것이다.**

문제는, 충분히 동기부여가 되었을 때도 우리의 기술을 향상시키는 데는 한계가 있다는 것이다. 우리는 선천적으로 타인의 마음을 잘 읽지 못한다. 동기부여가 정확성을 향상시키긴 하지만, 생각이 충분히 겉으로 드러나고 마음을 읽기 쉬운 사람들에 대해서만 그렇다. 보톡스를 맞은 수준으로 무표정한 사람을 대할 때는 동기부여가 그리 도움이 되지 않을 것이다. 그리하여 중요한 두 번째 혜안이 등장한다. 바로 **가독성이 독해 기술보다 더 중요하다**는 것이다. 사람의 마음을 읽는 기술은 크게 차이가 없지만 얼마나 읽기 쉬운지는 사람에 따라 다르다. 우리가 사람들의 마음을 읽을 수 있는 이유들 대부분은 우리가 능숙하기 때문이 아니다. 상대의 표현이 풍부하기 때문이다.

따라서 '겉만 보고 사람을 판단한다'라는 말이 수동적으로만 사람들을 평가한다는 뜻이라면, 사람들의 생각과 감정을 읽는 일에 있어서는 일반적인 통념이 이미 거의 깨졌다고 볼 수 있다. 우리는 이 격언에 싸 변명할 기회를 주어, 실은 격언의 의미가 그게 아니라고 가정해보자. 하지만 여전히 막막한 기분이다. 그냥 우리가 일상적으로 다른 사람들을 잘못 해석할 것이고 여기에 대해 우리가 할 수 있는 일이 많지 않다는 걸 인정해야 할까? 아니다, 반에서 일등으로 졸업하려면 내가 성적을 향상시키거나 아니면 다른 모든 학생이 나보다 공부를 못하게 만들면 된다. 내가 학교에서 했던 것처럼 우리는 후자에 초점을 맞추겠다. 그러니 이 명제를 **고등학생 에릭의 정리**(The Eric in High School Theorem)라고 부르자.

**사람의 마음을 읽는 우리의 기술은 향상시킬 수 없기 때문에, 타인을 더 마음을 읽히기 쉬운 사람으로 만드는 데 노력을 집중해야 한다.**

텔레비전에서 셜록 홈스가 하는 것처럼, 우리는 수동적으로 사람들을 분석하는 대신 마음을 좀 더 효과적으로 보여주는 강한 신호를 적극적으로 끌어내야 한다. 가장 쉬운 첫 번째 방법은 상황을 만드는 것이다. 누군가에 대해 더 많이 알게 되는 건 언제인가? 함께 차를 마실 때? 아니면 함께 축구를 할 때? 전자가 더 많은 정보를 줄 수 있지만(당신이 그들의 말을 신뢰할 경우) 후자는 그들이 어떻게 결정을 내리고 전략을 짜는지, 규칙을 슬쩍 어기는지 유기적으로 알려줄 것이다. 사람들을 더 다양한 자극에 노출시킬수록 더 다양한 면모들이 분명히 드러난다.

다른 사람을 끌어들이는 것도 효과적이다. 제3자가 있으면 누군가의 다른 면이 나타날 수 있다(평소 상사가 있는 자리에서만 누군가를 상대했다면 그 사람의 모든 면을 보았다고 말할 수 있겠는가?) 날씨 이야기는 하지 말

라. 감정적 반응을 보는 것이 중요하다. 그리고 '안전한' 화제는 사람들을 정치가로 만들어 알맹이를 거의 전달하지 않는다. 연구원들이 사람들에게, 첫 만남에서 성병, 낙태, 그 외의 금기시되는 주제들에 대해 이야기하라고 했을 때, 그들은 다른 사람에 대해 더 많이 알게 되었을 뿐 아니라 대화를 더 즐겼다고 보고했다.

그리고 이 지점에서 보디랭귀지 문제가 등장한다. 누구나 보디랭귀지를 좋아한다. 하지만 의식적으로 보디랭귀지를 분석하는 것의 가치가 심하게 과대평가되었다는 것이 문헌들의 일관된 의견이다. '보디랭귀지 로제타석'을 만든 사람이 없는 데는 이유가 있다. 비언어적 단서는 너무 복잡하고 맥락에만 의존하며 특이하다. 우리는 그 몸짓의 원인이 무엇인지 절대 확신할 수 없다. 누군가 몸을 떨고 있다. 하지만 당신은 그 사람이 떠는 이유가 불안해서인지 추워서인지 확신할 수 없다. 이 점이 중요하다. **보디랭귀지는 상대방에 대한 사전 지식 없이는 전혀 쓸모가 없다.** 늘 안절부절못하는 사람은 그런 모습을 보여도 아무 의미가 없다. 좀처럼 그러지 않던 사람이 안절부절못하면 그 모습은 마음을 효과적으로 드러낸다고 할 수 있을 것이다. 하지만 그 사람의 기본적인 모습을 모를 경우 당신의 뇌는 다시 상상의 나래를 펼칠 것이다.

진실을 말하자면, 누군가를 면밀히 살피고자 한다면 보디랭귀지는 거르고 말에 집중해야 한다. 상대의 말은 들리는데 모습은 볼 수 없는 경우, 공감 능력은 겨우 4퍼센트 떨어진다. 볼 수는 있지만 말이 들리지 않으면 공감 능력이 54퍼센트나 뚝 떨어진다. 상대가 다리를 꼬는지 안

꼬는지에 신경 쓰는 것보다 언제 목소리가 바뀌는지에 더 신경 써야 하는 이유다.

이처럼 과학은 우리가 선천적으로 주변 사람들의 마음을 잘 읽지 못한다고 말하지만 더 잘할 수 있는 얼마간의 비결을 알려준다. 그렇다면 새로운 누군가를 만날 때는 어떨까?

첫인상이 어떤 작용을 하는지, 그리고 우리가 어떻게 첫인상을 더 잘 파악할 수 있는지 그 진실을 알 준비가 되었는가? (준비가 되었으면 발굽을 한 번, 그렇지 않으면 두 번 굴러, 한스.) 첫인상은 '겉만 보고 사람을 판단하는 것'의 중요한 부분이다. 하지만 정말로 핵심적인 문제를 알고 싶다면 잠깐 우회해서 기억에 대해 먼저 알아봐야 한다.

# 나는 기억력에
# 　　문제가 있습니다

'나는 기억력에 문제가 있습니다.' 이메일에는 이렇게 적혀 있었다. 제임스는 지친 한숨을 내쉬었다. 날이면 날마다. 그는 이런 이메일을 날이면 날마다 받는다.

제임스 맥가우James McGaugh는 캘리포니아대학교 어바인 캠퍼스의 신경과학 교수이자 장기 기억 분야에서 세계적으로 손꼽히는 전문가다. 이 자리의 한 가지 단점은, 열쇠를 한 번만 제자리에 두지 않아도 자신이 알츠하이머병이라고 생각하는 생판 모르는 사람들로부터 매일 이메일이 쏟아져 들어온다는 것이다. 그래서 그는 가장 최근에 온 이 이메일에 다른 모든 사람들에게 보낸 것과 똑같은 답장을 보냈다. 정말로 문제가 있는지 걱정된다면 검사를 받을 수 있는 병원을 알아보라는 답이었다.

하지만 질 프라이스Jill Pirce는 곧바로 싫다는 답장을 보내왔다. 그녀는 제임스와 면담하길 원했다. 제임스는 눈을 굴렸다. 그런데 질이 제임스를 잠시 멈칫하게 한 어떤 말, 그가 한 번도 들어본 적 없는 어떤 말을 덧붙였다. 질은 자신의 기억력에 문제가 있다고 다시 말했다.

하지만 질의 문제는 그녀가 절대 '잊어버리지 않는다'는 것이었다. "미친 사람인가 보군." 제임스는 생각했다. 근데 뭐 어쩌라고, 그래서 질이 약속 시간에 왔을 때 제임스는 책장에서 책을 한 권 뽑았다. 지난 세기의 모든 중요한 사건들을 나열한 책이었다. 그는 아무 페이지나 펼쳐서 물었다. "로드니 킹Lodney King이 로스앤젤레스 경찰관들에게 폭행당한 날이 언제죠?"

질은 망설임 없이 대답했다. "1991년 3월 3일입니다. 일요일이었어요." 질은 잇따른 질문들에 완벽한 답을 내놓았다. 제임스는 놀랐다. 흡사 이름을 물어봤을 때 대답하는 것처럼 그녀의 머릿속에서 답이 바로 튀어나왔다. 제임스로선 난생 처음 보는 일이었다.

하지만 그 뒤 질이 한 문제를 틀렸다. 제임스는 마음이 놓였다. 보기만큼 그렇게 기이한 일은 아니군. "유감이네요. 질, 이란 인질 사태는 1979년 11월 5일에 일어났어요." 하지만 질은 고개를 저었다. "아니에요, 4일에 일어났어요." 그래서 제임스는 다른 자료를 찾아보았다.

질의 말이 맞았다. 책이 틀렸다. 제임스는 질이 성인이 된 후로 거의 하루도 빠짐없이 자신이 어디에 있었고, 뭘 했고, 누구랑 있었으며, 기분이 어땠는지 쉽게 기억한다는 것을 알게 되었다. 하지만 거의 완벽한 질의 기억력은 '자전적'이었다. 그녀는 자신에게 직접 일어났던 일만 기억했다. 읽거나 배운 모든 것을 기억하지는 못했고 솔직히 학교 성적도 그리 좋지 않았다. 하지만 질은 뉴스광이어서 제임스의 책에 있는 사건들을 기억할 수 있었다.

제임스는 이와 비슷한 경우조차 본 적이 없었다. 2006년에 제임스는 질에 대한 연구로 〈특이한 자전적 기억 사례(A Case of Unusual Autobiographical Remembering)〉라는 논문을 발표했다. 처음에 그는 질의 문제를 '과잉기억증후군(hyperthymesia)'이라고 불렀지만 나중에는 '비범한 자전적 기억력(HSAM: highly superior autobiographical memory-이후 'HSAM'으로 표기함)'이라고 부르게 되었다.

이 연구는 주류 언론의 엄청난 관심을 받았다. 수천 명이 자신도 그런 증세가 있다며 연락해왔고, 그중 3명은 진짜 HSAM이었다. 제임스는 흥분했다. 이제 그는 HSAM의 미스터리를 밝히기 위한 연구를 시작할 수 있었다.

그들의 기억력은 제3자가 확인할 수 있는 주장들에 대해 평균 83퍼센트의 정확성을 보였다. 누군가가 당신에게 20년 전의 어느 특정한 날을 기억하는지 물어봤는데 10번 중 9번은 그날 무엇을 했는지, 누구와 함께 있었는지, 심지어 기분이 어땠는지 말할 수 있다고 상상해보라. HSAM이 어떻게 작용하는지가 제임스에게 더 분명해지기 시작했다. 그리고 그 작용 방식은 제임스의 예상과는 반대였다. 그들은 기억을 더 잘하는 게 아니었다. 잊어버리는 걸 잘 못할 뿐이었다. 우리의 기억력은 시간이 지나면서 희미해진다. 그들의 기억력은 그렇지 않다. 매일매일 이 어제처럼 선명하게 남아 있다.

제임스는 그런 믿을 수 없는 기억력의 따뜻한 장점을 발견했다. HSAM을 가진 사람들은 '여행', 그러니까 영화를 보는 것처럼, 거의 시간을 거슬러 여행하듯이 그들의 완벽한 기억을 다시 찾아간다고 설명했다. 질의 남편은 세상을 떠났다. 하지만 질은 그와 함께한 기억들을 절대 잊지 않을 것이라고 조금도 과장 없이 이야기했다. 정말 부럽지 않은가? 부럽지 않을 수도 있지만.

사실 질의 완벽한 기억력은 수십 년 동안 그녀를 괴롭혀왔다. 마치 악마 같은 무의식적인 검색 엔진이 검색 결과를 쏟아붓는 것 같았다. 텔레비전에서 어떤 날짜를 들으면 순식간에 그날로 가 있었다. 마구 쏟아지는 기억을 멈출 수 없었다. 불화. 나쁜 결정. 갖가지 후회. 살다 보면 잊어버리는 게 오히려 나은 일들이 너무 많다.

우리의 뇌는 편견을 가지고 있다. 그리고 때때로 그 편견들이 우리에게 좋다. 기억력이 완벽한 비디오카메라처럼 작동한다고 가정하는 사람이 많지만, 사실 기억은 시간이 지나면서 왜곡된다. 우리는 세부적인 내용들은 잊어버리고 자신이 정의로운 영웅이나 무고한 피해자가 되도록 사건들을 재구성하거나 서사를 바꾼다. 나쁜 일은 잊고 좋은 일은 기억한다. 이런 특성은 우리가 치유되고 불쾌한 일들을 과거지사로 돌리는 데 도움이 된다. 하지만 질은 재구성하거나 새롭게 해석할 수 없다. 그녀의 머릿속은 사실들이 완벽하게 기록된 비디오카메라다. 그녀는 합리화를 하거나 세세한 부분들을 잊거나 책임을 전가할 수 없다.

하지만 HSAM의 최악의 저주는 따로 있는 것 같다. 완벽한 기억력을 가진 사람이 그렇지 않은 사람을 상대해야 하면 어떻게 되겠는가? 여기에 맞는 격언이 있다. '모든 걸 아는 사람을 좋아하는 사람은 없다.' 잘못을 봐주는 법이 없고 당신의 결점들을 항상 똑똑히 기억하는 상대를 곁에 둔 적이 있는가? 그런 일이 수없이 반복된다고 생각해보라.

묘한 건, 논리적으로는 HSAM을 가진 사람의 말이 맞다는 것이다. 아마 그들의 말이 정확하고 당신이 틀렸을 것이다. 하지만 인간관계는 그런 식으로 작용하지 않는다. 항상 틀리길 원하는 사람은 없다. 항상 틀리는 사람이 특히 더 그러하다. 우리는 당연히 호혜주의, 공동 책임, 어느 정도의 균형을 기대한다. 엄격히 말해 그럴 자격이 없더라도 말이다. 엄연한 사실이 있는데, "당신이 대부분 옳았으니 이번엔 내 말이 맞는 걸로 해"라는 말은 이성적으로 말이 통하지 않는다. 완벽한 기억력은 평등하지 않다. 하지만 관계는 평등하다. HSAM을 가진 어떤 사람은 방송 프로그램 〈식스티 미니츠(60 Minutes)〉의 인터뷰에서, "용서하고 잊어버리는 것… 음, 둘 중 하나만 해도 나쁘진 않아요"라고 말했다.

그 방송은 HSAM을 가진 일단의 성인들을 특집으로 다루었다. 모두 독신이었고, 자녀가 없었다. 한 명만 빼고. 매릴루 헤너Marilu Henner는 결혼을 했다. 사실 3번 결혼했다. HSAM을 가진 빌 브라운Bill Brown은 그가 아는 HSAM 보유자들 55명 중 2명만 결혼 생활을 유지했다고 밝혔다.

그리고 그가 이야기를 나눈 사람들 모두가 우울증에 시달렸다.

당신에겐 틀림없이 HSAM이 없을 것이다. 지금까지 HSAM이 있다고 확진된 사람은 세계적으로 100명이 되지 않는다(그리고 여러분에게 그 같은 증상이 있다면 진단받은 날을 정확하게 기억할 것이다). 그러나 우리 모두는 약간의 HSAM을 가지고 있다. 그럼 이제 HSAM이라는 양날의 검이 어떻게 첫인상의 양날의 검을 이해하는 비결이 되는지 살펴보자.


모든 사람이 첫인상이 중요하다고 말한다. 맞는 말이다. 수많은 연구는 첫인상이 첫 만남에서뿐 아니라 꽤 시간이 흐른 뒤까지 엄청난 영향을 미친다는 것을 보여준다. 첫인상은 매우 강력해서 선거에서는 이러한 성급한 판단들이 일관되게 당선을 예측하기도 한다. 프린스턴대학교 교수이자 얼굴 심리학 전문가인 알렉스 토도로프Alex Thodorov는 사람들에게 "어떤 후보가 더 유능해 보이나요?"라고 묻는 것만으로 선거전에서 누가 이길지 70퍼센트 확률로 알 수 있다고 말한다. 이런 결과가 전 세계에서 되풀이되어 왔다. 또한 채용담당자가 면접 전과 후에 입사 지원자에게서 받는 인상 사이에는 확실한 상관관계가 있어서, 누군가가 당신을 처음 접했을 때의 인상이 당신이 그 새로운 일을 꿰찰지 여부에 가장 중요한 요소가 될 수 있다는 것을 보여준다.

격언은 '겉만 보고 사람을 판단하지 말라'고 말한다. 그리고 옳건 그르건 그렇게 조언할 만한 충분한 이유가 있다. 우리가 겉만 보고 사람을 판단하기 때문이다. 즉각적이고도 본능적으로. 어쩔 수 없는 노릇이다. 그리고 그 겉모습은 보통 누군가의 얼굴이다. 우리는 누군가의 적극성, 아름다움, 유능함, 호감도, 신뢰성을 1초도 안 되어 판단한다. 그리고 독심술처럼, 시간이 흘러도 우리의 의견은 현저하게 바뀌지는 않으며 그저 확신만 더해진다.

더 흥미로운 건 이런 판단이 즉각적일 뿐 아니라 일관성 있게 공유된다는 것이다. 내가 신뢰성 있거나 지배적이거나 유능하다고 생각하는 얼굴들을 당신도 똑같이 생각할 가능성이 크다는 뜻이다. 기본적으로 이런 판단은 이성적이지 않다. 충분히 생각할 시간도 없다. 이런 판단은 대개 공유된 믿음과, 그보다 정도는 덜하지만 다른 사람들과의 개인적인 경험들을 바탕으로 한다.

뜻밖의 사실이 뭔지 아는가? **첫인상은 종종 놀라울 정도로 정확하다.** 사람들은 대개 첫인상에 의견이 일치할 뿐 아니라 믿기 어려울 정도로 예지력이 있다. 누군가 미소 짓는 모습을 처음 딱 보고도 그 사람의 외향성부터 자존감, 정치적 성향까지 기본적인 성격 특성 열 개 중 아홉 개를 3분의 2의 확률로 정확하게 예측할 수 있다고 한다.

또한 당신은 누군가와 잠깐의 접촉만으로도 그 사람의 유능함을 본능적으로 잘 판단할 수 있다. 사람들은 교실에 있는 어느 교사의 30초짜리 무음 영상만 보고도 학생들의 평가를 예측할 수 있다. 누군가를 5분 동안 보면 정확도는 70퍼센트까지 높아진다고 한다. 행동의 단면만 보고도 누군가가 어떤 사람인지 직감하는 우리의 능력은 많은 영역에서 꽤 강력해서 그 사람이 똑똑한지, 부자인지, 이타적인지, 혹은 사이코패스인지의 판단에서 우연한 수준 이상의 정확도를 보인다. 그리고 이러한 인상들은 합리적이지 않다. 생각을 덜할수록 실제로 더 정확하다는 뜻이다.

어떤 사람들은 "다행이네. 우리는 그냥 직감을 믿으면 되겠군. 휴"라고 말할지도 모른다. 왜 그리 성격이 급한가. 우리는 아직 인간에 대해 이야기하고 있다. 그 무엇도 그렇게 단순하지 않다. 그렇다, 우리는 직감이 뛰어나다. 정확도가 70퍼센트 정도로 양호하다. 그런데 만약 아이가 모든 과목에서 D를 받아오면 당신은 만족할까? 아마 안 그럴 것이다.

당연하게도, 이러한 부정확성의 상당 부분은 뇌의 편향성 때문이다. 인종이나 성별 같은 특정 편견이 아니라 우리 뇌의 근본적인 인지편향을 말하는 것이다. 종종 인지편향은 섣부른 판단을 불러온다. 진화는 우리의 뇌를 정확성보다는 속도나 연비에 맞춰 최적화해왔다.

앳된 얼굴의 사람들이 면죄부를 받는 건 그 때문이다. 지금 나는 비유를 하는 게 아니다. 연구들은 앳된 얼굴의 사람들이 고의적 가해로 고소당한 법률 사건에서는 이길 가능성이 더 높지만, 과실로 고소당했을 때는 패소할 가능성이 더 높다는 사실을 보여준다. 왜 그럴까? 우리는 아이들이 실수는 할 수 있지만, 악하다고는 잘 생각하지 못하기 때문이다. 우리의 뇌는 그런 예상을, '과잉일반화(overgeneralization)'라는 과정을 통해 앳된 얼굴의 성인들에게까지 확장시킨다. 하지만 동안인 사람들이 정말로 더 순수할까? 그럴 리가 있나. 앳된 얼굴의 젊은이들은 '어린 시절과 사춘기 때 부정적 성향을 더 많이 보여준다. 사춘기 때

싸움을 더 좋아하고 거짓말을 더 많이 한다. 성인기에는 자기주장과 적 개심이 더 강하다. 이 모두는 앳된 얼굴의 사람들이 주는 인상과는 어긋난다.'

이런 편견을 의식적인 노력으로 극복할 수 있다고 생각한다면 미안하지만 당신이 틀렸다. 수많은 연구들은, 우리가 자신이 가진 편견을 알아차리지 못하는 성향이 있음을 말해준다. 사람들에게 설명을 하고 지적을 해주어도(바로 지금 내가 하고 있는 것처럼) 대개 남들에게서 편견을 더 자주 발견하며 자신은 객관적이라고 확신할 것이다. 게다가 어떤 편견은 오히려 도움이 되기 때문에 문제는 더 복잡해진다.

우리는 무수한 인지편향을 갖기 쉽고, 이 모두를 간단히 해결할 방법은 없다. 하지만 첫인상에 관한 한 주된 싸움은 '확증편향'에서 비롯된다. 우리는 스스로 이미 지니고 있는 믿음에 일치되는 생각들을 찾고 선호하는 경향이 있다. 개인적 의견임에도 검증할 생각을 하지 않는다. 자신이 이미 정한 입장을 강화해줄 정보만을 찾을 뿐이다.

살펴보면 다른 사람들(그리고 당신 자신)이 항상 확증편향에 미묘하게 관여하고 있다는 것을 알아차릴 수 있다. 자신의 의견을 증명하는 데 필요한 증거에 대해서는 기준이 내려가지만, 그 의견들이 틀렸음을 입증하는 데 필요한 증거의 양에 대해서는 기준이 올라간다. (400개의 연구가 내가 틀렸다고 말한다고? 음, 계속 살펴봐야 돼… 어떤 한 연구가 내가 옳다고 말한다고? 우리가 답을 찾은 것 같네.) 우리가 콜드 리딩을 대할 때와 비슷하다. 우리는 맞는 부분들은 기억하고 오류들은 잊는다. 그리고 우리 모두가 이렇게 한다. 맞다, 당신도 마찬가지다. 아무도 자신이 문제라고 생각하지 않는다. 그게 문제다.

연구원 니콜라스 에플리가 말하듯이 "육감은 신속하게 작용하고 사후에 비판하지 않는 경향이 있다." 일단 머릿속에 누군가가 어떤 사람인지에 대한 생각이 들어서면 그 생각을 업데이트하기가 매우 힘들다. 여기에서 첫인상의 양날의 검에 대한 근본적인 통찰력이 나온다. 이것을 **첫인상 역설**(The First Impression Paradox)이라고 부르자.

**첫인상은 일반적으로 정확하다. 하지만 한 번 설정되면 바꾸기가 극도로 힘들다.**

첫인상에 관한 한 우리에겐 HSAM(비범한 자전적 기억력)이 있는 것 같다. 우리는 기억을 바꾸지 않는다. 우리는 이전의 판단에 거의 갇혀 있다시피 하다. 그리고 그 기억이 관계에 극적인 영향을 미칠 수 있다. 우리는 어느 집단을 고정관념으로 대할 때의 위험성에 관해 자주 생각하지만 개인에 대해서도 역시 고정관념으로 파악하려 든다. 어떤 사람을 처음 만났을 때 '믿음이 안 가는' 얼굴이면 평소보다 덜 다정하게 대한다. 당신이 그들과 거리를 두기 때문에 그들도 당신과 거리를 둘 것이다. 그들의 입장에서 보면 타당한 이런 반응은, 당신의 확증편향을 촉발시킨다. (거봐, 좋은 사람이 아닐 줄 알았다니까!) 이제 당신들은 서로를 경계한다. 이것이 두 사람이 '서로 뭔가 맞지 않는 것'을 설명할 수 있는 가장 과학적인 설명이다.

어떤 사람들은 첫인상을 업데이트한다고 말할 것이고 분명 때때로 그렇게 한다. 하지만 표면 아래에 숨은 또 다른 해로운 영향이 있다. 누군가에 대해 명백한 새로운 정보가 제시되어도 우리의 명시적 인상은 바뀔 수 있지만 내재적 인상은 바뀌지 않는다. 다시 말해, 증거를 기반으로 한 지극히 이성적인 시각은 바뀔 수 있지만, 그 사람에 대한 느낌은 그대로라는 뜻이다. 첫인상은 극복되었다고 생각할 때도 끈질기게 달라붙는다.

우리가 이 문제를 전적으로 저지하지는 못하겠지만 일련의 노력들로 개선시킬 순 있다. 가장 중요한 건 확증편향의 무서운 블랙홀을 거부하는 것이다. 우리의 뇌는 1,000분의 1초 만에 누군가에 관한 의견과 이야기를 만들어내기 시작하겠지만 그건 괜찮다(그리고 막는 것도 불가능하다). 열린 마음을 유지해야 한다. 자신이 받은 첫인상을 맹목적으로 받아들이기보다 가설 검증의 과학적 접근 방식을 취해야 한다.

그렇다면 어떻게 확증편향을 거부할까? 세 가지 주요 단계들이 있다.

## 1. 책임감을 느껴라

당신의 의견이 누군가 사형선고를 받는 결과를 낳을 수도 있다면, 당신은 판단 내리는 속도를 늦추고 더 철저히 검증하려 할 것이다. 그리고 생각이 최종적으로 굳어져 절대 바뀌지 않는 단계에 이르기 전에 그 생각이 정확한지 재확인하고 싶을 것이다. 심리학자 아리 크루글란스키Arie Kruglanski는, 책임에 대한 요구 수준을 높게 잡으면 증거들을 면밀하게 검토할 때까지 우리 의견이 굳어지지 않는다는 것을 보여주었다. 이렇게 하는 한 가지 재미있는 방법은 이런 태도를 게임처럼 생각하는 것이다. 판단이 좀 더 정확해지도록 자신을 몰아붙이고 자신에게 책임을 지워라.

## 2. 결정하기 전에 거리를 두라

마리아 코니코바Maria Konnikova는 저서《생각의 재구성(Mastermind)》에서 뉴욕대학교의 심리학자 야코프 트로페Yaacov Trope의 연구를 깊이 파고들어, 얼마간의 거리두기가 어떻게 우리를 더 이성적이고 객관적이 되도록 돕는지를 보여준다. "한 발 물러서서 더 일반적인 관점에서 상황을 생각하라는 이야기를 들은 사람들은, 더 나은 판단을 내리고 더 정확하게 자신을 평가하게 되고 결과적으로 감정적으로 반응하는 성향이 줄어들게 된다." 이는 우리가 새로 알게 된 사람들을 더 정확하게 평가하고, 우리의 뇌가 첫인상을 곧바로 받아들이려는 충동을 거부하는 데 필요한 바로 그 기술들이다.

## 3. 뒤집어 생각해보라

우리의 뇌는 적중한 부분은 기억하고 오류는 잊어버리는 경향이 있기 때문에 판단력을 향상시키고 싶다면 그 오류들을 검토해봐야 한다. 폴 너스Paul Nurse의 경우는 좀 극단적이다. "내게 어떤 생각이 있고 이를 뒷받침할 관찰 결과들이 있어도, 나는 그 단계에서 꺼내놓기보다는 우회하여 그 생각을 다른 방식들로 바라보며 시험하고 파괴해본다. 그래도 그 생각이 살아남을 경우에만 그에 대해 이야기하기 시작한다." 그가 노벨의학상을 받은 건 아마 이 때문일 것이다.

길게 보면, 자신의 개인적 편견을 더 잘 파악할수록 개선의 여지가 많아지는 것이다. 당신이 꾸준히 저지르는 실수는 무엇인가? 사람들이 당신과 비슷하거나 다르다고 너무 성급하게 가정하지는 않는가? 다른 사람들을 너무 믿거나 너무 불신하는가? 그렇다면 당신이 가진 일관된 편견을 바로잡는 것이 효과적인 개선 방법이다.

마지막으로 확증편향에 대한 약간의 탐구에서 얻은 매우 인간적인 두 가지 핵심 포인트가 있다. 첫째, 여러분이 무수히 들어온 조언을 받아들여라. **좋은 첫인상을 주라**는 조언 말이다. 이제 여러분은 첫인상이 얼마나 중요한지 알고 있다. 여러분의 성격에서 사람들의 머릿속에 각인시키고 싶은 부분을 제일 먼저 보여주어라. 정말로 그 부분이 머릿속에 박힐 것이기 때문이다.

또 하나 기억해야 할 것은 **사람들에게 두 번째 기회를 주라**는 것이다. 이런 전략들을 적용하지 않으면 여러분의 판단은 최대 70퍼센트만 맞을 것이다. 여러분이 만나는 사람 10명 중 적어도 3명은 잘못 판단할 것이라는 뜻이다. 하지만 코넬대학교의 길로비치가 지적한 것처럼 적중률은 그보다 더 나빠진다. 가령 당신이 하필이면 그날 끔찍한 하루를 보내고 있는 어떤 호인을 만났다고 해보자. 그 사람은 나쁜 첫인상을 줄 것이다. 그러면 당신은 어떻게 하는가? 그 사람을 피한다. 그리하여 그 사람은 당신의 판단이 틀렸음을 입증할 기회가 줄어든다. 하지만 누군가가 좋은 첫인상을 주었다면(그 첫인상이 맞든, 아니든), 당신은 그 사람과 더 많은 시간을 보내려고 한다. 그러면 그 사람을 어느 쪽으로든 더 평가해볼 기회가 생긴다. 결과적으로 **사람에 대한 부정적 판단이 긍정적인 판단보다 신뢰성이 떨어질 것이다.** 또한 연구들은 우리가 누군가를 부정적으로 평가할 때보다 긍정적으로 평가할 때 기준이 더 높고, 긍정적 인상이 부정적 인상보다 더 쉽게 뒤집힌다는 것을 보여준다. 당신이 누군가를 평생 피해도 상대에겐 항소 절차가 없다.

자, 이렇게 해서 첫인상에 대한 여러분의 직관력이 조금 향상되었다. 하지만 전체적으로, 누군가를 책처럼 읽을 수 있다는 말은 믿을 만한 것이 못되고, 우리가 셜록 홈스처럼 사람을 읽기란 거의 불가능하다는 것을 알고 있다. 그렇다면 조금이라도 더 나은 결과를 얻기 위해 이용할 수 있는 다른 연구들이 있을까? 음, 우리가 누군가에 관해 알려고 노력할 때마다 그 사람이 우리를 속일 가능성도 있다. 그렇다면 거짓말쟁이들은 어떻게 다루어야 할까?

# 4장

# 거짓말쟁이를
# 자백하게 만들 방법

카를로스 카이저Carlos Kaiser는 20년 넘게 프로축구 선수로 활동했지만 한 골도 기록하지 못했다. 그도 그럴 것이 20년 동안 고작 30개 경기에만 출전했기 때문이다. 카를로스 카이저는 그리 뛰어난 축구선수는 아니었다. 하지만 그게 문제가 아니었다. 사실 그는 기가 막힌 거짓말쟁이였다.

그는 보타포고(Botafogo), 플루미넨시(Fluminense)를 포함하여 세계 최고의 팀에서 뛰었다. 그는 큰돈을 벌었고 유명인사들과 파티를 벌였으며 아름다운 여성들에게 둘러싸여 지냈다. 그가 하지 않은 유일한 일은 축구를 하는 것이었다. 다른 선수들 사이에서 그의 별명은 '171'이었다. 왜 그런 별명이 붙었냐고? 브라질의 교도소에서 사기꾼들에게 붙이는 번호이기 때문이다.

그는 1963년 4월 2일에 브라질에서 태어났고, 본명은 카를로스 엔리케 라포소Carlos Henrique Raposo였다. 가난했지만 큰 꿈이 있었다. 그는 인터뷰에서 "나는 그 꿈을 이루는 가장 좋은 방법이 축구를 통해서라는 것을 알고 있었다. 나는 실제로 축구를 하지 않아도 되는 축구선수가 되고 싶었다"라고 말했다. 솔직히 그가 운동을 못하는 건 아니었다. 그는 열 살 때 에이전트가 생겼고 열여섯 살 때 멕시코의 최고 팀인 푸에블라(Puebla)와 계약했다. 다만 한 가지 문제가 있었다. "나는 뛰고 싶지 않아." 대부분의 젊은 선수들은 경기에 출전해서 자신의 진가를 보여주길 갈망한다. 카이저는 그와는 정반대로 공을 피하기 위해서라면 무엇이든 했다.

하지만 어떻게 20년 동안 계속 그렇게 할 수 있었을까? 카이저는 시스템을 개발했다. 첫째, 최고의 선수들과 친해진다. 카이저는 축구를 하는 건 좋아하지 않았지만 나이트클럽은 사랑했다. 그는 브라질에서 가장 핫한 모든 나이트클럽에 인맥을 만들었다. 카이저와 알고 지내면 VIP 지위, 공짜 술, 그리고 축구 스타를 위한 아름다운 여자들을 만날 수 있었다.

둘째, 최고의 선수들이 나를 보증하게 만든다. 카이저의 축구 이력서는 그다지 화려하진 않지만 그가 얼마간의 적당한 재능이 있다는 건 보여주었다. 그래서 그의 지령을 받아 팀의 스타 선수들이 코치를 졸랐고 얼마 후 카이저는 단기간의 '임시' 계약을 맺었다. 그에게 필요한 건 그것뿐이었다. 트로이의 목마가 성벽 안으로 들어간 것이다.

공식적으로는 선수인 카이저는 몸을 다시 만들 시간이 필요하다고 말할 것이다. 그러면 그가 싫어하는 일, 즉 축구를 하라는 압력 없이 돈을 벌고 즐길 수 있는 몇 달이 주어진다. 하지만 결국에는 공을 차야 할 시간이 올 것이다. 그러면 그는 자신 있게 연습장으로 달려나가 힘차게 공을 차고는 곧바로 넘어져 고통으로 울부짖으며 허벅지를 움켜쥐었다. 카이저만큼 부상을 잘 위장할 수 있는 사람도 없었다. 그는 오스카상을 받을 만한 연기를 펼쳤다. MRI가 없던 시대에 코치들은 그의 말을 믿을 수밖에 없었고 팀의 스타 선수들이 전부 그의 편을 들었다. 그리하여 그는 또 몇 달 동안 쉬면서 꼬박꼬박 돈을 벌었다.

그동안 카이저는 끊이지 않는 파티(이상하게도 그의 부상은 춤추는 능력에는 영향을 미치지 않는 것 같았다)를 즐기며 삶을 누렸다. 다른 선수들은 카이저가 사기꾼이고 자신들과 같은 수준으로 경기하지 못한다는 것을 알고 있었다. 하지만 선수들은 그를 사랑했다. 그는 매력적인 사람이었다. 그는 선수들이 항상 즐거운 시간을 보낼 수 있게 해주었다. 그래서 코치들이 카이저의 잦은 부상을 눈치채기 시작할 때면, 동료 선수들이 앞다투어 그를 방어해주곤 했다.

물론 그가 언제까지고 이런 짓을 할 수는 없었다. 하지만 카이저에게 그건 그리 큰 문제가 아니었다. 그냥 다른 팀으로 옮기면 되니까. 인터넷이 등장하기 전에는 선수에 대한 자료가 다른 팀에 공유되지 않았다. 한 국가에서 벌어진 경기들이 다른 국가에 방송되는 경우도 드물었다. 축구계의 채용은 대부분 입소문에 의해 이루어졌다. 그리고 카이저는 동료 선수들을 즐겁게 해주는 방법들로 다른 구단에서도 곧 임시 계약을 맺었고 위의 사이클 전체를 반복했다.

그가 사기 행각을 벌이기 쉬웠다는 말은 아니다. 20년 동안 수많은 위기일발의 순간들이 찾아왔다. 어느 날, 우리의 사기꾼은 소위 그의 경력에 있어 최대 위기에 직면하게 됐다. 카이저는 브라질의 축구구단 방구(Bangu)와 계약했고, 지금껏 한 골도 기록한 적이 없지만 전형적인 그의 스타일대로 언론이 그의 득점을 격찬하도록 손을 써 두었다. 어디서든, 언제나 그러했듯 말이다. '방구 구단, 킹카를 얻다'라는 헤드라인이 실렸다. 당연히 팬들은 경기장에서 그를 보고 싶어 안달이 났다. 유감스럽게도 그의 구단주 역시 그러했다.

카스토르 드 안드라데Castor de Andrade는 전형적인 축구 구단주는 아니었다. 그는 재벌의 액세서리쯤으로 구단을 매입한 거물 사업가가 아니었다. 그는 종종 '브라질에서 가장 위험한 사람'이라고 불리는 조직폭력배였다. 구단주가 심판들과 열띤 언쟁을 벌이는 건 전례가 없는 일임에도, 카스토르는 뒷주머니에 총을 떡하니 보이게 넣은 채 심판과 옥신각신했다.

팀 동료가 카이저에게, 그가 '부상당한 상태'로 되어 있지만 내일 벌어질 중요한 경기의 선수 명단에 올라 있다고 말해주었다. 이 소식을 들은 카이저는 간이 콩알만 해졌다. 게다가 그 소식을 들은 때는 새벽 4시였고 그는 아직 나이트클럽에서 파티를 벌이고 있던 중이었다. 다음날

코치가 카이저에게 부상당한 사람에게 경기를 뛰게 하지는 않을 테니 걱정말라고 했다. 하지만 경기가 진행되면서 팀이 곤경에 빠진 게 분명해졌다. 팀이 2-0으로 지고 있자 카스토르는 신문들이 떠들어댄 마법 같은 득점 능력을 가진 그의 새로운 스타 선수를 내보내라고 지시했다.

카이저는 수년 만에 처음으로 자신의 진짜 실력이 노출되는 것에 겁을 먹지 않았다. 그는 살해당할까 봐 겁이 났다. 카이저는 덜덜 떨면서 경기장으로 걸어 나갔다. 설상가상으로 관중석의 상대팀 팬들이 그에게 욕설을 퍼붓고 있었다. 하지만 그때 그에게 어떤 아이디어가 떠올랐다.

카이저는 그 팬들에게 고함을 질렀다. 그러고는 아마 내가 여기 썼다면 편집자가 편집해버렸을 단어들을 마구 내뱉으며 관중들 속으로 뛰어들었다. 그러자 심판이 레드카드를 내밀며 카이저를 경기장에서 쫓아냈다. 가만있을 구단주가 아니었다. 카스토르가 라커룸으로 들어서자 사방이 쥐죽은 듯 고요해졌다. 그는 머리끝까지 화가 났다. 하지만 그가 입을 떼기도 전에 카이저가 말을 가로막았다. 카이저는 자신이 어릴 때 신이 양친을 데려갔지만 은혜롭게도 새로운 아버지인 카스토르를 주셨다고 말했다. 그런데 상대팀 팬들이 그의 새 아버지를 사기꾼에 도둑놈이라고 불렀다는 것이다. 카이저는 그걸 참고 볼 수 없어서 그들에게 덤벼들었다고 했다. 그는 새 아버지의 명예를 지켜야 했다. 이 이야기를 들은 카스토르는 곧바로 카이저의 연봉을 두 배로 올리고 계약을 6개월 연장했다.

하지만 내가 지금 이 이야기를 하고 있는 걸로 봐서는 카이저가 사기꾼이라는 소문이 새어나간 게 분명하다. 그렇다면 그는 망신을 당했을까? 고소를 당했을까? 배척당했을까? 어떤 식으로든 벌을 받았을까? 전혀. 그는 그 어느 때보다 유명해졌다. 그 시대의 많은 진정한 축구 스타들이 잊혀진 것과 달리, 그의 조작과 속임수는 지금까지 전해진다. 그는 축구선수로서가 아니라 거짓말쟁이로 더 유명해진 것이다.

우리는 거짓말을 알아차리는 데 영 서투르다. 성공률이 평균 54퍼센트에 불과하다. 차라리 동전던지기로 판단하는 편이 낫겠다. 경찰이라고 해서 별로 나을 게 없다. 설문조사를 해보면 경찰들은 자신들이 더 낫다고 생각한다지만 말이다. 확실히 거짓말을 잘 탐지하는 사람들도 있다. 하지만 당신은 그런 사람이 되길 원하지 않을 것이다. 그들은 뇌졸중이 와서 전두엽피질의 좌엽에 심각한 손상을 입은 사람들이기 때문이다.

인간은 거짓말을 능숙하게 탐지하기 위해 수천 년 동안 노력해왔다. 그리고 처참하게 실패했다. 1920년대에 많은 사람이 거짓말 탐지기를 개발했다. DC 코믹스의 캐릭터인 원더우먼을 만든 윌리엄 몰튼 마스턴William Moulton Marston도 그중 한 명이다. 그리고 그가 원더우먼의 진실의 올가미에 집착했던 것은 아마 (적어도 만화에서는) 그 무기가 효력을 발휘했기 때문일 것이다. 거짓말 탐지기는 효과가 없었는데 말이다. 미국국립과학아카데미(National Academy of Sciences)는 '입사 후보자들이나 현 직원들 중에 간첩이나 그 외에 국가안보상의 위험인물이 있는지 가려내기 위해 거짓말 탐지기 검사에 의존해선 안 된다. 검사 결과가 너무 부정확하기 때문이다'라고 기록하고 있다. 15분만 훈련받으면 일관되게 탐지기를 속일 수 있다. 가장 재미있고 효과적인 방법은 타이밍을 잘 맞춰 항문을 조이는 것이다.

그렇다면 우리가 텔레비전에서 보는 경찰의 심문 방법은 어떤가? 그 방법은 1940년대에 개발되어 1962년에 존 리드John Reid와 프레드 인바우Fred Inbau가 처음 매뉴얼로 발표한 리드(Reid) 기법이다. 이 기법은 용의자를 압박하여 자백하도록 설계된, 공격적인 '취조' 방법이다. 어떨 것 같은가? 리드 기법은 효과가 있다. 사실 너무 효과가 있다. 당신이 정말로 죄가 있건 없건 상관없다. 이 기법은 대부분의 사람에게서 자백을 받아낸다. 캐나다와 영국에서는 리드 방식의 심문이 너무 강압적이고 비윤리적이라는 것을 알고 사용을 중단했다. 그러나 미국에서는 여전히 법 집행기관들이 지배적으로 사용하는 방법이다. 뿐만 아니라 이 기법은 과학적으로도 근거가 없다. 포츠머스대학교(University of Portsmouth) 교수이자 거짓말 탐지 분야의 손꼽히는 전문가인 앨더트 브레이Aldert Vrij는, 이 기법이 의존하고 있는 단서들에는 예측성이 없다고 말한다. 법 집행관들은 리드 기법을 훈련받은 뒤 속임수를 알아차리는 능력이 더 나빠졌다.

그렇다면 진짜 과학에 근거하여 확실히 거짓말을 감지할 방법이 있긴 있을까? 사실은, 있다. 2009년에 새로운 모범사례들을 개발하기 위해 '주요 억류자 심문 그룹(High-Value Detainee Interrogation Group- 이후 HIG로 표기)'이 창설되었고, 2016년까지 이들은 최고의 심리학자들이 참여한 100개가 넘는 연구 프로젝트들에 1,500만 달러 이상을 투자했다. 나는 간략히 설명하기 위해 (그리고 여러분이 누군가를 의자에 묶어놓을 수는 없을 것 같기 때문에) 그들의 연구 결과를 얼마간 수정해서 알려줄 것이다. 또한 이 시스템은 어느 정도 시간과 인내심이 필요하기 때문에 사소한 거짓말에는 유용하지 않을 것이며, 좀 더 큰 문제들에 대해 상당히 효과적일 것이라고 미리 말해 둔다.

사실 누구에게도 물고문을 할 필요는 없다. 과학은 인류가 지난 5,000년 동안 거짓말을 탐지하려 할 때 시도해본 적 없는 미묘하고 정교한 기법을 추천한다. 바로 착해지는 것이다. 우리의 이 새로운 시스템을 **우호적인 기자 기법**(Friendly Journalist Method)이라고 부르겠다.

'나쁜 경찰'이 되지 말라. '우호적인 기자'가 되어라. 상대가 당신을 좋아하게 만들어야 한다. 마음을 열어라. 얘기를 많이 하라. 그리고 상대의 속임수를 드러내는 실수를 하라. 첫 단계가 뭘까? 기자들은 기사를 쓰기 전에 사전 조사를 한다. 당신도 그렇게 해야 한다. 의심되는 거짓말을 밝혀내기 위해 대화를 시작할 때 더 많은 정보를 가지고 있을수록 당신 내면의 거짓말 탐지기가 더 정교하게 작동될 것이다. 또한 더 중요한 점은 우리가 나중에 사용할 가장 효과적인 기법들 중 일부에 사전 지식이 필요하다는 것이다. 따라서 이 단계를 건너뛸 수 없다.

이제 '우호적인'이라는 부분이 남았다. HIG 보고서는 '나쁜 경찰'은 효과적이지 않고 '착한 경찰'이 효과적이라는 사실을 말해준다. 누구나 존중받길 원한다. 그리고 사람들은 존중받을 때 자기 이야기를 꺼낼 가능성이 더 높다. 또한 절대 거짓말을 하고 있다고 비난하지 말라. 이렇게 하면 협조를 잘 하지 않는다는 것이 여러 연구에서 밝혀졌다. 비난하지 말고 호기심을 가져라.

변호사들이 의뢰인들에게 거짓말을 하라고 시킬까? 아니다. 그럼 솔직하라고 시킬까? 아니다. 그들은 입을 다물라고 말한다. 음, 우호적인 기자인 당신은 상대가 가능한 한 말을 많이 하도록 만들어야 한다. 한 단어로 대답할 수 있는 질문 말고 '무엇'이나 '어떻게'로 시작하는 주관식 질문을 많이 하라. 당신은 우호적인 태도를 취하고 상대가 계속 말하게 할 정도로만 말해야 한다. 혼자서 말하게 두면 사람들은 자신감을 느낀다. 긴장이 풀린다. 더 많은 정보를 얻고 평가를 할 수 있도록 상대가 계속 말을 하게 해야 한다. 상대가 하는 모든 말이 확인해야 할 또 다른 사실, 반박할 수 있는 또 다른 이야기다. 변호사들이 고객들에게 그냥 입을 다물라고 하는 이유가 바로 이 때문이다. 당신은 그 반대로 해야 한다.

상대가 한 말에 바로 이의를 제기하기 시작하면 상대가 입을 다물 뿐 아니라 이야기를 번복할 수 있다. 상대가 더 그럴듯한 거짓말을 하도록 도와서는 안 된다. 상대가 전부 털어놓고 스스로를 궁지에 몰도록 만들어야 한다. 믿지 못할 사람들을 대할 때의 문제가 여기에 있다. 그 사람들은 유익한 피드백을 얻어내지만 당신은 그렇지 않다. 내가 거짓말을 했는데 들키지 않았다면 나는 무엇이 먹혔는지 알 수 있다. 내가 거짓말을 했는데 들켰다면 나는 무엇이 먹히지 않았는지 알 수 있다. 반면 대부분의 경우 상대방은 그 거짓말쟁이가 얼마나 솔직한지에 대한 피드백을 얻지 못한다. 따라서 그들의 기량은 항상 향상되지만 당신은 그렇지 않다. 그래서 그들이 유리해진다. 그들이 기량을 더 발전시키도록 돕지 말라.

사람의 마음을 읽는 것에 관해 앞에서 배웠던 교훈들이 여기에서도 적용된다. 이번에도 보디랭귀지는 신뢰할 수 없다. 우리의 전문가 브레이는 "비언어적 행동과 언어적 행동에 대한 분석을 기반으로 하는 지금까지의 그 어떤 거짓말 탐지 도구도 정확하지 않았다"라고 말한다. 분명히 해 두기 위해, 흔한 통념 하나를 짚어 보겠다. '거짓말쟁이들은 당신의 눈을 똑바로 보지 않는다.' 땡! '시선 회피는 신뢰성 있는 지표로 나타난 적이 없다'는 연구 결과가 있다. 이것만으로 통념을 떨쳐버리는 데 충분하지 않다면 감금된 사이코패스들의 대인 행동을 다룬 1978년의 연구도 있다. 어떨 것 같은가? 사이코패스들은 보통 사람들보다 상대방의 눈을 더 자주 본다.

누군가 우리에게 거짓말을 하면 사실상 그걸 알아차리기란 불가능하다. 하지만 진실을 알 수 있는 전략이 있다. 연구들은 거짓말을 탐지하는 능력에는 거의 차이가 없지만, 거짓말을 하는 능력에는 큰 차이가 있음을 보여준다. 사람의 마음을 읽는 능력과 마찬가지다. **우호적인 기자 기법**은 거짓말 탐지 기술을 향상시키는 데 초점을 맞추는 게 아니라 상대의 거짓말 기술을 약화시키는 데 초점을 맞춘다. 어떻게 그렇게 할까?

구식 거짓말 탐지기 모델은 정서적 스트레스에서 거짓말의 증거를 찾으려 했다. 그 방법은 효과가 없다. 효과 있는 방법은 '인지 부하'를 적용하는 것, 즉 거짓말쟁이들이 골똘히 생각하게 만드는 것이다. 브레이가 언급한 것처럼, 거짓말을 잘하려면 놀라운 양의 지력이 필요하다. 사실을 말하는 사람들은 자신이 기억하는 것을 말하기만 하면 되지만, 거짓말쟁이들은 일단 사실을 알아야 한다. 또 그럴듯한 이야기를 지어내야 한다. 모순되는 이야기를 하지 않아야 한다. 그리고 더 많은 질문을 받는 동안 실시간으로 이 모델을 안전하게 업데이트해야 한다. 그런 한편 정직하게 보여야 하고 그러려면 얼마간의 진지한 연기가 필요하다. 마지막으로, 상대가 거짓말을 눈치채진 않았는지 확인하기 위해 상대의 반응도 살펴야 한다. 이렇게 하는 건 힘들다. 그러니 우리는 이렇게 하는 게 더욱 힘들어지게 만들어야 한다. 인지 부하를 늘리면 54퍼센트라는 형편없는 거짓말 판별력을 71퍼센트까지 높일 수 있다.

이 방법이 거짓말쟁이가 직접 자백하게 만들 것 같지는 않다. 이 방법이 하는 일은 사실을 말하는 사람과 거짓말을 하는 사람의 반응 사이에 뚜렷한 차이를 만들어내는 것이다. 컴퓨터가 복잡한 문제를 처리할 때 버벅거리는 것처럼 거짓말쟁이의 연기가 둔화되고 불안정해질 것이다. 그리고 그것이 바로 우리가 노리는 것이다. 자신에게 '이 사람이 지금 거짓말을 하고 있나?'라고 묻지 말고 '이 사람이 지금 무언가를 골똘히 생각하고 있나?'라고 물어라. 브레이의 연구는 경찰관들이 두 번째 질문에 초점을 맞추게만 해도 거짓말 탐지 기술이 눈에 띄게 향상된다는 것을 보여주었다.

자, 기본원칙들이 나왔다. 사전 조사를 하라, 당신은 친절한 기자 역을 맡고 상대가 수다를 떨게 하라. 상대가 골똘히 생각하는 때가 언제인지 주시하라. 이제 더욱 강력한 두 가지 기법들로 거짓말쟁이를 찾아낼 때가 왔다.

### 1. 예상치 못한 질문을 던져라

술집에서 미성년자로 보이는 사람에게 나이를 물으면 "스물한 살이요"라는 자신 있고 명쾌한 답을 들을 것이다. 하지만 그 대신 "생년월일이 언제예요?"라고 물어보면 어떨까? 사실을 말하는 사람에게는 너무도 쉬운 질문이지만 거짓말쟁이는 계산을 하느라 바로 대답을 못할 것이다. 딱 걸렸군. HIG 보고서는, 대개 공항 보안 기법들은 거짓말을 하고 있는 승객을 5퍼센트도 적발하지 못한다는 연구를 언급한다. 하지만 심사자가 뜻밖의 질문을 던지면 그 수치가 66퍼센트까지 급등한다.

시작은 예상 가능한 질문들로 하라. 이 질문들은 위협적이지 않으면서 정보를 얻을 수 있다. 하지만 더 중요한 점은 기준선을 알 수 있다는 것이다. 그런 뒤 사실을 말하는 사람에겐 쉽지만 거짓말쟁이는 대답할 만한 준비가 되어 있지 않을 질문을 던지고 반응을 판단하라. 차분하게 금방 대답하는가? 아니면 대답 전에 꾸물거리는 시간이 갑자기 늘어나는가? 물론 아무 말이나 불쑥 내뱉을 수도 있지만 미리 조사를 해온 사람 앞에서 즉흥적인 대답을 한다는 건, 앞으로의 대화에서 모순되는 말들을 줄줄이 내뱉을 수 있는 지뢰밭에 발을 내딛는 것과 같다. 아니면 그냥 입을 다물 수도 있는데, 이건 매우 의심스러운 반응이다.

또 다른 방법은, 증명 가능한 세부 사항을 물어보는 것이다. "그럼 내가 당신 상사에게 전화하면 어제 그 회의에 당신이 있었는지 확인해 줄 수 있겠네요?" 사실을 말하는 사람은 곧바로 쉽게 대답할 수 있을 것이다. 거짓말쟁이들은 주저할 것이고 인지 부하를 일으킬 것이다. "회의에서 에밀리가 무슨 옷을 입고 있었나요?" 이 역시 솔직한 사람에게는 쉽지만 거짓말쟁이에겐 악몽 같은 질문이다. 질문자가 쉽게 확인할 수 있는 질문이고, 그들도 그 점을 알고 있기 때문이다.

자, 이제 결정타를 날릴 시간이다. 〈모탈 컴뱃(미국 유명 대전격투게임-편집자 주)〉의 내레이터가 말한다. 끝장내!


## 2. 증거의 전략적 사용

사전 조사를 마쳤는가? 좋다. 이제 관계를 구축하라. 상대가 말을 하게 만들라. 상대가 당신이 찾아낸 정보와 모순되는 말을 하도록 유도하라. 명확한 설명을 요구해서 상대가 거기에 매달리게 하라. 그런 뒤 "미안합니다. 혼란스럽네요. 당신은 어제 게리와 함께 있었다고 말했어요. 하지만 게리는 이번 주에 프랑스에 있었어요." 그런 뒤 자신에게 물어보라. 지금 **저 사람이 골똘히 생각하는 것처럼 보이는가?** 그리고 저 사람이 급히 끼워 맞춘 대답이 다른 말과 모순되어 자기 무덤을 더 깊이 파고 있는가?

증거를 점진적으로 드러내야 한다. 상대가 앞뒤가 안 맞는 말을 자꾸 하다 보면 당황해서 순순히 자백할 수도 있다. 또한 상대의 거짓말이 점점 더 명백해질 가능성도 높다. 스웨덴 경찰에 관한 2006년의 연구는 경찰들이 보통 거짓말을 56.1퍼센트 탐지한다는 것을 보여준다. 반면 '증거의 전략적 사용' 교육을 받은 경찰들은 85.4퍼센트를 기록했다.

이 방법들은 완벽하진 않지만 연습하면 꽤 좋은 결과를 낳을 것이다. 정말이다. 진짜다, 약속한다. 이봐, 당신은 날 믿어야 한다. 맹세하건대, 나는 이 책을 쓰면서 전혀 골똘히 생각하지 않았으니까.

그럼 이런 기법들을 이용하면 겉만 보고 사람을 읽을 수 있을까? 그건 무리일 것이다. 이것은 간단한 과정이 아니며, 당신에게 시간이 있고 다른 사람이 당신의 질문에 기꺼이 인내심을 발휘할 때 효과가 있다. 마지막으로 덧붙이자면, 나는 내 편집자에게 마감을 지키지 못한 이유를 설명한 뒤에야 이 섹션을 보여줄 작정이다. 그렇다면 겉만 보고 사람을 판단하지 말라는 격언은 어떻게 되어 가고 있는 걸까? 이제 판결을 내릴 시간이 거의 다 되었다.

# 5장

## 천문학계를 발칵 뒤집은
## 외계인 신호

2007년 한 천문학자가 오스트레일리아의 파크스(Parkes) 전파망원경이 채집했던 기록 데이터를 검토하다가 외계생명체의 존재를 입증하는 현상일 수도 있는, 믿기지 않는 신호를 발견했다.

2001년에 이미 이러한 현상이 일어났지만 간과되었었다는 사실은 놀랍지 않다. 전파 폭발은 단 0.005초만 지속되었기 때문이다(당신은 0.005초 동안 0.005초란 단어를 읽지도 못할 것이다). 원인은 알려지지 않았고, NASA는 이 전파가 단 0.005초에 태양 5억 개만큼의 에너지를 발생시켰음을 확인했다. (이 수치가 얼마나 큰지 전달하기 위해 비유를 사용하고 싶지만 내 보잘것없는 뇌는 태양 5억 개의 에너지가 어느 정도인지 이해하지 못하기 때문에 '초-초-초강력한'으로 표현하겠다.)

이 현상에는 '빠른 전파 폭발(fast radio burst-이후 FRB로 표기)'이라는 명칭이 붙여졌고, 이 분야에 아는 것이 많은 사람들이 즐겨 말하는 것처럼 초-초-초강력했다. 이 전파 폭발이 외계인의 존재를 증명한다는 건 좀 억지 같다. 최근에 NASA가 사흘 안에 화성에 가려면 무엇이 필요할지 논의할 때, 과학자들이 딱 이와 같은 폭발을 일으킬 수 있는 라이트 세일(돛을 단 우주선) 광자 추진체 시스템이 필요할 것이라고 제시한 일만 제외하면 말이다. 그리고 한참 뒤 두 명의 과학자가 FRB에 관해 계산을 한 뒤 "라이트 세일에 동력을 공급하기 위한 최적의 주파수가, 앞서 탐지된 FRB의 주파수와 비슷한 것으로 나타난다"라고 말했다. 이 두 과학자들은 은박지 모자를 쓴 유튜브의 괴짜들이 아니었다. 그들은 하버드대학교 천체물리학과의 아비 로브Avi Loeb와 마나스비 링엄Manasvi Lingam이었다.

따라서 '외계인설'이 미친 소리는 아니었다. 하지만 이런 현상이 한 번만 발생했기 때문에, '로리머 폭발(Lorimer Burst)'은 처음에는 오류, 전파 망원경의 어떤 문제 탓으로 여겨졌다. 하지만 과학자들은 곧 이런 전파 폭발을 더 많이 발견했다.

2010년에 천체물리학자 새라 버크-스폴라오Sarah Burke-Spolaor가 1998년에 일어난 16개의 유사한 전파 폭발 기록을 찾아냈다(이 전파 폭발이 외계인의 통신이라면 우리는 문자에 끔찍하게 답을 하지 않는 그런 친구인 셈이다). 하지만 더 흥미로운 점은 그 16개의 신호들이 다 달랐다는 것이다. 많은 면에서 이 신호들은 FRB(빠른 전파 폭발)처럼 보였지만 실제로는 '페리톤(peryton)'이라고 불리게 된 현상이었다. 페리톤은 수십억 광년 떨어진 곳에서 오지 않았다. 페리톤은 바로 이곳 지구의 무언가에서 발생했다.

페리톤이 외계인들이 지구에 도착했다는 뜻이라고 추측할 수도 있다. FRB가 외계인들이 우리 지구에 보내는 메시지라면, 페리톤은 아마 ET가 집에 건 전화일 것이다. 하지만 가장 인기 있는 이론은 페리톤이 이 모든 추측이 허풍임을 증명했다는 것이다. 페리톤은 아마 번개 때문에 발생했거나 혹은 인간이 만든 어떤 간섭 때문일 가능성이 더 높다. 그리고 일부 과학자들은 FRB도 아마 그냥 페리톤일 것이라고 주장했다. 수년 동안 맹렬한 논쟁이 이어졌다.

하지만 2014년 5월 14일에 파크스 망원경에서 FRB가 실시간으로 탐지되었다. 천문학자들은 이 FRB가 적어도 55억 광년 떨어진 곳에서 온 것으로 확인했다. 이번 탐지는 페리톤이 지구 내의 간섭 현상일 수는 있지만, FRB는 진짜라는 것을 확인해주었다. 천문학계 전체가 들썩였다.

FRB의 수수께끼를 푸는 것은 거의 불가능에 가깝다. 너무나 먼 곳에서 발생하기 때문이다. 하지만 페리톤은 지구 내에서 발생한다. 수수께끼를 풀 가능성이 있었다. 그리고 이는 인류의 가장 중요한 발견들 중 하나가 될 수도 있다. 우리는 보통 역사의 흐름을 바꿔놓을 수도 있는 엄청나게 지적이고 믿을 수 없을 정도로 도전적인 문제들을 어떻게 하는가?

인턴 사원에게 떠넘긴다.

우리의 용감한 영웅 에밀리 페트로프Emily Petroff 등장! 당시 에밀리는 스물다섯 살이었고 아직 천체물리학 박사 과정도 마치지 못했을 때였다. 그런 에밀리에게 천문학에서 가장 큰 수수께끼들 중 하나를 푸는 책임이 맡겨졌다. 실질적 도움도, 대폭적인 보조금 지원도 없었다. 행운을 빌어, 에밀리… 하지만 에밀리는 FRB와 페리톤에 매료되었고 다른 누구보다 더 깊이 파고들 각오가 되어 있었다.

그리고 곧 신비의 에너지원의 원인을 찾기가 얼마나 어려운지 깨달았다. 천체물리학자들은 바보가 아니었다. 그들은 간섭파가 문제를 일으키길 원하지 않았다. 그래서 망원경들은 멀리 외떨어진 무선정적 구간(radio quiet zone)에 설치되어 있었다. 이곳에서는 휴대폰 사용이 금지되었고 전자기파로부터 장비를 보호하기 위해 패러데이 케이지 (Faraday Cages)라는 금속판을 사용했다. 그런데 도대체 무엇이 그러한 전파를 발생시켰을까?

더 궁금한 또 다른 문제도 있었다. 파크스에서 탐지된 페리톤들은 2.5기가헤르츠와 1.4기가헤르츠의 주파수를 띠고 있었다. 전자는 흔한 주파수이지만 후자는 달랐다. 과학자들이 알기로 1.4기가헤르츠에서 전송되는 것은 없었다. 그건 정말로 외계인의 신호일지 몰랐다. 그리고 이 신호들이 페리톤이라면 외계인들이 바로 여기, 우리들 사이에 존재할 수 있다는 뜻이었다. 1998년부터 말이다.

하지만 에밀리는 외계인설을 믿지 않았다, 그래서 그녀는 몇 달 동안 망원경의 데이터를 분석했고 막다른 벽에 부딪쳤다. 하지만 포기하지 않고, 방해가 되는 주파수들을 추적하기 위해 망원경에 주파수 간섭 모니터를 설치했다. 이번에도 아무 소득이 없었다.

그러다 2015년 1월에 에밀리는 마침내 기회를 잡았다. 망원경이 1주일에 하나씩 총 3개의 새로운 페리톤을 탐지한 것이다. 무작위적인 신호가 아니었다. 이 신호가 여기 지구에 있는 외계인들이 시도한 통신일 수 있을까? 모든 페리톤에는 두 가지 신호가 잡혔는데, 하나는 2.5기가헤르츠, 다른 하나는 수수께끼의 1.4기가헤르츠의 주파수를 띠었다. 에밀리는 새로 설치한 주파수 간섭 모니터의 데이터와 인근의 ATCA 망원경에서 나온 결과를 비교했다. ATCA에서는 2.5기가헤르츠 주파수가 탐지되지 않았지만 파크스에서는 탐지되었다. 그리하여 결말이 났다. 페리톤들은 외계에서 온 것이 아니었다. 이 미지의 주파수를 발생시키는 것은 망원경과 가까이에 있었다. 이곳, 지구에.

또한 페리톤이 발생하는 시기가 무작위적이지 않았다. 페리톤은 모두 근무일에 발생했다. 마침내 분명해졌다. 모든 페리톤에겐 공통점이 있었다. 살아 있는 모든 인간과 지금까지 살았던 모든 인간이 굉장히 중요하다고 여겼던 극히 심오한 무언가.

바로 점심식사였다. 파크스의 페리톤들은 모두 점심시간에 발생했다. 그렇다면 2.5기가헤르츠에서 작동하는 물건이 뭘까? 에밀리에게 한 가지 생각이 떠올랐다. 에밀리는 전속력으로 아래층으로 달려내려갔다. 그리고 그곳에 우리의 외계인이 있었다. 바로 휴게실에 놓여 있던 전자레인지였다. 전파망원경이 설치된 대부분의 구역들에서는 전자레인지 사용을 금지한다. 주파수 간섭 모니터의 데이터는 페리톤이 탐지

될 때마다 망원경이 휴게실을 향하고 있었음을 확인해주었다.

**그렇다, 천문학계의 가장 큰 수수께끼는 외계인의 소행이 아니었다. 부리토를 데운 과학자들이 범인이었다.**

하지만 이 발견만으로 모든 게 해결된 건 아니었다. 우키(《스타워즈》에 등장하는 외계인 종족-옮긴이 주)족이 아니라 부리토가 2.5기가헤르츠의 신호를 발생시킨 건 맞다. 그런데 주파수는 2개였다. 1.4기가헤르츠는 어떻게 된 걸까? 과학자들이 다루는 어떤 물건도 1.4기가헤르츠의 신호를 방출하지 않았다. 외계인설을 배제할 수 없었다.

하지만 에밀리는 한 번 실수가 있었다면 두 번도 가능한 일임을 알고 있었다. 과학자들이 1.4기가헤르츠 전파 폭발의 원인이 뭔지 모르는 건 사실이었다. 전자레인지는 보통 2.5기가헤르츠에서 작동한다. 그래서 늘 지략이 넘치는 우리의 영웅은 간단한 실험을 했다. 에밀리는 전자레인지를 작동시킨 뒤 음식이 다 데워지기 전에 문을 열었다. 그러자 전자레인지의 마그네트론이 2.5기가헤르츠와 함께 1.4기가헤르츠의 신호를 방출했다.

그러니 정정하겠다. 천문학계의 가장 큰 수수께끼는 외계인의 소행이 아니었다. **부리토를 데운 '성질 급한' 과학자들이 범인이었다.**

에밀리는 페리톤이 외계인의 신호가 아니라는 것을 알고 있었다. 대다수의 유명한 과학자들도 외계인설을 진지하게 받아들이지 않았다. 하지만 그게 문제가 아니었다. 외계인설은 거부하기 힘들 정도로 매력적이었다. 언론은 열광했고 사람들은 더 많은 걸 알고 싶어서 죽을 지경이었다. 과학에 대해서가 아니라 외계인의 가능성에 대해서 말이다.

우리의 뇌는 외계인 같은 단순하고 매력적인 이야기들을 좋아한다 (우리의 뇌는 또한 빨리 부리토를 데우고 싶어서 안달을 한다). 페리톤과 외계인에 관해 이야기하든, 지구에 사는 다른 사람들의 마음을 읽으려 노력하든, 우리는 신호를 잘못 해석하여 단순하며 매력적인 그러나 잘못된 기상천외한 해석을 내놓기가 너무 쉽다.

그렇다면 '겉만 보고 사람을 판단'할 수 있을까? 하는 문제로 돌아와, 중요한 핵심 포인트들을 다시 살펴보자. 우리는 사람의 첫인상은 그런대로 제대로 판단하지만 거짓말을 알아차릴 가능성은 동전 던지기의 확률과 비슷한 수준이다. 그리고 사람의 생각과 감정을 수동적으로 읽는 데는 끔찍하게 서툴다. 더 나쁜 건, 우리가 처음에 내린 잘못된 판단이 우리 머릿속에 박히는 경향이 있다는 것이다. 우리 자신은 종종 스스로에게 최악의 적이다. 확증편향은, 적중한 부분은 기억하고 오류는 잊어버리게 하여 우리가 판단을 바로잡거나 더 정확하게 만들 수 있는 단서들을 보지 못하게 만든다.

수동적으로 사람의 마음을 읽으면 대개 부정확하지만, 동기를 부여받고 사람들과 적극적으로 관계를 맺음으로써 이를 향상시킬 수 있다. 하지만 마음을 읽는 능력을 향상시키는 데만 너무 집중하면 안 된다. 사람들의 성격을 파악하려 하든 거짓말인지 알아차리려고 하든, 상대가 더 많은 신호를 보내게 만들어야 정확성이 높아진다. 여러분의 거짓말 탐지 능력을 향상시킬 수는 없지만 인지 부하, 증거의 전략적 사용 같은 확실한 방법들을 활용해 상대의 거짓말을 훨씬 쉽게 알아차릴 수는 있다.

이 모두는 자연스럽게 '왜 우리는 다른 사람의 마음을 읽는 데 서툴까'라는 질문으로 이어진다. 마음을 읽는 건 유용한 기술일 텐데 말이다. 대자연에 집단 소송이라도 걸어야 할까? 인간의 뇌에 대한 리콜을 요구해야 할까? 왜 사회적 동물인 인간이 그토록 가치 있어 보이는 일에 그렇게 미숙한 걸까?

한 가지 이유는 우리의 형편없는 정확성이 사실 결함이 아닐 수 있기 때문이다. 사람의 마음을 너무 정확하게 읽으면 악몽이 될 수 있다. 우리 모두는 배우자, 친구, 인간관계에 대해 부정적 감정을 느끼는 순간이 있다. 그게 정상이다. 그런데 당신에 대한 누군가의 부정적인 생각을 일일이 알아차린다면 걱정에 걱정이 더해질 것이다. 대부분의 경우 이런 순간적인 문제들은 모르는 편이 차라리 낫다. 연구 결과도 딱 그렇게 나타났다. 공감 정확도는 보편적 선이 아니라 양날의 검이다. 한 연구는, 공감 정확도는 관계를 위협하는 정보를 알아차리지 못할 경우에 긍정적이라는 것을 발견했다. 반면 알아차리는 경우에는 부정적이다. 실제로, 부정적인 정보의 경우에는 알아내는 데 정확성이 떨어지는 편이 오히려 관계의 안정성을 향상시킨다.

한 심리학 연구팀이 말한 것처럼, "사람들은 대개 사회적 판단의 정확성을 향상시키는 법을 배우고 싶어 한다. 하지만 사회적 진실을 아는 것이 유익한 목표인지는 명확하지 않다." 여러분이 기분이 안 좋을 때 하는 모든 생각을 다른 사람들이 알아차릴 수 있다면 마음이 편하겠는 가? 때때로 여러분은 관계의 진실성을 의심하기도 한다. 그건 지극히 자연스럽고 건전한 일이지만, 상대방이 그런 생각들을 모두 다 알면 상처를 받을 수 있다. HSAM(비범한 자전적 기억력)의 저주를 잊지 말라. 부정적인 정보가 너무 많거나 기억력이 너무 완벽하면 좋은 관계에 도움이 되지 않는다. 모난 부분을 둥그렇게 다듬고, 다른 사람들의 미심쩍은 점들을 선의로 해석할 수 있어야 한다. 아마 그래서 대자연은 건전한 타협을 하기로 결정했을 것이다. 충분히 동기부여가 되고 집중할 때는 사람의 마음을 꽤 잘 읽어내지만, 그렇다고 너무 잘 읽지는 못하게 말이다. 사람의 마음을 너무 잘 읽으면 편집증이 생길 것이다.

세상을 정확하게 보는 것이 우리의 유일한 목표는 아니다. 좋은 결정을 내리기 위해 신뢰성 있는 정보를 원하는 건 맞지만, 우리는 또한 상황이 그리 좋아 보이지 않을 때에도(혹은 그럴 때 특히 더) 행복하고 의욕적이며 자신감 넘치게 지내길 원한다. 진실은 상처를 줄 수 있기 때문에 이렇게 해야 미묘한 균형을 잡을 수 있다. 그것이 여러분이 진실을 아는 방식이다. 셜록 홈스는 사실들을 간파하는 데 항상 뛰어났다. 그런데 그는 마약중독자가 되었다. 이 두 가지가 서로 무관한 것 같지는 않다.

마찬가지로 훌륭한 거짓말 탐지기가 되는 것도 그리 좋은 일은 아니다. 당신에게 마음을 쓰는 누군가가, 좋은 의도이긴 하지만 완전히 사실은 아닌 칭찬을 할 때마다 머릿속에 알람이 울렸으면 좋겠는가? 아니다, 당신은 그 칭찬을 온전히 즐기고 싶다. 그리고 대부분의 사회적 상황에서(구직 면접과 첫 데이트는 말할 것도 없고) 요구되는 예의와 사교적 수완들에 있어, 매일 24시간 내내 완전한 진실만 다룰 수는 없다. 당신은, 절대 솔직한 대답을 원하지 않는 질문을 던지는 사람들을 알고 있고 그들은 당신을 몹시 불편하게 만든다. 대부분의 거짓말은 "나는 그를 죽이지 않았어요" 같은 종류가 아니다. "머리가 멋져요" 같은 거짓말에 더 가깝다. T. S. 엘리엇의 말처럼, "인간은 너무 많은 진실을 견딜 수 없다."

사람들은 대부분 정직하다고 생각하는 것이 바람직한 기본 설정이다. 다행스러운 건, 그렇게 생각하는 편이 우리의 기분을 나아지게 할 뿐만 아니라 긴 안목으로 보면 더 나은 선택이라는 것이다. 한 연구에서, 사람들에게 타인을 얼마나 신뢰하는지 1부터 10까지 점수를 매겨달라고 요청했다. 8점이라고 대답한 사람들의 소득이 가장 높았다. 그리고 타인에 대한 신뢰가 낮은 사람들이 지나치게 남을 잘 믿는 사람들보다 훨씬 더 형편이 안 좋았다. 이런 사람들이 입은 손실은 대학에 가지 않았을 때의 손실과 맞먹었다. 그들은 다른 사람을 믿지 않는 바람에 많은 기회를 놓쳤다. 《뒤통수의 심리학(The Confidence Game)》에서 마리아 코니코바Maria Konnikova는, '타인에 대한 신뢰도가 높은 사람이 더 건강할 가능성이 7퍼센트 높고', '꽤' 행복하거나 '전혀 행복하지 않은' 것이 아니라 '매우' 행복할 가능성이 6퍼센트 더 높다는 것을 보여준 옥스퍼드대학교의 연구를 언급했다.

그렇다면 '겉만 보고 사람을 판단하지 말라'는 격언에 대한 최종 평결은 어떻게 내려야 할까? 나는 참인지, 거짓인지 간단하게 말하고 싶지만 그건 별 도움이 되지 않을 것이다. 이 격언은 거의 맞는 말이지만, 오해의 소지가 있다. 답은 좀 더 미묘하다.

우리는 다른 사람들을 성급하게 혹은 피상적으로 판단해서는 안 된다. 하지만 연구가 보여주듯이 우리는 항상 그렇게 판단한다. 적어도 처음에는 그렇다. 그리고 계속 그럴 것이다.

**겉모습만 보고 사람을 판단하는 데 초점을 맞추는 대신, 우리가 별 의심 없이 내리는 판단을 다시 돌아보고 바로잡는 데 더 많은 노력을 기울이는 편이 나을 것이다.**

자, 이렇게 1부를 끝마쳤다. 사람들에 대한 평가는 끝났고, 이제 실제로 우리가 사람들을 어떻게 대하는지 살펴볼 차례다. 여기서 사람들은 친구를 뜻한다. 그러니 이렇게 물어야 할 것이다. 무엇이 좋은 친구란 걸 만드는 걸까? 그리고 어떻게 하면 다른 사람들에게 좋은 친구가 될 수 있을까?

## 2부

타인에게
좋은 친구가 되는 방법

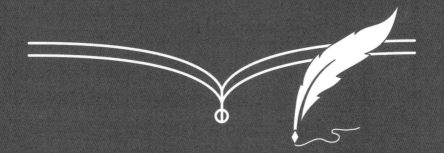

# 6장

## 너의 내장을
## 먹고 싶어

영하의 날씨에 외투도 입지 않고 맨땅에 양말 바람으로 서 있는 게 재 밌지는 않다. 게다가 수백 명의 군인들이 당신을 죽이려고 몰려오고 있 다면 상황은 더 심각하다.

같은 분대의 병사들이 부상당한 채 가까이에 쓰러져 있었다. 그는 개울 바닥에 숨어 점점 거리를 좁혀오는 적군을 보고 있었다. 아직 달 아날 기회가 있었다. 하지만 헥터 카페라타Hector Cafferata는 어디에도 가지 않을 것이다.

자, 시곗바늘을 좀 되돌려보자. 때는 1950년 11월 28일, 한국전쟁 중이었다. 헥터가 소속된 미 해병대의 작은 분대는 5km 정도의 산길을 지키라는 임무를 받았다. 기본적으로 그 산길은 문제가 생길 경우 1만

1,000명에 이르는 제1 해병사단의 병사들에게 필요할 수 있는 후퇴로였다. 눈이 15센티미터 넘게 쌓인데다 어찌나 춥던지 헥터의 분대는 개인 참호도 파지 못했다. 그래서 헥터와 친구 케네스 벤스Kenneth Bens는 작은 나무들을 베어 숨을 곳을 마련한 뒤 침낭으로 들어갔다.

두 사람이 몰랐던 건 대규모의 중공군 부대가 그들의 진지로 진격하고 있었다는 사실이다. 새벽 1시 30분쯤에 헥터는 총소리에 놀라 잠에서 깼다. 폭발. 비명. 사방에 부상당한 전우들이 나뒹굴었다. 적군은 그야말로 10미터도 안 되는 지척에 와 있었다. 군화를 신을 시간도 없었다. 가까이에서 수류탄이 터졌다. 헥터는 다치지 않았지만 벤스는 섬광 때문에 눈이 보이지 않았다. 그 밤 내내 벤스는 앞을 볼 수 없었다.

헥터는 소총을 움켜잡고 대응사격을 했지만 적군이 너무 많은데다 빠르게 접근해오고 있었다. 헥터는 벤스에게 "내 발을 꽉 잡아, 기어가자"라고 말했다. 두 사람은 몸을 숨길 참호로 물러났다.

전장을 살펴보던 헥터는 나머지 분대원들이 모두 전투 능력을 상실했음을 알았다. 연대 규모의 적군이 가까이 다가오고 있었다. 한국으로 파병되기 전에 고작 2주간의 훈련을 받은 일병 헥터 카페라타가 지금서 있을 수 있는 유일한 병사였다.

헥터가 뭘 했을까? 이쯤에서 여러분에게 양해를 구하겠다. 나는 완전히 상투적인 문구들을 쓸 것이다. 하지만 맹세컨대, 이 사례는 이런 상투적 문구가 100퍼센트 정확하고 조금도 과장이 아닌 유일한 경우일 것이라고 확신한다.

헥터 카페라타는 일당백의 군대가 되었다. 양말 바람으로 발목까지 눈에 파묻힌 헥터는 여름 액션 영화의 등장인물로 변신했다. 수십 명의 적군들이 총알과 수류탄, 박격포로 공격하는 동안 헥터는 혼자 전선을 지켰다. 맙소사, 그는 전선만 지킨 게 아니었다. 적군이 엄호를 위해 후퇴하도록 만들었다. 탄환이 핑핑 날아다니고 좌우에서 온갖 것들이 폭발하는 동안 이 지독한 사내는 개울 바닥을 왔다갔다 달리며 연대 규모의 적군이 증원군을 요청하도록 만들었다.

말도 안 된다고? 내가 지금 이 이야기를 꾸며내고 있는 것 같은가? 음, 마음을 단단히 먹기 바란다. 더 미친 이야기가 펼쳐지니까. 헥터는 날아오는 수류탄을 삽으로 쳐냈다. 한 번 더 말하겠다. 그는 날아오는 수류탄을 삽으로 쳐냈다.

헥터가 M1 소총을 얼마나 많이 발사했던지 총이 과열되어 불이 붙었다. 그는 총을 눈 속에 쑤셔 넣어 식힌 뒤 다시 총격을 시작했다. 아직 앞이 보이지 않는 벤스는, 헥터의 소총에서 공허한 찰칵 소리가 들리면 여덟 발짜리 클립에 총알을 더듬더듬 채워 넣은 뒤 헥터에게 넘겨주었다.

적군은 헥터의 전우들이 피를 흘리며 쓰러져 있는 도랑으로 수류탄을 던졌다. 그러면 헥터는 그 수류탄으로 돌진해 집어 들고는 되던졌다. 하지만 이번엔 약간 늦었다. 완전히 쳐내기 전에 수류탄이 터져서 헥터의 손가락 하나가 잘리고 팔에 파편을 맞았다. 하지만 그는 아랑곳하지 않았다. 헥터는 계속 싸웠고 적의 병사들은 불과 5미터 앞까지 바짝 다가왔다. 그는 다섯 시간 동안 이 싸움을 계속했다.

그러다 한 발의 총성이 크게 울렸다. 저격수의 총알이 헥터의 가슴에 박혔다. 헥터는 쓰러졌다. 그는 다시 일어나려고 안간힘을 썼지만 몸이 말을 듣지 않았다. 그 자리에서 그는 쓰러진 전우들을 바라보았다. 그리고 그들 너머 멀리에서 언덕을 오르고 있는 미 해병대의 지원군이 눈에 들어왔다. 이제 괜찮을 것이다.

헥터가 부상에서 회복하는 데는 1년이 넘는 시간이 걸렸다. 해리 트루먼 대통령이 미군이 받을 수 있는 최고의 무공 훈장인 명예 훈장을 그에게 수여했다. 공식 기록을 확인해보면 헥터는 15명의 적병을 죽인 것으로 나와 있다. 하지만 정확한 숫자가 아니다. 한 인터뷰에서 그의 지휘관이던 로버트 매카시Robert McCarthy 중위는, 헥터가 죽인 적군의 수가 100명에 가깝다고 말했다. 군 관계자들이 아무도 그 숫자를 믿지 않을 것이라고 생각해서 수치를 바꾼 것이다.

그는 자신이 어떻게 그 일을 해냈는지는 모르지만 왜 했는지는 알고 있었다. 그가 조국을 사랑하는 애국자였기 때문이 아니었다. 실제로 어떤 명예 훈장 수훈자도 그러한 이유로 목숨을 걸지 않았다. 그 상을 받은 군인들의 이야기를 살펴보면 같은 이유가 거듭해서 등장한다. 역시 명예 훈장 수훈자인 오디 머피Audie Murphy에게, 제2차 세계대전 때 왜 목숨을 걸고 독일군의 한 중대와 싸웠는지 물어보자 이렇게 대답했다.

"놈들이 내 친구들을 죽이고 있었으니까요."

헥터도 마찬가지였다. 어느 인터뷰에서 말한 것처럼, "어떤 의식적인 생각을 하지는 않았던 것 같습니다. 다치고 상처 입은 친구들이 그

곳에 있으면 끝까지 버티겠다고 결심하게 됩니다. 도망칠 생각은 손톱만큼도 들지 않죠."

헥터의 전우들은 분명 어려움에 처해 있었다. 그리고 헥터는 '행동하는(in deed)' 친구이자 '진정한(indeed)' 친구였다. 나는 헥터 같은 친구를 좋아할 것이다.

친구가 인생에서 가장 중요한 것들 중 하나라는 말에는 아무도 이의를 제기하지 않을 것이다. 하지만 우정의 본질에는 우리가 밝혀야 하는 수수께끼가 있다.

파푸아뉴기니의 고지대에서는 옛 친구들을 만나면 'Den Neie'라고 인사하며 서로를 반긴다. 이 말은 번역하면 '너의 내장을 먹고 싶다'는 뜻이다. 음, 세계 각지에선 우정에 대한 표현이 다양하다고만 해 두자. 하지만 우정에 관해서는 세계적으로 비슷한 것들이 많다. 미크로네시아의 섬들에서는 친한 친구를 'pwiipwin le sopwone wa'라고 부르는데, '같은 카누에서 온 내 형제'라는 뜻이다. 생각해보면 이 말은 정말로 가까운 친구를 뜻하는 영어의 'brother from another mother'라는 표현과 비슷하다.

한 가지는 분명하다. 우정은 보편적이다. 예일대학교의 '인간관계영역파일(The Human Relations Area Files-국제적인 비영리 연구기관)'이 전 세계 400개의 문화들을 추적해보니, 그중 395개 문화에 우정이라는 개념이 있는 것으로 나타났다(나머지 5개 문화들은 우정을 가족 단위나 정치 체제에 대한 위협으로 보고 명시적으로 막는 공동체들이다). 또한 절친한 친구라는 개념이 인간, 혹은 영장류에만 국한된 건 아니다. 연구들은 코끼리, 돌고래, 고래, 그 외의 포유류에게도 친구가 있다는 증거를 제공했다.

한편, 조사한 사회의 93퍼센트에서 가장 많이 합의된 우정의 특성은 서로 돕는 것이라고 보고되었다. 또 거의 모든 사회가 우정에 '점수를 매기는 것'을 금지한다. 모르는 사람과의 관계는 바로 그 자리에서 현찰 박치기를 하는 것과 같다. 하지만 친구가 된다는 것은 이익을 꼼꼼히 따지지 않는다는 뜻이다. 사실 똑같이 주고받겠다는 엄격한 상호주의는 우정에서 있어서는 지극히 부정적으로 여겨진다. 친구가 빚을 서둘러 갚으려고 조바심을 치면 종종 모욕으로 느껴진다. 우리는 친구들과는 이득과 손실이 중요하지 않은 것처럼 (혹은 적어도 그다지 중요하지 않은 것처럼) 행동한다.

2009년의 한 연구에 따르면, 미국인들은 평균 4명과 친밀한 관계를 맺고 있고, 그중 2명이 친구다. 예일대학교 교수 니콜라스 크리스타키스Nicholas Christakis는 이 통계 수치가 과거 몇 십 년 동안 별로 바뀌지 않았고 전 세계를 살펴봐도 비슷한 수치가 나온다고 언급한다. 또한 대부분의 연구가 친구에 관한 한, 질이 양보다 중요하다고 밝혔지만 친구의 수도 여전히 중요하다. 자신이 '매우 행복하다'고 생각할 가능성이 60퍼센트 더 많은 사람들이 누굴까? 자신이 처한 어려움에 관해 털어놓을 수 있는 5명 이상의 친구를 가진 사람들이다.

친구가 가장 많은 시기는 당연히 젊은 시절이고(10대들에게는 평균 약

9명의 친구가 있다), 일반적으로 나이를 먹으면서 친구의 수가 줄어든다. 친구들은 다른 어떤 관계보다 우리를 더 행복하게 해주기 때문에 이런 현상은 안타까운 일이다. 배우자에게는 미안한 얘기지만 말이다. 노벨상 수상자 대니얼 카너먼Daniel Kahneman은, 사람들이 친구들과 함께 있을 때 행복 수치가 가장 높다는 것을 발견했다. 조사 대상이 젊든, 나이가 들었든, 혹은 전 세계 어디에서든 상관없이 친구가 항상 우승 타이틀을 거머쥔다. 덧붙여 말하자면, 베벌리 페어Beverley Fair의 연구는 우리가 친구, 배우자와 함께 있을 때 절대적으로 가장 행복하다고 말한다. 결혼 생활에서도 우정이 지배적이다. 갤럽 조사에 따르면 결혼 만족도의 70퍼센트가 부부간의 우정 때문이다. 톰 래스Tom Rath는 행복한 결혼 생활에 있어서 우정이 신체적 친밀감보다 5배 더 중요하다고 말한다.

직장에서 친구가 미치는 영향도 그에 못지않게 상당하다. 자신의 상사와 '친하다'고 생각하는 사람은 20퍼센트도 되지 않지만, 이런 사람들은 자신의 일을 즐길 가능성이 2.5배 더 높다. 여러분은 직장에 3명의 친구가 있는가? 그렇다면 자신의 삶에 만족을 느낄 가능성이 96퍼센트 더 많다. 분명히 해 두자면 그 결과가 '직장에 대한 만족'은 아니다. 삶에 대한 만족이다. 우리 모두는 임금 인상을 좋아한다. 하지만 〈사회경제학 저널(Journal of Socio-Economics)〉의 2008년도 연구에 따르면, 임금 변화는 만족감을 약간만 증가시키는 반면 친구들과의 더 많은 시간은, 1년에 추가로 9만 7,000달러(약 1억 2,300만원)를 더 받는 것과 맞먹을 정도로 여러분을 많이 미소 짓게 한다(상사에게 가서 연봉을 9만

7,000달러 올려달라고 요구한 뒤 반응이 어떤지 보아라). 전체적으로, 우정이라는 변수는 행복의 약 58퍼센트를 차지한다.

친구들은 또한 여러분이 활기 있는 상태를 유지하는 데 중요하다. 줄리안 홀트-런스태드Julianne Holt-Lunstad의 연구는, 외로움이 건강에 미치는 영향이 하루에 15개비의 담배를 피우는 것과 같다는 사실을 발견했다. 여기에서도 우정은 다른 관계들을 넘어 최고의 자리를 차지한다. 2006년도의 한 조사는 친한 친구가 10명 있는 유방암 환자들과 친한 친구가 없는 유방암 환자들을 비교했다. 첫 번째 집단에 속한 여성들의 생존 가능성이 4배로 높았다. 더 놀라운 점은 남편은 아무런 영향력도 없었다는 것이다. 남성들도 마찬가지였다. 736명의 남성들을 대상으로 장기적으로 수행한 한 연구는, 친구가 심장질환의 발병 가능성을 낮춘다고 밝혔다. 이번에도 연애 상대는 영향이 없었다.

그래, 친구가 좋은 것인 줄은 알았다. 하지만 우리는 '어려울 때 친구가 진정한 친구인가?'라는 구체적인 질문에 답하려고 여기에 있다. 문제는, 여러분과 나는 그 질문에 무작정 덤벼들지 못한다는 것이다. 우리에겐 훨씬 더 근본적인 문제가 있기 때문이다. 우리는 친구가 정말로 무엇인지조차 모른다. 여러분이 먼저 정의해보시라. 나는 기다리겠다. 미리 말해 두는데, 나는 진부한 표현을 답으로 인정할 생각은 없다. 우리 모두는 우정에 대해 명언 카드의 문구 같은 정의를 수백만 번 들었지만 그런 정의들은 효과적인 리트머스 시험지가 아니다.

페이스북이나 인스타그램 속의 친구가 정말로 친구일까? 함께 나눈 멋진 추억들이 있지만 굳이 연락하진 않는 옛 친구는 어떤가? 혹은 만나면 항상 끝내주게 즐거운 시간을 보내는 재미있는 사람이지만 절대 여러분의 아이들을 맡기진 못할 것 같은 사람은? 어떤 일이든 맡길 수 있을 만큼 믿음직하지만 여러분이 '악성'이라는 단어가 포함된 건강검진 결과를 받았을 때 위로를 얻고자 전화를 걸지는 않을 것 같은 사람은 어떤가? 그들이 친구일까? 그 흔하고 사소한 단어를 적절하게 정의하는 것은 생각보다 훨씬 더 까다롭다.

크리스타키스는 "우리는 우정을 '대개 혈연이 아닌 개인들간의, 대체로 자의적이고 장기적인 관계로, 아마 서로 대칭되지는 않는 상호 애정과 지원이 수반되고, 특히 어려운 시기에 더욱 그러한 관계'라고 형식적으로 정의할 수 있다"고 말한다. 뭐라고? 연구용으로는 충실한 형식적 정의이지만 여러분과 내게 일상적으로 도움이 될 것 같진 않다.

또한 이 모호한 정의는 더 큰 문제를 상징적으로 보여준다. 우정은 망가질 수 있다는 점이다. 행복과 건강 모두에 일등공신이라는 점을 포함해 위에서 언급한 수많은 긍정적인 점들에도 불구하고, 우정은 거의 항상 배우자, 자녀, 가족, 심지어 동료들보다 후순위로 밀려난다. 우리는 아이들을 위해 아동 치료사에게, 부부관계를 위해 결혼 생활 카운슬러에게 돈을 지불하지만, 흔들리는 우정을 위해서는 한 푼도 쓰지 않는다. 우정에 문제가 생기면 대개 애완용 금붕어처럼 그냥 죽게 놔둔다. 우정에 관해 연구해온 애리조나주립대학교의 대니얼 흐루슈카Daniel Hruschka 교수는, 영어에서 친구라는 단어가 관계를 나타내는 다른 어떤 단어들보다 말에서든 글에서든 많이 쓰인다고 지적한다. 심지어 엄마나 아빠보다 더 많이 사용된다. 하지만 이 중요하고 강력하며 행복을 불러오고 생명을 구하는 관계는, 일상생활에서 시종일관 부당한 취급을 받는다. 대체 어떻게 된 걸까?

다른 관계들과 달리 우정에는 공식적 제도가 없다. 우정을 뒷받침해 주는 법이나 종교, 고용주 혹은 혈연관계가 없다. 우정의 이익을 추구하는 단체도 없기 때문에 우정은 늘 차순위가 된다. 우정은 분명한 정의도 없고 사회적으로 합의된 기대도 거의 없는 100퍼센트 자발적인 관계다. 배우자에게 6주 동안 말을 걸지 않으면 이혼 서류가 날아올 것이다. 친구에게 그렇게 오래 말을 걸지 않으면 뭐, 까짓것.

공식적인 규칙이 없으니 기대치도 모호하다. 그래서 우정은 깨지기 쉽다. 우정은 돌보지 않으면 시들지만 무엇이 필요한지에 대한 규칙이 없고 구체적인 사항들을 협상하는 것도 불편하다. 여러분은 출근하지 않으면 해고당할 것을 알고 있다. 하지만 우정을 끝내는 요인들은 대개 모호하고 특이하다. 따라서 남녀노소를 막론하고 설문조사를 했을 때 현재의 친구 절반이 7년 내에 더 이상 가까운 친구가 아니게 된다는 결과가 놀랍지는 않다. 제도적 의무가 없기 때문에 우정을 지키기 위해선 굉장히 의식적으로 노력해야 한다. 그리고 바쁜 세상에서 우리들 대부분은 그렇게 하기가 무척 힘들다. 30대는 종종 우정이 사라지는 시기다. 그즈음에는 대개 결혼식 때 모든 친구를 불러모은다. 그러고는 곧바로 그 친구들과 멀어진다. 나이가 들수록 일, 결혼 생활, 아이들이 점점 더 많은 지분을 차지하고, 이는 친구에게 할당된 예산을 헐어서 충당된다. 우정이 주는 많은 즐거움과 혜택에도 불구하고, 대다수의 연구들이 우리와 평생 가는 관계는 대개 친구가 아니라 형제라고 말해준다. 비극이다.

그러나 우정의 약점은 또한 엄청난 강점의 원천이기도 하다. 왜 진정한 우정이 배우자나 아이들보다 우리를 더 행복하게 만들까? 우정은 언제나 의무가 아니라 선택이기 때문이다. 우정은 어떤 제도로도 뒷받침되지 않고 어떤 제도에 의해서도 강요되지 않는다. 간단히 말해, 그 사람을 좋아해야 가능하다. 다른 관계는 감정과 상관없이 존재할 수 있다. 당신이 더 이상 좋아하지 않는다고 해서 그 누군가가 당신의 부모나 상사나 배우자가 아니게 되는 건 아니다. 우정은 어느 한 사람이 언제든 떠날 수 있기 때문에 더 현실적이다. 우정의 취약성이 그 순수성을 입증한다.

그렇다면 유전자를 퍼뜨려야 하는 다윈주의적인 요구로 모든 것이 환원되는 이 무자비한 자연 세계(바로 지금 어디에선가 사자가 가젤을 물어뜯고 있다)에 왜 친구가 존재하는 걸까? 진화론적으로 우리에겐 가족, 그리고 그 가족을 부양해야 할 필요성이 전부여야 하지 않을까?

생물학에서 말하는 것처럼 삶이 유전자를 퍼뜨리고 자원을 얻기 위한 것이라면 왜 헥터는 친구들을 위해 목숨을 걸었을까? 그것이 '어려울 때 친구가 진정한 친구'라는 격언의 의미인가? 그 친구들은 우리나 그들에게 무언가가 필요할 때만 진정한 친구인가?

우와, 친구라는 단어의 간단한 정의를 얻기 위해 시작한 이야기가 어쩌다 보니 세상의 모든 이타주의의 본질을 밝히기 위한 철학 토론까지 왔다. 새벽 3시에 기숙사 방에서 벌어질 법한 토론이다. 하지만 모두 중요한 얘기다. 무엇이 친구이고 무엇이 친구가 아닌지 해답을 얻는 데 꼭 필요하기 때문이다. 사실 이타주의 문제는 다윈의 골칫거리였다. 그는 이타주의가 최대의 수수께끼이고 자신이 그걸 밝힐 수 없다면 자연선택설이 틀렸다고 증명될까 봐 두렵다고 말했다.

우리가 조지 프라이스George Price의 비극적 이야기를 살펴봐야 하는 건 이 때문이다. 이제 휴지를 뽑아들어라. 가혹한 이야기가 이어진다.

# 7장

# 프라이스 방정식의
## 딜레마

조지 프라이스가 다른 무엇보다 원했던 건 유명해지는 것이었다. 그는 자신이 세상을 바꿀 만한 위대한 업적을 쌓아서 유명해지길 원했다. 그가 똑똑하다는 것은 의심의 여지가 없었다. 어떤 사람들은 그가 정신적으로 건강했는지, 좋은 남편이자 아버지였는지에 대해 의문을 품었지만 그가 똑똑하다는 것에는 이견이 없었다.

조지의 수학 실력과 창의력은 따라올 자가 거의 없었다. 게다가 대단한 사람이 되겠다는 그 끈질긴 욕구에 사로잡혀 놀라울 정도로 근면 성실했다. 그는 미국 대학들의 우등생 클럽인 '파이 베타 카파(Phi Beta Kappa)' 출신이었고, 각성제에 의지해 59시간 동안 한숨도 자지 않고 맹렬히 덤벼들어 논문을 끝내고는 박사 학위를 받기도 했다. 그는 자신을 유명하게 만들 돌파구를 찾아 5명의 노벨상 수상자들과 서신을 주고받았다.

조지는 지금 하고 있는 일에서 역사에 남을 만한 업적을 남기지 못할 것 같으면 분야를 옮겼다. 그 결과 그는 10년 동안 6번이나 이직하며 과학 발전의 '포레스트 검프'가 되었다. 맨해튼 프로젝트에서 원자폭탄 개발을 돕다가 벨 연구소로 옮겨 트랜지스터 개발에 일조하는가 하면, 암 연구를 하기도 했다. 그런 뒤 다시 자리를 옮겨 거의 단독으로 컴퓨터 이용 설계(CAD)를 고안했다.

조지는 뭔가에 홀린 사람 같았다. 정신적으로 건강하지 않은 사람이었다. 믿을 수 없을 정도로 큰 그의 야망은 병적인 측면이 있었다. 그리하여 아내와 아이들을 거의 만나지 않다가 결국 버렸다. 조지에게 붙은 귀신은 그와 위대함 사이에 무엇도 끼어들게 두지 않았다.

하지만 다 소용없었다. 조지는 다양한 분야에서 주목할 만한 성취를 이루었지만 그의 어마어마한 기준에 부합하는 업적은 없었다. 그러다 그는 직장을 잃었다. 혼자였다. 마흔다섯 살의 그는 10년 넘게 딸을 보지 못했다. 하지만 그의 집념은 약해지지 않았다. 그는 다시 옮겨 갔다. 이번에는 런던이었다. 그가 이번에 흥미를 느낀 분야는 아이러니, 그 이상이었다.

조지는 가족에 관심을 갖게 되었다. 그는 무엇이 가족들을 끈끈하게 결속시키는지 알고 싶었다. 그리고 그 관심은 이타주의라는 더 큰 문제로 그를 이끌었다. **왜 누군가는 누군가를 도울까?** 적어도 가족에 관한 한 조지는 이타성을 이해할 수 있었다. 사람들은 왜 자식을 돕기 위해 목숨을 걸까? 자식에게 자신의 유전자가 있기 때문이다. 그래서 조지는 그의 어마어마한 수학 실력을 이 문제에 적용하여 다윈의 자연선택설이 작동하는 정확한 공식을 발견했다. 그는 평생 유전학을 공부한 적이 없다. 그리고 그가 보기엔 이 공식이 너무 단순해서 틀림없이 누군가가 이미 이 공식을 생각해냈을 것이라고 확신했다.

유니버시티칼리지 런던(University College London)에는 세계 제일의 유전학과가 있다. 조지는 이 학교를 찾아가 자신의 연구를 보여주었다. 90분 뒤 그는 교수실 열쇠와 명예 교수직을 받았다. 그가 한 연구는 혁신적이었다. 현재 위키피디아에서 '프라이스 방정식'을 찾아볼 수 있다. 이 방정식은 지금도 유전학과 진화 이론의 주요 성취로 남아 있다. 그리고 공교롭게도 그의 교수실은 다윈의 집이 있던 곳이었다.

조지가 마침내 해냈다. 명예를 얻었다. 꿈을 달성했다. 그가 이루기 위해 모든 걸 희생했던 꿈. 하지만 그가 소원이 실현되었다고 생각한 일은 알고 보니 저주였다. 조지는 자신의 연구 결과들을 곰곰이 생각해보았다. 그의 방정식에 따르면, 당신의 생존과 번식에 도움이 되지 않는다면 진화는 그걸 선택하지 않을 것이다. 하지만 그 무언가가 당신의 생존과 번식을 촉진시키기 때문에 그 일을 한다면 그건 이타적이라고 할 수 없다. 조지는 **내가 친절 같은 건 없다는 걸 증명한 것인가? 내 방정식이 맞는다면 세계는 끔찍한 곳이다**라는 생각이 들었다. 그는 그런 세상을 인정할 수 없었다. 하지만 그는 객관적이 되기 위해 전력을 기울여야 하는 과학자였다. 왜 조지는 세계가 이기적인 곳일 수 있다는 걸 받아들이지 못했을까? 전기 작가 오렌 하먼Oren Harman은 〈라디오랩(Radiolab)〉에서 "그가 일생의 대부분의 기간 동안 너무도 이기적이었기 때문이다"라고 설명했다.

조지는 이제 자신을 유명하게 만들고 그가 모든 걸 희생하며 얻은 그 방정식이 없어지길 바랐다. 사실이 아니길 바랐다. 그는 너무도 이기적으로 어린 딸들을 버린 것에 죄책감을 느껴 왔다. 이제 그의 연구는 온 세상이 이기적이라는 것을 보여주었다. 그가 감당하기 힘든 결과였다.

조지가 방정식을 바꿀 수는 없었다. 하지만 어쩌면 그 자신이 그가 세상에서 보고 싶어 하는 변화가 될 수는 있었다. 어쩌면 그의 선택이 틀렸다는 방정식을 남길 수도 있었다. 그리하여 오로지 성공과 명예만 생각하며 악착같이 일하고 방해가 되는 아내와 딸들은 저버렸던 사람이, 이제 런던 소호 거리의 노숙자들을 찾아가 "내 이름은 조지입니다. 제가 도울 방법이 있을까요?"라고 묻기 시작했다.

조지는 노숙자들에게 음식을 사주었다. 가진 돈도 다 주었고 그의 아파트에 묵게 했다. 오로지 자신만 생각하며 살아왔던 그는 이제 타인만 생각했다. 그는 사랑하는 법을 배우고 있었다. 하지만 도가 지나쳤다. 친구들이 그를 걱정하기 시작했다. 그는 건강이 좋지 않았다. 하지만 속죄하고 싶은 욕구, 자신이 발견한 이기적인 다윈설 방정식과 싸우려는 욕구는, 그가 명성을 추구할 때와 마찬가지로 세상을 다 바꾸려는 듯 열정적이었다. 그는 사람들이 자신을 이용하고 있다는 것을 알았만 모든 걸 나눠주면 자신이 발견한 수학 정리의 오류를 어떻게든 입증할 수 있을 것이라고 믿었다.

하지만 한 사람이 세상을 구할 수는 없는 법이다. 그 노숙자들이 모두 조지 덕분에 정신을 차리고 삶을 바로잡지는 않았다. 조지는 시간여행을 하는 영화에서 미래를 바꾸려고 싸우지만, 자신이 운명을 바꿀 수 없다는 것을 깨달은 인물 같았다. 돈이 떨어지자 그 역시 노숙자가 되었다. 하지만 그는 폐가에서 다른 사람들과 함께 불법 거주하면서도 여전히 그들을 돕는 데 전념했다. 그는 딸들에게 미안하다고 편지를 썼다. 그는 처음부터 다시 시작할 수 있길 바랐다.

친애하는 독자들이여, 이런 말을 하기란 쉽지 않다. 그러니 단도직입적으로 이야기하겠다. 1975년 1월 6일, 조지 프라이스는 스스로 목숨을 끊었다. 어떤 사람들은 그가 속죄하기 위해 자신을 순교자로 만들었다고 말할지도 모른다. 단순한 답은 그가 정신적으로 건강하지 않았다는 것이다. 조지는 많은 부분에서 도를 지나쳤다. 비극적이게도 자살 역시 그중 하나였다. 우리들 중에도 사랑, 친절, 이타성이 없는 세상, 이기적이지 않은 마음이 이기심의 또 다른 형태일 뿐인 세상에서 살고 싶지 않다고 말할 사람이 많을 것이다. 조지 프라이스도 그런 사람들 중 한 명이었다. 하지만 이야기는 여기에서 끝나지 않는다.

조지는 사람들이 선해질 수 있다는 것을 마음속으로 알고 있었다. 여러분과 나도 그것을 알고 있다. 결국 과학이 여러분과 나, 그리고 조지를 따라잡았다. 과학이 그의 방정식이 틀렸음을 입증하진 않았다. 프라이스 방정식은 지금도 유전학에서 굳건한 자리를 차지하고 있다. 하지만 많은 연구들이 우리가 사심 없는 이타심을 타고났다는 걸 보여주었다. 사람들을 MRI 기계에 넣고 자선단체에 기부하는 것을 상상해보라고 하면, 뇌에서 음식과 섹스를 생각했을 때와 같은 회로에 불이 들어온다. 우리 내면에는 사심 없이 다른 사람을 돕는 마음이 생존과 번식 욕구만큼 깊다. 우리가 얼마나 기꺼이 베풀려고 하는지 연구한 크나포Knafo와 엡스타인Ebstein은, 뇌의 옥시토신 수용체를 부호화하는 유전자와 이타심의 강한 상관관계를 발견했다. 무슨 뜻이냐고? 이타성이 우리의 유전적 특징 속에 있다는 말이다. 다윈주의와 이타주의는 서로 모순되지 않고 조화롭게 공존할 수 있다.

진화는 의도가 아니라 결과에만 신경을 쓴다. 진화는 여러분이 어떤 일을 하는 이유에는 관심이 없고 최종 결과에만 관심이 있다. 당신이 CEO이고 너그럽게도 전 직원에게 1,000달러의 보너스를 준다고 하자. 직원들은 당신을 좋아하게 되고 더 열심히 일한다. 회사의 수익이 3배로 증가하고 당신은 성공을 거둔다. 그 결과 당신은 아이를 많이 낳고 그 아이들도 잘된다. 이 결과가 당신의 행동이 이타적이지 않음을 뜻할까? 당연히 아니다. 당신의 의도는 직원들에게 잘해주는 것이었다. 우리가 항상 '유전자 퍼뜨리기'를 생각할 필요는 없다. 앞서 우리는 뇌가 세계를 이해하기 위해 어떻게 이야기들을 엮는지 살펴봤다. 그 이야기들, 우리의 의도, 우리의 선택은 우리 자신의 것이다.

1975년 1월 22일, 런던의 세인트팽크라스(St Pancras) 묘지의 예배당에 다양한 사람들이 모였다. 유전학 박사인 대학교수들이 마약중독자들 옆에 섰다. 그들은 모두 자신의 삶에 영향을 미친 한 사람에게 경의를 표하기 위해 그곳에 왔다. 그중 여전히 노숙자로 힘겹게 살고 있는 한 사람은 조지가 준 허리띠를 차고 있었다.

조지 프라이스는 건강이 좋지 않아 스스로 목숨을 끊었다. 하지만 그의 행동들은 개인이 이타적일 수 있고 자신에게 아무 이득이 없을 때조차 다른 사람들을 도울 수 있다는 사실을 보여주었다. 조지의 의도는 좋았다. 그는 타인을 위해 봉사하다가 죽었고 이타주의가 사실임을 그의 방식대로 증명했다.

하지만 우리의 뇌는 이타주의에 관해 어떤 이야기를 들려주는가? 근본적인 다윈주의의 지령들을 뒤엎는 이야기인가? 만약 이 질문에 답할 수 있다면 우리는 우정을 정의할 수 있을 것이다. 그리고 다윈의 가장 큰 수수께끼를 풀 것이다. 그리고 조지가 편히 잠들 수 있을 것이다.

좋다, 이제 찰스 다윈의 법칙을 뒤엎는 우리 머릿속의 이야기를 설명할 차례다. 음, 솔직히 말하겠다. 나는 이 문제를 어떻게 다루어야 할지 몰라 전전긍긍했다. 간절히 답을 얻고 싶은 마음에 여러 고대 철학서를 읽기 시작했다. 하지만 상황은 더 나빠졌다. 플라톤의 《뤼시스(Lysis)》를 읽었는데, 심지어 위대한 소크라테스조차 우정을 정의내리지 못하겠다고 분명하게 말하는 것이었다. 으윽.

그러다 나는 마침내 기회를 잡았다. 소크라테스의 제자의 제자인 아리스토텔레스가 친구에 관해 할 말이 많았다. 그는 《니코마코스 윤리학 (Nicomachean Ethics)》의 20퍼센트를 이 주제에 할애했다. 이익을 기반으로 한 거래 관계는 아리스토텔레스에겐 진정한 우정이 아니었다. 하지만 그는 절친한 친구라는 개념의 열렬한 팬이었다. 심지어 친구가 무엇인지에 관해 훈훈한 정의도 내렸다. 아리스토텔레스가 생각하기에 친구들은 '자기 자신을 대하듯 서로를 대한다. 친구는 또 다른 나다.'

오, 꽤 괜찮은걸? 우리가 친구들에게 그렇게 다정하게 대하는 이유는 그들이 우리의 일부이기 때문이다. 흥미로운 건 이 정의가 또한 우리의 수수께끼도 풀 것이라는 거다. 이기심이 실제로 이타심이 될 수 있다. 내가, 당신이 '또 다른 나'라고 믿는다면 말이다.

그리고 '또 다른 나'라는 이 개념은 엄청 귀에 쏙 들어와서 그 뒤 2,000년 동안 엄청나게 많은 서구 문화에 영향을 미쳤다. 고전문학을 검토할 때는 이 말이 어찌나 자주 등장하던지 내가 에릭의 '또 다른 나인 친구'라는 술자리 게임을 만들 정도였다.

기원전 50년경에 살았던 키케로는 어떤가? '진정한 친구는, 말하자면 두 번째 자아다.' 마셔!

1800년대의 인물인 이디스 워튼Edith Wharton은? '우리들 각자의 인생에는 얼마나 소중하고 사랑하는지와 상관없이, 자신과 별개의 사람이 아니라 자기 자신의 확장이자 해석처럼 보이는 한 친구가 있다.' 마셔!

그리고 마크 버논Mark Vernon이 언급한 것처럼 성경의 신약은 '네 이웃을 네 몸과 같이 사랑하라'라고 말했을 수 있지만, 구약의 레위기 율

법을 확인해보면 '네 친구를 네 자신과 같이 사랑하라'라고 번역된다. 맞다, 다른 자아라는 개념은 심지어 성경에도 있다. (이번에는 술 한 잔으론 안 된다. 그냥 병나발을 불어라.)

하지만 나는 과학으로 뒷받침되는 책을 약속했다. 아리스토텔레스의 개념은 훌륭하지만 그는 또한 제우스에게 모든 제물을 바치는 어리석음에 관해서도 썼다. 그러니 아마 그의 말은 걸러서 들어야 할 것이다. '친구는 또 다른 나다'는, 인스타그램에 쓰기엔 완벽한 문구지만 안타깝게도 과학적이지 않다.

그러다 나는 우연히 뭔가를 발견했다. "우리의 기본 예측을 뒷받침해주는 증거는, 친밀한 관계에서는 가까운 타인과 자기 자신에 대한 인지 표상이 겹친다는 점에서 다른 사람이 '자아에 포함된다'는 개념과 일치한다."

이럴 수가. 아리스토텔레스가 옳았다. 게다가 그냥 '좀' 옳은 게 아니라 '거의' 옳았다. 1개가 아니라 65개가 넘는 연구들이 아리스토텔레스의 생각을 뒷받침한다. 심리학에서 이 개념은 '자기 확장 이론(self-expansion theory)'이라고 불린다. 우리가 우리의 자아 개념을, 자신과 가까운 사람들까지 포함하도록 확장시킨다는 이론이다. 여러분이 어떤 친구와 가까울수록 둘 사이의 경계가 흐릿해진다는 것을 일련의 연구들이 입증했다. 실제로 우리는 친구들이 어떤 사람인지를 구성하는 요소들과 우리가 어떤 사람인지를 구성하는 요소들을 헷갈린다. 당신이 어떤 친구와 밀접한 사이일 때 당신의 뇌는 당신들 두 사람을 구분하기 위해 실제로 더 열심히 일해야 한다.

결정타는, 사람들을 MRI 기계에 넣은 뒤 친구들에 관해 질문을 던진 신경과학 연구들에 있다. 당연히 긍정적 감정과 관련된 뇌의 영역에 불이 들어왔다. 그 밖에 어디가 활성화되었는지 아는가? 뇌의 **자기 처리**(self-processing)와 관련된 영역이었다. 여성들은 친한 친구의 이름을 듣자 자기 이름을 들었을 때와 동일하게 회백질이 반응했다.

이 연구에서 자아에 다른 사람을 포함하는 정도를 알 수 있는 'IOS(inclusion of other in the self) 척도'가 개발되었다. 이 척도는 매우 효과적이어서 관계의 안정성을 확실하게 판단하는 데 사용될 수 있다. 다시 말해, 시간을 두고 추적해보면 IOS 점수가 낮을 경우 우정이 깨질 가능성이 더 크고 점수가 높으면 우정이 깨질 가능성이 더 낮다고 예측된다. 뿐만 아니라 높은 IOS 점수를 받은 연구 대상자들은 친구 관계가 끝날 때, "나는 더 이상 내가 누구인지 모르겠어" 같은 말을 할 가능성이 훨씬 높았다. 이들이 친한 친구와의 우정을 끝낸 후 자신의 일부를 잃은 듯한 느낌을 받았다면, 어떤 면에서는 그것이 그저 느낌이 아닌 사실일 수 있다는 것이다.

1980년에 하버드대학교 교수 대니얼 웨그너Daniel Wegner는, 공감이란 "부분적으로는 자신과 타인들 간의 기본적인 혼동에 기인한다"라고 말했다. 자, 이렇게 하여 우리는 지금까지 찾아온 정의를 마침내 얻은 것 같다.

**공감이란 무엇인가?** 공감은 당신 자신과 다른 사람 사이의 경계가 흐릿해져 자신이 어디에서 끝나고 다른 사람이 어디에서 시작되는지 헷갈리게 되는 때다.

**친밀감이란 무엇인가?** 친밀감이란 당신의 '자아'에 대한 시야가 약간 움직여 다른 사람이 그 자리에 들어오게 되는 때다.

**친구란 무엇인가?** 친구는 또 다른 나다. 당신의 일부다.


"한 방 먹었지, 찰스 다윈!"이라고 소리치고 싶지만 사실 다윈은 그냥 우리와 같은 사람이었다. 다윈이 이타성 문제가 그의 가장 큰 과제라고 말한 것을 기억하는가? 왜 다윈은 이타성이 그의 이론을 반증할 수 있다고 두려워했을까? 음, 다윈은 인정하지 못했지만 그의 행동은 같은 특징을 보였다. 다윈은 위대한 일들을 했고 아이들을 10명이나 낳았다(당신 이론을 증명하는 멋진 방법이군, 찰스). 하지만 그러기 위해 그의 뇌가 항상 '유전자를 퍼뜨려야 해'라는 생각을 할 필요는 없었다. 그건 한 인간으로서 그에게 중요하지 않았다. 그럼 무엇이 중요했을까?

믿거나 말거나 우정이다. 다윈은 비망록을 쓰면서 자신의 경력에 다른 무엇보다 큰 영향을 미친 것에 관해 이야기했다. 자연선택설? 아니다. '나는 내 경력 전체에 다른 무엇보다 영향을 미친 것에 대해 아직 언급하지 않았다. 바로 헨슬로Henslow 교수와의 우정이다.' 다윈의 이론에는 우정에 관해 이야기할 것이 많지 않았지만 우리의 인생과 마찬가지로 우정은 그의 인생에도 중요한 역할을 했다.

우정은 우리를 확장시킨다. 우리를 결속시킨다. 그리고 우리 뇌에 관한 한 우리가 관심을 갖는 사람들은 우리의 일부가 된다. 그렇다. 다윈의 이론은 생물학에서 유효하지만 우리의 감정은 실제다. 우리의 의도는 순수하고 고귀할 수 있다. 우리는 친구들을 위해 위대한 이타적 희생을 할 수 있고 실제로 한다.

이제 우리는 우정, 친밀감, 공감이 무엇인지 알았다. 하지만 어떻게 친구를 만들수 있을까? 이 주제에 대해서는 엄청나게 많은 책이 나와 있지만 데일 카네기Dale Carnegie의 고전서가 가장 눈에 띈다.《데일 카네기 인간관계론(How to Win Friends and Influence People)》이 과학적 검증을 통과할 수 있을까? 지금부터 알아보도록 하겠다. 하지만 그 전에 먼저 우리는 지구에서 가장 다정한 사람들인, 아주 특별한 집단에게서 몇 가지 가르침을 얻어야 한다.

## 8장

# 친구를
# 만드는 방법

엄마 노릇은 힘들 수 있다. 특히 산만 한 덩치에 온몸에 문신을 한 폭주족이 당신의 10대 아들들을 찾아 현관문을 두드릴 땐 더욱 그렇다. 어허. 하지만 녀석은 패싸움을 하러 온 게 아니었다. 〈뉴욕 타임스〉의 보도에 따르면 두 아들이 시민밴드 라디오를 운영하다 친구가 된 녀석을 초대한 것이었다. 10대들이 저지른 미친 짓이냐고? 아니다. 두 아들은 '세상에서 가장 친절한 사람들'이라는 특별한 집단에 속해 있다.

이 집단은 소수이고 거의 알려져 있지 않다. 이들은 절대적으로 사람들을 사랑하고 눈곱만큼의 사회불안 정서 없이 거의 무한히 사람을 믿는다. 이 집단에 속한 사람을 만나면, 그들은 곧바로 당신에게 칭찬과 질문 세례를 퍼붓고 호의를 쏟아낼 것이다. 그리고 그 행동은 완전히 진심이고 진지할 것이다. 제니퍼 랏슨Jennier Latson이《너무나 사랑한 소년(The Boy Who Loved Too Much)》에서 이야기한 것처럼, 이 사람들은 당신을 너무도 특별하게 대해서, 이들이 다른 사람들에게도 똑같이 한다는 걸 깨달으면 실망감을 느낄 정도다. 이들은 광신적 종교 집단은 아니다. 뭘 판매하지도 않는다. 하지만 당연히 반전이 있다.

'윌리엄스 증후군(Williams syndrome)'은 유전 질환이다. 아마 가장 사랑스러운 질환일 것이다. 흥미로운 건 이 질환을 가진 사람들이 장애가 있긴 하지만, 친절, 공감, 사회화에 있어서는 거의 초인적인 능력이 있다는 것이다.

전 세계적으로 1만 명당 1명꼴로 발생하는 윌리엄스 증후군은, 7번 염색체에서의 약 28개 유전자 결실이 원인이다. 이로 인해 작은 키, 결합조직 문제, 특이한 얼굴 모양 등 태아기에 변화가 나타난다.

유감스럽게도 윌리엄스 증후군은 지적 장애도 일으킨다. 평균 IQ가 69다. 또한 과학적 관점에서 보면 정신적 문제들에 일관성이 없다. 윌리엄스 증후군을 앓는 사람들은 '균등하지 않은 인지 측면'이라고 부르는 특징을 가지고 있다. 그들은 일부 분야에서는 어려움을 겪지만 다른 분야들에서는 엄청나게 뛰어난 능력을 보인다. 수학과 퍼즐 풀기는 극도로 어려워하지만, 질문을 던져보면 풍부하고 정서적인 단어들을 구사하는 놀라운 이야기꾼을 만나게 될 것이다. 추상적이고 공간적인 작업에서의 성과는 형편없지만, 말이나 정서적 혹은 음악적 일들은 뛰어나게 잘한다.

결함들이 이렇게 불균형적인 원인을 추적해본 과학자들은, 예상보다 훨씬 더 많은 것을 발견했다. 과학자들은 자신들이 단지 의학적인 병을 연구하고 있는 게 아니라 인간의 친절이라는 암호를 해독하기 시작했다는 것을 알아차렸다. MRI 검사는 윌리엄스 증후군을 가진 사람들이 '사회적으로 위협적인 반응에 대한 편도체 반응성이 약하다'는 사실을 말해주었다. 쉽게 말하자면, 윌리엄스 증후군을 가진 사람들은 절대 쌀쌀맞게 사람의 얼굴을 쳐다보지 않는다. 여러분과 나는 낯선 사람들을 경계하거나 심지어 두려워할 때가 많다. 윌리엄스 증후군을 가진 사람들에게는 진정으로 낯선 사람이 없다. 아직 만나지 못한 친구만 있을 뿐이다.

그들의 뇌가 이렇게 다른 사람들과 다르게 발달한 원인은 뭘까? 연구원들은 윌리엄스 증후군이 유전 질환이라는 점을 감안해, 이 '극도로 우호적인' 유전자들의 DNA를 면밀하게 살펴보았다. 그리고 발견했다. GTF2I와 GTF2IRD1은, 여러분이 많이 들어봤을 유대 호르몬인 옥시토신을 조절한다. 그런데 윌리엄스 증후군에서는 이 유전자들이 기본적으로 옥시토신을 과다 분비한다는 것이다. 모성애나 부성애가 밀려드는 것을 느낀 적이 있거나 마약인 엑스터시를 경험해봤다면, 윌리엄스 증후군을 가진 사람들에게 사회적 만남이 어떤 기분인지 비슷하게 느껴본 것이라 말할 수 있다.

하지만 통찰력은 여기서 끝나지 않는다. 우리가 지금 논의하고 있는 특성들을 생각해보자. 윌리엄스 증후군 환자들은 항상 다른 사람을 만

나길 좋아하고 즐겁게 해주고 싶어 한다. 무한히 너그럽고 타인에게 의심할 여지없이 진지하고 깊은 사랑을 발산한다. 이 모두는 음… 우리가 강아지를 귀엽다고 여기는 특성들이다. 여기까지 생각이 미친 사람은 유전학 명예박사 학위를 받을 만하다. 우리를 윌리엄스 증후군 환자들과 구분 짓는 유전자들이, 늑대를 사람의 가장 친한 친구인 개와 구분하는 유전자들과 같기 때문이다. 이러한 점이 여러분과 나는 우리 '무리' 밖의 낯선 사람들을 무서워하거나 적대적일 수 있는 반면 윌리엄스 증후군을 가진 두 쌍둥이는 폭주족에게 말을 걸다가 급기야 집으로 초대할 수 있었던 이유를 설명해줄 수 있다.

윌리엄스 증후군을 연구한 캘리포니아대학교 의과대학의 소아과 교수 앨리슨 무오트리Alysson Muotri는 "나는 유전적 결함, 염색체들 중 하나의 작은 결손이 우리를 더 우호적이고 감정이입을 잘하며 서로의 차이를 잘 포용하게 만들 수 있다는 것에 매료되었다"라고 말한다. 윌리엄스 증후군을 가진 사람들은 대부분의 종교가 우리에게 열망하라고 촉구하는 특성인, 모든 이에게 너그럽고 이타적인 사랑을 가지고 있다고 해도 과언이 아니다. 랏슨은 '윌리엄스 증후군을 가진 사람들은 황금률을 배울 필요가 없다. 평등이나 포용에 관해 가르칠 필요도 없다. 그들은 날 때부터 이런 원칙들을 실천한다'라고 썼다.

2010년의 한 연구는 윌리엄스 증후군을 가진 아동들 사이의 인종차별을 조사했다. 어떤 결과가 나왔을까? 그 아이들은 어떤 인종차별도 하지 않았다. 제로, 0, 꽝, 無. 거의 모든 아동이 3세가 되면 자신의 인종에 대한 선호를 보이기 때문에 이러한 결과는 더 놀랍다. 사실 윌리엄스 증후군을 가진 아이들은 인종에 대한 편견을 전혀 보이지 않는 것으로 나타난 유일한 그룹이다.

이 모든 친사회적이고 이타적인 특성들 때문에 하버드 의과대학의 발달심리학자 카렌 레빈Karen Levine은, '사실 질환을 가진 사람은 우리'라고 반 농담 삼아 말한다. 레빈은 우리의 이런 질환을 '나머지 우리들 증후군(The Rest of Us Syndrome, TROUS)'이라고 부른다. 이 질환의 증상에는 감정 숨기기, 낯선 사람들을 친구로 대하지 않기, 좀처럼 포용하지 않기가 포함된다.

어떤 편인가 하면, 윌리엄스 증후군 환자들은 사람을 너무 믿는다. 그들은 종종 이용당한다. 그들에겐 자신을 보호할 사회적 면역체계가 없는 것 같다. 이런 특성은 윌리엄스 증후군을 가진 아이들의 부모에게 문제가 된다. 그런 심성을 가진 아이는 아름답지만 아이들이 낯선 사람의 차에 신나서 올라타는 건 아름답지 않다. 이 아이들에겐 타인을 믿지 말라고 가르쳐야 한다. 하지만 그 가르침은 좀처럼 받아들여지지 않는다. 그렇게 하는 건 그들의 본성과 맞지 않기 때문이다. 또한 그런 위협들 때문에 윌리엄스 증후군인 아동을 보살피는 일은 때로 극히 힘들지만 물론 긍정적인 면도 있다. 어떤 어머니가 하루에 열두 번도 더 자신에게 사랑한다고 말하는 아들을 원하지 않겠는가?

어쩌면 윌리엄스 증후군을 가진 사람들은 반사회적 인격 장애자들에 대해 자연이 사과하는 방법일 수도 있다. 이는 스탠퍼드 의과대학교수 로버트 새폴스키Robert Sapolsky가 이 증후군을 바라보는 방식이다. "윌리엄스 증후군을 가진 사람들은 관심은 많지만 능력은 거의 없다. 하지만 능력은 있는데 따뜻함이나 희망, 공감이 없는 사람은 어떤가? 그런 사람은 반사회적 인격 장애자다."

능력이 뒷받침되지 않은 그러한 관심은 윌리엄스 증후군을 가진 사람들에게 가슴 아픈 아이러니로 이어진다. 그들은 진정한 유대를 갈망하지만 대개 이를 얻지 못한다. 그들의 사회적 욕구가 사회적 능력에 부합하지 않기 때문이다. 그들은 많은 기본적인 사회적 신호들을 처리하지 못한다. 그들은 반복 질문을 던지고 종종 너무 충동적이어서 답을 기다리지도 않고 다른 질문을 던진다. 관계를 시작하는 데 대한 두려움이 없어서 관계를 심화시키고 유지하는 능력이 부족하다. 윌리엄스 증후군 아동들의 거의 80퍼센트가 자신이 친구가 없거나 친구들과 어려움을 겪는다고 느낀다. 그들은 모든 사람이 잘해주는 사랑스러운 아이지만, 아무도 생일파티에 초대하지는 않는다.

그리고 행복이라는 관점에서 보면, 그들에게 강력한 능력을 주는 '균등하지 않은 인지 측면'이, 심각한 결함들을 갖는 것보다 실제로는 더 나쁠 수 있다. 당신에게 문제가 있는데 그걸 해결할 능력이 영원히 없다는 사실을 아는 건 잔인한 비극이다. 다른 사람들이 친구, 배우자, 그리고 아이를 얻는 모습을 지켜보는 것은 좌절과 외로움을 느끼게 한다. 과학 저술가 데이비드 돕스David Dobbs가 윌리엄스 증후군을 가진 사람들에 대해 말한 것처럼, '그들은 낯선 사람은 아니지만 친구도 아니다.'

그렇다면 윌리엄스 증후군을 가진 쌍둥이들이 어느 폭주족을 초대하여 그가 당신 집 문간에 서 있을 때는 어떤 일이 일어날까? 돕스가 〈뉴욕 타임스〉에서 이 실화에 대해 이야기했다. 음, 당신은 마지못해 그 폭주족 씨에게 잠깐 집에 들어오라고 한다. 그런데 그는 지금껏 만난 가장 너그럽고 우호적인 두 아이들에게 너무나 매료되어 자신의 오토바이 클럽으로 데려가 다른 패거리들과 이야기를 나누게 해달라고 청한다. 그리고 그것은 당신 아들들의 간절한 소원이기도 하다. 그래서 당신은 허락한다. 그리고 그날 당신은 겁에 질린다. 클럽의 아지트가 꼭 보호관찰소의 대기실 같기 때문이다. 하지만 당신의 아들들은 최고로 흥분한 상태다. 이 사람들 좀 봐요, 엄마! 그리고 아들들은 간단한 프레젠테이션을 한다. 자신들이 얼마나 대화를 좋아하는지, 얼마나 심하게 괴롭힘을 당하는지, 때때로 세상이 그들에게 얼마나 혼란스러운 곳인지 이야기한다. 또 진정한 친구를 사귀기 위해 아주 아주 열심히 안간힘을 쓴다는 이야기도 한다. 당신은 폭주족들이 지루해하거나 화를 낼까 봐 내내 겁에 질려 있다. 하지만 마침내 어머니가 몸을 돌려 청중을 보았을 때, 그녀의 눈에 들어온 건 눈물을 닦고 있는, 온몸에 문신을 한 남자들이었다.

윌리엄스 증후군을 가진 사람들은 오늘 무슨 일이 일어나든 내일도 계속해서 우리 모두를 사랑할 것이고, 인간성의 가장 좋은 부분들을 두려움 없이 표현할 것이다.

인생에서 많은 사람이 윌리엄스 증후군의 양상과 부합하는 순간들을 만나게 된다. 우리는 친절하고 우호적인데도 불구하고 타인과 깊은 우정을 맺고 유지하려고 애를 써야만 한다. 그리고 그런 노력이 성공하지 못하면 우리가 뭘 잘못했는지, 혹은 우리에게 어떤 문제가 있는지 생각한다.

하지만 윌리엄스 증후군을 가진 사람들의 투쟁에는 아리스토텔레스가 말한 것 같은, 진정한 우정을 맺는 데 필요한 비밀이 들어 있다.

친구를 사귀는 문제에 관해서라면 윌리엄스 증후군의 마법 같은 힘에 가장 가까운 것이 바로 데일 카네기의 책이다. 《데일 카네기 인간관계론》은 1936년에 첫 출간된 이후 3,000만 부 이상이 팔렸고 거의 1세기가 지난 뒤에도 여전히 매년 25만 부 이상이 팔린다. 카네기의 책은 사람들과 더 잘 지내는 법에 관한 이야기와 정보가 섞여 있고, 당신이 지금 읽고 있는 어떤 책과도 완전히 딴판이다.

그렇다면 데일은 뭘 하라고 권했을까? 그는 귀를 기울일 것, 타인에게 관심을 가질 것, 타인의 관점에서 말할 것, 진지하게 타인을 치켜세울 것, 나와 비슷한 점들을 찾을 것, 충돌을 피할 것, 그 외에 당연해보이지만 우리 모두가 곧잘 잊어버리는 많은 일을 권했다. 그러나 카네기의 책은 이 분야의 가장 공식적인 연구가 시작되기 전에 쓰였고 대체로 일화적이다. 그렇다면 그의 조언은 현대 사회학에 부합될까?

놀랍게도 그렇다. 애리조나주립대학교의 흐루슈카 교수가 언급한 것처럼, 카네기의 기본적 기법들 대다수가 수많은 실험들로 입증되었다. 그의 기법들 중 하나는 상대에게서 나와 비슷한 점을 찾는 것이다(이 기법은 '또 다른 나'의 느낌을 촉진하는 것으로 나타났다). 몸을 다친 누군가를 보고 동정심에 움찔한 적이 있는가? 신경과학자 데이비드 이글맨David Eagleman의 MRI 연구는, 우리가 다친 사람이 자신과 비슷하다고 인식할 때 동정 고통(sympathetic pain)이 커진다는 것을 보여준다. 자신과 비슷하다고 묶는 대상은 임의적일지라도 말이다. 사회학자 조너선 하이트Jonathan Haidt는 "우리는 '타인'이라고 생각하는 사람들에 대해서는 그리 공감을 느끼지 않는다"라고 말한다.

옛날 옛적의 데일은 한 가지를 잘못 생각했다. 그의 책에 나오는 여덟 번째 원칙은 '상대방의 관점에서 상황을 보려고 노력하라'는 것이다. 우리가 다른 사람의 마음을 읽는 데 얼마나 서툰지 깨달은 1장이 기억나는가? 그래, 바로 그거다. 니콜라스 에플리는 데일의 제안을 테스트하고는 단도직입적으로 말했다. "우리는 그런 관점을 취하는 것-다른 사람의 입장이 되어 그 사람의 눈으로 세상을 상상하기-이 이런 판단의 정확성을 높인다는 증거를 발견하지 못했다." 그 방법은 효과적이지 않을 뿐 아니라 실제로 타인과 관계를 맺는 데 더 서툴게 만든다. 데일 씨, 미안해요.

하지만 데일은 그 한 문제에서만 틀렸다. 그를 변호해보자면, 유명한 사람들, 음… 찰스 맨슨Charles Manson 같은 사람을 포함한 수백만 명이 그의 기법을 사용하여 큰 성공을 거두었다. 여기에서 카네기의 기법들이 가진 더 유의미한 문제가 나타난다. 그 기법들이 비과학적인 게 아니라 조작된 것일 수 있어서 아리스토텔레스가 그다지 좋아하지 않왔던 얄팍한 우정으로 이어진다는 것이다(카네기 쪽의 소송장이 날아올 때까지 카운트다운 5, 4, 3…)

카네기의 책은 관계의 초기 단계들에 매우 유용하며 사업상 인맥들과의 거래 관계에도 효과적이다. 하지만 또한 사기꾼들에게 훌륭한 각본이기도 하다. 그의 책은 '또 다른 나'를 구축하고 장기적인 친밀감을 발달시키는 데 초점을 맞추지 않고, 다른 사람에게서 전술적으로 이익을 얻는 방법을 더 많이 다룬다. 카네기는 '인간공학', '사람들이 당신이 원하는 일을 기꺼이 하게 만들기' 같은 문구를 자주 사용한다. 솔직히 말하면, 카네기는 선의를 가져야 한다고 반복해서 말하지만 입에 발린 소리처럼 들린다. 사회학자 로버트 벨라Robert Bellah는 '카네기에게 우정은 기업가들의 직업적 도구, 본질적으로 경쟁적인 사회에서 의지의 수단이었다'라고 썼다. 의형제나 의자매를 찾고 있는 사람이라면 이 책이 도움이 안 될 것이다. 수십 년간의 결혼 생활의 우여곡절을 헤쳐나가기 위해 '여자 꼬시는 법'이라는 책을 읽는 것이나 마찬가지니까.

그렇다면 '또 다른 나'라고 여길 정도로 깊은 우정을 만들어내는 것은 무엇인가? 이 문제는 '신호 이론(signaling theory)'이라는 연구 분야로 이어진다. 가령 내가 여러분에게 나는 터프 가이라고 말한다고 하자. 내 말을 믿겠는가? 반면 여러분이 텔레비전으로 중계되고 있는 UFC 경기에서 허리에 헤비급 챔피언 벨트를 두른 나를 본다고 하자. 어느 쪽이 더 당신이 얽히고 싶지 않은 거친 남자라는 확신을 주겠는가?

'비용이 많이 드는' 신호가 더 강력한 신호다. 내가 터프 가이라고 말하는 건 쉽다. 수천 명의 관중 앞에서 실황 중계되는 UFC 행사를 가짜로 꾸며내기가 훨씬 더 어렵다. 우리는 항상 신호 이론에 따라 움직인다. 단지 그걸 거의 인식하지 못할 뿐이다. 카네기는 우리에게 우정의 신호를 가르치지만 그가 알려주는 신호들은 비용이 많이 들지 않는다. 독자들이 그 신호들을 좋아하는 건 그 때문이다. 그 신호들은 실천하기 쉽다. 또한 그러한 이유로 사기꾼들도 그 신호를 좋아한다. 그 신호들은 가짜로 꾸며내기 쉽기 때문이다. "내가 네 곁에 있을게"라고 말하는 것보다 실제로 나타나 하루 종일 당신의 이사를 돕는 것이 훨씬 더 비용이 많이 들고 강력한 신호다. 어느 쪽이 여러분에게 진짜 친구라는 확신을 주겠는가?

그렇다면 우리는 진정한 친구에게 어떤 신호를 보여주고(혹은 찾고) 싶어 하는가? 전문가들은 확고하게 두 가지로 입을 모은다. 첫 번째는 시간이다. 시간이 왜 그렇게 강력한 신호일까? 시간은 귀하고, 귀한 것은 비용이 많이 들기 때문이다. 누군가가 자신이 특별하다고 느끼게 만들고 싶은가? 당신이 다른 사람들에겐 해줄 수 없는 무언가를 그 사람을 위해서 하라. 내가 매일 1시간을 누군가에게 할애한다면 나는 24명 이상에게는 그렇게 하지 못할 것이다. 할 수가 없다. 얘기 끝. (전화해줘서 고마워, 친구야.)

우리가 논의한 것처럼, 우정은 행복이라는 측면에서 다른 관계들을 이긴다. 그런데 구체적으로 무엇이 그런 마법을 부리는 걸까? 노던애리조나대학교의 멜릭샤 데미르Melikşah Demır는 교류, 즉 그저 함께 시간을 보내는 것이라고 말한다. 그리고 당연하게도 우정에 있어 가장 흔한 갈등의 원인은 시간이다. 피할 수 없는 사실이다. 시간은 중요하다.

그렇다면 우리들은 어떻게 친구들을 위해 더 많은 시간을 낼 수 있을까? 핵심은 습관적 행위에 있다. 여러분이 계속 연락하며 지내는 사람들에 대해 생각해보면 의식적이든 아니든 기저에 습관적 행위가 있다는 걸 알게 될 것이다. '우리는 일요일마다 이야기를 나눈다'거나 '우리는 함께 운동을 한다'거나. 이 방법을 따라해보라. 효과가 있다. 함께 꾸준히 할 수 있는 무언가를 찾아라. 800만 건의 통화를 분석한 노트르담대학교의 연구는 '2주마다 어떤 형태로든 연락하는 것'이 우정을 지키는 데 좋은 목표라는 것을 말해준다. 그 최소한의 주기를 지켜라, 그러면 우정이 지속될 가능성이 더 높다.

하지만 새로운 친구를 만들려면 더 많은 시간이 필요할 수 있고, 그 과정은 기내 인터넷보다 느릴 수도 있다. 이것이 우리가 나이가 들면 친구를 잘 사귀지 못하는 한 가지 이유다. 얼마나 많은 시간이 필요할까? 마음의 준비가 되었는가? 제프 홀Jeff Hall의 연구는 가벼운 관계를 발전시키는 데 60시간이 든다는 것을 발견했다. 본격적인 '친구' 상태가 되는 데는 때때로 100시간이 들고, 소문난 '베프'라는 성취를 이루는 데는 200시간 이상이 든다. 시간이 더 많이 들거나, 더 적게 들 때도 있겠지만 어느 쪽이든 우와, 많은 시간이다.

하지만 이건 방정식의 일부일 뿐이다. 홀은 또한 사람들이 이야기를 나누는 방식이 중요하다는 것을 발견했다. 우리는 잠재적 친구와 가

볍게 나누는 잡담이 제자리걸음을 하기 시작할 때 벽에 부딪친다. 다음 단계로 뚫고 나아가지 못한다. 이것이 카네기 책의 한 가지 문제다. 웃으며 고개를 끄덕거려봤자 한계가 있다. 수십 시간을 들이지 않고 친구를 만들고 싶은가? 그렇게 할 수 있다. 하지만 카네기의 방법으로는 안 될 것이다. 아서 아론Arthur Aron(IOS 척도를 개발한 사람)은 낯선 사람들끼리 단 45분 만에 평생의 친구처럼 느끼게 만들었다. 어떻게 했냐고? 음, 이쯤에서 비용이 많이 드는 두 번째 신호가 등장한다. 바로 약점이다.

이 문제는 아이러니하다. 우리는 대개 새로운 사람을 만날 때 장점을 보여주며 깊은 인상을 주려고 애쓰는데, 이런 생각은 그다지 좋지 않다. 연구원들은 일련의 연구를 통해, 상대에게 자신의 높은 지위를 알리는 것이 새로운 우정에 도움은커녕 나쁜 영향을 준다는 사실을 발견했다. 이런 신호는 영업 상담에서나 리더십을 전달하는 데는 좋을 수 있지만 친구를 사귀는 일에는 도움이 되지 않는다.

약점에 대해 최근 많은 이야기가 나왔지만 우리들 대부분은 그냥 고개를 끄덕이고는 곧바로 다시 완벽해보이려는 노력에 돌입한다. 왜 그럴까? **자기 자신을 드러내 보이는 것이 몹시 두렵기 때문이다.** 조롱을 당하거나 거부당할 수 있고 그 정보가 당신을 공격하는 데 사용될 수도 있기 때문이다. 약점을 드러내는 건 고등학교 때 배운 최악의 시나리오들을 떠올리게 한다. (콩고공화국의 쿤나이(Kunyi) 족 사이에서는 자신을 너무 많이 노출시키면 마법에 더 쉽게 걸린다는 말이 있다. 따라서 마음을 터놓으면 생각보다 훨씬 더 위험할 수 있다.) 우리는 그게 위험하다는 것을 알고 있다. 하버드대학교의 사회학자 마리오 루이스 스몰Mario Luis Small이 수행한 대규모 연구들은, 우리가 종종 친한 친구보다 낯선 사람들에게 아주 개인적이고 세세한 이야기들을 할 가능성이 크다는 것을 보여준다.

나쁜 사람들에게 약점을 이용당할까 봐 두려워하지만, 아이러니하게도 약점을 드러내는 데서부터 상대와의 믿음이 싹튼다는 것이다. 다시 말해 믿음이 믿음을 낳는다. 이용당할 수 있다는 위험은 그만큼의 가치 또한 발생시켜 두 사람의 관계에 힘을 실어준다.

당신이 약점을 드러내면, 상대방에게 그들이 '아무나'가 아니라는 메시지로 전달된다. 그 사람들은 당신에게 특별하다. 아론은 자기 노출이 '또 다른 나'를 만드는 데 직접적으로 도움이 된다는 사실을 발견했다. (아론이 이러한 돈독한 우정을 그토록 금방 만들어내는 데 사용한 질문들을 보고 싶은 분들을 위해 내가 www.bakadesuyo.com/aron에 올려놓았다.)

이처럼 약점을 드러내는 일은 효과적일 뿐만 아니라 생각만큼 그리 위험하지 않다. 심리학은 '아름다운 혼란 효과'를 입증해왔다. 우리는 자신의 실수가 얼마나 부정적으로 인식되는지에 대해 항상 과대평가한다. 우리는 자신이 멍청이처럼 보이면 사람들이 떠나갈 거라고 생각하지만 설문조사를 해보면 대부분의 사람들은 상대가 가끔씩 저지르는 실수를 오히려 긍정적으로 생각한다. 당신은 실수를 저지르면 무능한 사람으로 보일까 봐 겁을 먹는다. 하지만 다른 사람이 같은 실수를 저지르면 스스로에게 그랬던 것만큼 비판적이 되는 경우가 드물며, 때론 그 사람에게 이전보다 부드러워진다.

약점을 조심스럽게 드러내는 가장 좋은 방법은 무엇일까? 자, 시작하겠다. 나는 인스타그램의 강아지 사진들을 보면서 혀 짧은 소리로 말을 거는 40대 후반의 남성이다. 맞다. 나는 잘난 척하는 자만심 가득한 과학서를 쓰고, 인스타그램의 강아지 사진에 대고 혀 짧은 말을 하는 사람이다. 이 사실을 알게 된 당신은 내가 더 좋아졌는가, 덜 좋아졌는가? 나를 더 신뢰하게 되었는가, 신뢰가 떨어졌는가?

그러니 다음에 당신이 관심 가는 사람, 혹은 더 두터운 우정을 쌓고 싶은 사람과 함께 있을 때는 **두려움 규칙**(The Scary Rule)을 따르라. 무언가가 두렵다면 그걸 말하라. 아직 전속력을 낼 필요는 없다. 크리스마스 만찬 자리에서 살인한 걸 털어놓진 말라. 천천히 시작해서 차근차근 쌓아가라. 자신에 대해 인정할 의향이 있는 민감한 일들의 범위를 넓혀가고, 마찬가지로 당신이 보통 편하게 물어보는 것보다 조금 더 민감한 질문들을 던져라. 그리고 친구가 자신의 약점들을 인정해도, 움찔하면서 "무슨 짓을 했다고?!?!"라고 소리쳐선 안 된다. 받아들여라. 대니얼 흐루슈카는 그런 뒤 '판돈을 올려라'라고 말한다. 당신이 정서적으로 안전하다고 느끼고 긍정적인 반응을 얻고 있는 한, 더 많은 걸 공유하라. 이것이 '또 다른 나'를 만들어가는 방법이다.

아직 마음을 열기가 망설여진다고? 그렇다면 내가 당신의 머리에 비유적 의미의 총을 들이대겠다. 약점이 없으면 우정은 죽는다. 아, 마음을 열지 않고 약점을 드러내지 않으면 우정만 죽는 게 아니다. 당신도 죽을 수 있다. 펜실베이니아대학교의 로버트 가필드Robert Garfield 교수는, 마음을 열지 않으면 잔병들이 오래가고 첫 심장마비가 일어날 가능성이 증가할 뿐 아니라 치명적이 될 가능성이 두 배로 증가한다고 말한다.

자, 우리는 '어려울 때 친구'라는 격언이 어떻게 해석되어야 하는지는 아직 100퍼센트 알지 못하지만, 그 격언이 실제로 어떻게 작용하고 효과를 낼 수 있는지 파악하는 데는 많이 가까워졌다. 시간을 내고, 당신의 약점을 공유한 뒤, 판돈을 올려라. 이 모든 일이 잘되면 상대도 똑같이 할 것이다. 그러면 거래 관계에서 벗어나게 된다. 일단 신뢰가 형성되면 비용은 대체로 무시할 수 있고 상대도 마찬가지다. 얼마나 큰 부탁인지, 혹은 상대가 최근에 당신에게 뭘 해줬는지 생각하며 속을 끓일 필요가 없다. 그럴 단계는 지났다. 이제 당신은 한 가지만 물어보면 된다. "그 사람이 친구인가?" 만약 친구라면 당신은 도울 것이다.

맞다, 두려울 수 있다. 많은 사람들이 영악한 의도를 가지고 카네기의 책을 이용한다. 이 세상에는 나쁜 사람들이 있다. 자기 도취자 같은 사람들. 하지만 진정한 우정에 도달하려면 나쁜 사람들과 같은 물에서 헤엄쳐야 할 것이다.

그렇다면 그런 사람들을 안전하게 상대하면서 어쩌면 더 나은 사람으로 만들 방법은 없을까? 지금부터 현대 사회에서 최고의 '악'이라고 정의된 한 집단의 이야기를 살펴봄으로써, 그에 관한 효과적인 가르침을 얻을 수 있을 것이다.

# 우리의 적을
# 길들이는 법

그의 어머니는 항상, 사람은 복잡한 존재라고 말해왔다. 하지만 어린 대니는 그 말을 이해하지 못했다. 1941년의 어느 밤에 일어난 일에 대비하지 못했던 건 틀림없이 그 때문이었다.

나치가 프랑스를 점령하면서 오후 6시 통행금지령을 내렸다. 하지만 그날 밤, 일곱 살짜리 대니는 친구의 집에 늦게까지 머물렀다. 집으로 걸음을 재촉하던 대니는 겁이 나서 스웨터를 뒤집어 입었다. 자신이 유대인이라는 것을 알리는 스웨터의 노란색 '다윗의 별' 표시를 감추고 싶었기 때문이다.

다행히 거리는 텅 비어 있었다. 안전해보였다. 하지만 그때 한 남자가 보였다. 독일 군인이었다. 게다가 그냥 군인이 아니라, 대니가 다른 군인보다 더 무서워해야 한다고 들었던 나치 친위대의 검정색 제복을 입고 있었다. 하지만 일곱 살 때는 그런 조언을 마음에 새기지 않는 법이다.

대니의 집이 가까이에 있었다. 숨을 수만 있다면 발각되지 않았을지도 모른다. 그때 두 사람의 눈이 마주쳤다. '헤드라이트에 비친 사슴'처럼 대니의 몸이 완전히 얼어붙었다. 통금시간이 지난 뒤였다. 게다가 대니는 유대인이었다. 그리고 그 사실을 숨기고 있었다. 큰. 일. 났. 다.

그 나치 친위대 장교가 대니에게 가까이 오라고 손짓했다. 가까스로 발걸음을 옮기면서 대니는 목에 지구만한 크기의 뭔가가 걸린 것처럼 숨이 턱 막혔다. 군인이 자신의 스웨터를 알아채지 않기만을 바랐다. 대니가 다가갔다. 그때 나치 장교가 몸을 숙이더니 갑자기 대니를 끌어당겼다.

그리고 껴안았다. 어찌나 힘껏 껴안았는지 일곱 살짜리의 몸이 땅에서 들렸다. 대니는 처음에는 그런 줄도 모르고 반응도 못한 채 머릿속으로 "별을 알아채지 못하게 해주세요, 별을 알아채지 못하게 해주세요"라고만 되뇌었다.

이윽고 나치 군인이 대니를 내려놓더니 독일어로 감정에 겨워 말하기 시작했다. 그의 눈에 눈물이 고였던가? 그는 지갑에서 어린 소년의 사진 한 장을 꺼내 대니에게 보여주었다. 그제야 알았다. 악의 화신에게 대니 또래의 아들이 있었던 것이다. 그리고 그 아들을 절실하게 그리워하고 있었다.

나치 군인은 대니에게 약간의 돈을 주더니 미소를 지었다. 그런 뒤

둘은 각자의 길을 갔다.

아마도 끔찍한 일을 저질렀을 지 모를, 오늘날 우리가 아는 악의 대명사 자체인 사람도 여전히 내면의 한 구석에는 사랑이 자리 잡고 있었던 것이다. 그리하여 대니를 보자 자기 아들을 떠올리고는 그 사랑을 표출한 것이다. 대니의 어머니 말이 옳았다. 사람은 무한히 복잡한 존재다.

그 짧고 무서웠던 순간에 느꼈던 인간 본성에 대한 교훈은, 이후 대니의 삶에 영향을 미쳤다. 대니는 심리학 박사학위를 받았고, 인간 행위에 있어 비합리적인 부분에 연구의 초점을 맞추었다. 그는 프린스턴대학교의 교수가 되었다. 대니얼 카너먼Daniel Kahneman은, 노벨상을 받았을 때 쓴 글에서 당시 나치 군인과의 일화를 들려주었다.

그날 밤 일어난 친절에는 비밀이 숨어 있다. 두 사람 다 그때는 이해하지 못했던, 최근 들어서야 과학이 밝혀낸 비밀이다. 바로 '나쁜' 사람에게서 선을 끌어내는 방법이 있을 수 있다는 것이다.

데이터에 따르면, 평균적으로 당신은 10명의 친구가 생길 때마다 1명의 새로운 적도 얻을 것이다. 아, 그리고 '내 적의 적은 친구다'라는 옛말은 틀렸다. 사실 대부분의 경우, 당신 인생에서 가장 문제가 되는 사람은 적이 아니다. 그럼 누굴까?

'프레너미(frenemy: friend(친구)와 enemy(적)의 합성어이며, 이해관계로 협력하는 관계이면서 동시에 경쟁하는 관계-옮긴이 주)'가 대개 적보다 더 나쁘다. 브리검영대학교(Brigham Young University)의 심리학 교수 줄리안 홀트-런스태드Julianne Holt-Lunstad는, 프레너미(공식 명칭은 '양가적 관계

(ambivalent relationships)'다)가 진짜 적들보다 더 불안감을 증대시키고 혈압을 치솟게 한다는 것을 알게 됐다. 왜 프레너미가 적보다 더 스트레스를 줄까? 예측 불가능하기 때문이다. 여러분은 적이나, 반대로 힘을 주는 친구들의 행동 패턴은 대체로 알고 있다. 하지만 상반된 감정이 공존하는 사람들에 대해서는 항상 불안하다. 이런 이유로 홀트-런스태드는, 프레너미의 수가 시간이 지나면서 우울증, 심장질환과 상관관계를 지닌다는 것을 발견했다. 하지만 그렇다고 해서 정말로 프레너미가 적보다 나쁠까? 그렇다. 믿거나 말거나, 상반된 감정이 공존하는 친구들이 우리 관계의 절반을 이루기 때문이다. 그리고 연구들은 우리가 우리에게 힘을 주는 친구들만큼이나 프레너미들을 자주 만나게 된다는 사실을 발견했다.

프레너미는 때로는 단지 나와 잘 '맞지' 않는 사람들일 수도 있지만, 대부분의 경우에는 나르시시스트가 프레너미가 된다. 나르시시스트들은 대체 뭐가 잘못된 걸까? 음, 이 문제는 사실 아리스토텔레스의 패러다임과 놀라울 정도로 잘 들어맞는다. 나르시시스트들은 타인을 자주, 그들 '자신'에 포함시키지 않는다. 나르시시즘은 남에게 의존함으로써 불안감을 달래려고 하는 것이 아니라, 우월한 상상의 자아에게 눈을 돌리는 것이다.

크레이그 말킨Craig Malkin 박사는, '우리는 우리의 꿈을 즐기지만 나르시시스트들은 그들의 꿈에 중독된다는 것이 차이'라고 지적했다. 우리들 대부분은 다른 사람들에게서 강점을 발견한다. 나르시시스트들은 자기 자신에게서만 강점을 발견한다. '또 다른 나'는 없다. 또한 공감의 결핍이 이 장애의 핵심이다. 나르시시스트들에게는 앞지르는 것이 함께 잘 지내는 일보다 더 중요하다. 그럼 '어려울 때 친구' 문제에 대해선 어떨까? 나르시시스트에게 어려울 때 친구는 그저 나약한 사람일 뿐이다.

그렇다면 나르시시스트를 상대하는 가장 좋은 방법이 뭘까? 답은 간단하다. 상대하지 마라. '삑-삑' 소리를 낸 뒤 로드 러너처럼 전속력으로 달아나라. 전문가들의 첫 번째 조언도 이와 일치한다. 하지만 '피하기'라는 선택지가 없는 경우라면? 아니면 당신이 이 프레너미가 구원받을 수 있다고 진심으로 믿는 경우에는?

상대가 완전히 진행된 자기애성 인격장애(NPD)를 가진 사람이라면 그냥 때려치워라. 임상적 나르시시스트를 변화시키려 애쓰라고 말하느니 차라리 당신 맹장이 터졌을 때 직접 수술하라고 말하겠다. 중증 나르시시스트들에게 치료가 얼마나 효과가 있는지 한번 맞춰보시라. 대개 전혀 효과가 없다. 나르시시스트들은 흔히 '부정적인 치료 결과'를 얻는다. 더 나빠진다는 뜻이다. 나르시시스트들의 치료에서 '역전이'가 큰 문제라는 증거가 많다. 쉽게 풀어 말하면, **나르시시스트들은 그들을 치료하려는 전문가들도 조종한다.**

하지만 잠복성 나르시시스트라면 기회가 있다. 우리는 '공감 촉진(empathy prompts)'이라는 방법을 사용할 것이다. 나르시시스트들은 공감에 어려움을 겪지만, 연구에 따르면 그 이유가 그들에게 공감 능력이 없기 때문이 아니다. 공감 근육이 약하기 때문이라는 말이 더 정확하다.

정도가 약한 나르시시스트의 약한 공감 근육은 활성화시킬 수 있고 시간이 지나면서 강화시킬 수 있다는 것을 보여주는 연구가 12개가 넘는다. 하지만 지금 우리가 하고 있는 일이 인지적이 아니라 정서적 작업이라는 걸 기억해야 한다. 그들에게 손가락질을 하고 그들이 뭘 잘못했는지, 당신이 뭘 원하는지 말하는 건 그냥 그들에게 당신을 더 효과적으로 조종하는 법을 알려주는 것이다. 목표는 그들에게 '또 다른 그'로서 정서적으로 밀고 들어가는 것이다. 비판적 사고가 아니라 비판적 감정이 필요하다는 뜻이다.

여기서 주목할 점은 이러한 공감 촉진 행위가 나르시시스트를 가늠하는 리트머스 시험이자 동시에 치료 과정이라는 것이다. 나르시시스트가 여기에 반응하지 않으면 아마 그들은 임계값을 넘어선 상태일 것이다(다음 단계는 마늘과 심장에 말뚝 박기다). 반면 그들이 영향을 받는다면 개선되도록 도울 수 있다.

그렇다면 이러한 '나쁜' 사람들에게서 어떻게 최선을 끌어낼 수 있을까? 세 가지 측면에서 공략해보겠다.

### 1. 유사점을 강조하라

맞다, 우리가 데일 카네기에 관해 이야기했던 것과 마찬가지다. 〈위협받은 자기중심성과 공격성 사이의 관련성 약화시키기〉라는 연구는 유사점을 강조하는 접근은, 나르시시스트로 하여금 '또 다른 나'라는 느낌을 받을 가능성을 증가시킨다는 사실을 발견했다. 유사점을 강조하면 실제로 일반인보다 나르시시스트에게 더 큰 영향을 미친다. 왜 그럴까? 이 접근에는 매우 영리한 심리학적 싸움이 내재되어 있기 때문이다. 연구원들은 "이 방법은 또한 나르시시스트의 약점인 자기애를 공략할 것이다. 나르시시스트들은 자신을 사랑한다. 그런데 다른 누군가가 자신과 비슷하다면 어떻게 그 사람을 해칠 수 있겠는가?"라고 말한다. 그럼 결과는 어떨까? "연구 참가자들은 상대와 중요한 유사점이 있다고 생각하면, 심지어 자아가 위협을 받더라도 자기도취적 공격성이 완전히 약화되었다." 게다가 그리 어려운 방법도 아니다. 그냥 나르시시스트에게 당신이 그와 혈액형이 같거나 MBTI 유형이 같다고만 말해도 효과가 있다. **우리 둘 다 O형인 거 알아요? 아마 지금 내 뒤통수를 치지 말아야겠다고 생각했을 거예요.**(아니, 정말로 그렇게 말하진 마라.)

## 2. 약점을 강조하라

자, 또다시 우리의 근본 원칙들로 돌아왔다. 여기에선 주의를 기울여야 한다. 약점을 드러내면 포식자가 덮칠 수 있기 때문이다. 하지만 또한 그 때문에 이 방법이 좋은 리트머스 시험이 된다. 만약 그들이 당신의 약점을 이용하려고 움직인다면 나르시시스트적 증상이 많이 진행된 것일 수 있다. 반면 그들이 부드러워졌다면 희망이 있다. 이 방법을 실행할 때는 두 가지 중요한 점이 있다. 당신에게 이 관계가 얼마나 중요한지 말로 표현하고 감정을 드러내라. 분노를 내색하면 역효과가 나겠지만, 실망감을 보여주면 놀라울 정도로 효과적일 것이다. 그리고 그

얼간이가 얼빠진 말을 하면 이렇게 대답하라. "그런 말을 들으니 마음이 상하네요. 이러길 바라고 한 말인가요?" 구원받을 수 있는 사람이라면 그 말을 취소할 것이다.

### 3. 공동체를 강조하라

이 방법은 유사점 강조와 마찬가지로 일반인보다 나르시시스트들에게 실제로 더 효과적이다. 연구가들은 이를 알코올에 비유한다. 술은 자주 안 마시는 사람에게 더 큰 영향을 미친다. 나르시시스트는 공감에 익숙하지 않기 때문에 이 방법이 먹힌다면 훨씬 더 강하게 먹힐 수 있다. 나르시시스트들에게 가족, 우정, 당신이 아는 사람들에 관해 상기시켜라. 그리고 긍정적 반응을 보이면 개를 훈련시킬 때의 방법인 '정적 강화(positive reinforcement)'를 이용하라. 그 반응에 대해 보상을 하는 것이다.

나르시시스트들이 한순간의 깨달음으로 확 바뀌진 않을 것이다. 이건 디즈니 영화가 아니다. 흥을 깨는 사람을 꼭 껴안아준다고 해서 곧바로 다정한 사람으로 바뀌진 않는다. 힘들기만 하고 보람은 없는 과정일 수도 있다. 하지만 마음이 쓰이는 누군가를 위해서라면 시도해볼 만한 가치가 있다.

나르시시스트들이 고통받고 있다는 것을 기억하면 도움이 된다. 좀처럼 그렇게 보이진 않지만 그들은 고통받는다. 자신의 꿈에 중독된다는 건 저주다. 나르시시즘은 '다른 질환들과 공존하는 경우가 많다.' 이 말은 이 사람들에게 문제가 많다는 것의 고급스러운 표현이다. 나르시시스트들은 우울증, 불안, 만성적 시기심, 완벽주의, 관계의 어려움에 시달리는 경우가 더 많고, 자살률도 더 높다. 우리는 누군가가 우울증이나 불안이나 경계선 인격 장애를 겪으면 동정심을 느끼는 편이지만, 나르시시즘에 대해서는 흔히 그냥 "나쁘다"고 말한다. 이건 결핵을 앓는 사람들은 딱하게 여기면서, 뇌수막염에 걸린 사람들은 얼간이라고 말하는 것이나 마찬가지다. 나르시시즘은 45~80퍼센트의 유전력을 보여주며, 최소한 두 개의 연구가 이를 증명한다. 당신의 프레너미는 착하지 않다. 하지만 그게 그들의 잘못이 아닐 수 있다는 것을 기억하는 게 중요하다.

하지만 만약 누군가의 나르시시즘이 중증 수준인데 당신이 그냥 피할 수 없는 경우라면 어떻게 할까? 최종 선택지는 두 개의 B, 즉 Boundary(경계선)와 Bargaining(협상)이다. 먼저 경계선을 정하라. 당신이 더 이상 용납할 수 없는 선은 어디인가? 그리고 그들이 그 경계선을 침범하면 어떻게 할 것인가? 단호하고 일관성이 있어야 하지만 못되게 굴지는 말라. 다음은 협상이다. 윈-윈에 초점을 맞추어라. 나르시시스트들은, 당신이 그들이 원하는 뭔가를 가지고 있다는 것을 알면 대개 협조할 것이다. 반드시 그들이 선불을 하도록 하고 항상 시장가보다 높은 가격을 매겨라. 의도가 아니라 행동을 판단하라. 나르시시스트들이 당신에게 있어 무언가를 노릴 때, 임상 심리학자 앨버트 번스타인Albert

Berstein이 권하는 결정적인 신의 한 수는 "다른 사람들이 어떻게 생각할까요?"라고 묻는 것이다. 그들은 죄책감은 느끼지 않을 수 있지만 수치심은 느낀다. 그리고 나르시시스트들은 표면상의 모습에 굉장히 신경을 쓴다.

다행스러운 건 대개 나르시시스트들은 나이가 들면서 부드러워지는 경향을 보인다는 것이다. 오랜 세월 동안, 현실이 그들의 생각을 공격하거나 합병증이 생기거나 그들에게 괴롭힘을 당한 사람들이 월마트에서 쇠스랑이나 토치를 판매한다는 사실을 깨닫는 일이 늘어날 것이다. 나는 여기에서 업보 개념을 들먹이고 싶진 않지만 그들은 종종 응분의 대가를 치를 것이다. 영원히 같은 수준의 착각에 빠져 있을 수 있는 사람은 거의 없다.

아이러니한 것은 나르시시스트들은 자신만 생각하면서도 자기 인식은 부족하다는 점이다. 여기에 딱 알맞은 사례가 있다. 나르시시스트인 타니아 싱어Tania Singer는, 주변 모든 사람과 심지어 연구실의 임산부까지 괴롭혀온 거물 학자다. 하지만 결국 자신에 대한 평판에 발목이 잡혔다. 싱어의 연구 분야가 뭐였는지 아는가? 그녀는 공감에 관한 선도적인 연구자였다.

좋다, 지금까지 프레너미에 대해 살펴보았다. 이제 슬슬 이 모두를 종합하여 '어려울 때 친구' 격언에 대한 최종 판결을 내릴 때가 왔다. 하지만 그전에 먼저 우리는, 우정의 힘이 얼마나 극단적이 될 수 있는지 살펴봐야 한다.

# 우정을 쌓고
# 유지하는 법

두 사람은 달라도 너무 달랐다. 포르노물 제작자와 전도사.

1970년대에 래리 플린트Larry Flynt는 본격적인 포르노 왕국을 건설했고, 성인잡지 〈허슬러〉가 그 정점이었다. 분명히 해 두자면, 래리가 만든 건 '성애물'이 아니었다. 그는 '포르노물'을 만들었다. 래리는 〈플레이보이〉의 교양을 질색했다. 그건 가짜였다. 래리는 그야말로 천박했고 자주 히스테리를 부렸다. 그는 성마른 사람이었고, 정신 나간 별난 짓들과 떠들썩한 홍보, 혼란으로 기성의 권위를 조롱했다. 아예 원칙이 없진 않았던 그는 낙태, 동성애자와 소수자의 권리, 그리고 무엇보다 언론의 자유를 지지하며 시대를 앞서 나갔다. 〈허슬러〉가 다른 인종 간의 성관계 사진을 실은 뒤, 래리는 한 백인 우월론자에게 총격을 당해 휠체어 신세가 되었다.

래리 플린트가 거친 1970년대를 상징했다면, 제리 폴웰Jerry Falwell
은 1950년대의 주류를 가장 잘 대표하는 인물이었다. 이 전파 전도사
는 미국에서 보수적 종파가 무시할 수 없는 정치 세력으로 부상하는 것
을 이끌어 로널드 레이건의 당선을 도왔다. 그의 거침없는 보수적 입장
은 전통적 가치들을 지지했고 그가 1970년대의 도덕적 붕괴라고 생각
하는 모든 현상들을 비난했다. 그의 로비 단체인 '도덕적 다수파(Moral
Majority)'는 낙태, 동성애, 남녀평등 헌법 수정안, 그리고 당연히 포르노
를 비난했다.

1970년대와 1980년대 내내 폴웰은 플린트를 미국의 악을 상징하는
인물로 맹비난했다. 플린트는 그가 위선적인 떠버리라고 생각하는 사
람들에게 비방당하는 데 점점 진력이 났다. 〈허슬러〉의 편집회의는 항
상 "우리가 이번 달에 기분을 상하게 하지 않은 사람이 누구죠?"라는 질
문으로 시작되었다. 그리고 플린트는 새로운 표적으로 다름 아닌 폴웰
을 선택했다. 〈허슬러〉는 폴웰이 동정을 잃은 경험을 우스꽝스럽게 풍
자한 술 '광고'를 게재했다. 버지니아주의 옥외 화장실에서. 그의 어머
니에게.

래리는 이 일을 그저 계속되는 공방전에서 자신의 반격 차례쯤으로
생각했다. 그렇게 큰일이라고 생각하지 않았다. 하지만 폴웰은 그렇지
않았다. 그는 1983년 10월에 명예훼손과 정신적 고통을 이유로 래리를
비난하며 소송을 걸었다. 4,500만 달러의 피해 배상금을 요구하며. '냉

전'이 핵전쟁이 된 것이다.

폴웰은 이 일을 다름 아닌 선과 악의 대결로 생각했다. 그리고 그가 유리한 입장에 있었다. 재판소는 모든 전통적 가치들의 무대이자 광장이 아니던가. 폴웰은 주류 시스템의 모든 힘을 비도덕적인 아웃사이더인 플린트를 두드려 패는 방망이로 이용했다.

래리의 반응은 어땠을까? 하품을 늘어지게 했다. 여러분은 그가 고소당하는 것에 만성이 돼 있다는 걸 알아야 한다. 고소는 그에게 매주 목요일마다 일어나는 어떤 문제에 불과했다. 영화 〈래리 플랜트(The People vs. Larry Flynt)〉에서 플린트는 변호사에게 이렇게 말한다. "나는 변호사에겐 꿈의 고객이죠. 난 부자고, 재미있고, 항상 곤경에 처해 있으니까."

그리고 법정이 폴웰에게 유리한 곳인 건 사실이었지만 플린트는 인간 이해의 경계를 시험하며 법정을 도발할 줄 아는 영리한 책략가였다. 판사가 벌금을 부과하자 래리는 창녀들과 포르노 스타들에게 1달러짜리 지폐들을 법정 바닥에 쏟아붓게 하는 방식으로 지불했다. 판사가 다시 벌금을 부과했지만 래리는 같은 짓을 되풀이했다. 이번에는 동전이었다. 폴웰이 법정을 전장으로 이용한 정규군이라면, 플린트는 비정규전에 능하고 자금력도 뒤지지 않는 반군 게릴라 부대였다. 그리고 래리는 짓궂게도 〈허슬러〉의 1984년 2월호에 또 모욕적인 풍자 광고를 실었다.

하지만 래리는 소송에서 패했다. 맞다. 그는 시스템을 조롱하고 괴상한 짓들을 벌여 헤드라인을 차지했지만 정작 중요한 곳, 그러니까 법정에서는 폴웰이 승리했다. 래리의 숙적이 이겼다. 하지만 래리는 굴복하지 않았다. 그는 항소했다.

그리고 다시 패소했다. 래리는 이 소송으로 이미 200만 달러가 넘는 돈을 썼다. 그의 변호사는 그만두자고 했다. 하지만 철천지원수에게 굴복하는 건 견딜 수 없는 일이었다. 이건 죽기를 각오한 싸움이었다. 그래서 이 외설물 장사꾼은 자신에게 남은 마지막 카드를 사용했다. 그는 대법원에 항소했고, 1987년 3월 20일에 심의가 열리기로 돼 있었다.

그리고 플린트가 이겼다. 그냥 이긴 게 아니었다. 만장일치로 이겼다. 풍자가들이 유명인사에 관해 부정적인 이야기를 할 때마다 소송으로 입막음을 당한다면 헌법 수정 제1조가 위태로워질 것이다. 허슬러 대 폴웰 소송은 현재 로스쿨에서 일상적으로 가르치고 있는 사건이며, 20세기의 가장 중요한 '표현의 자유' 소송들 중 하나로 여겨진다. 하지만 더 중요한 점은 플린트가 그의 적 폴웰을 무찔렀다는 것이다. 그것도 극적으로.

놀라운 이야기다. 너무도 놀라운 이야기라 1996년에 영화로 만들어져 아카데미 시상식에서 여러 부문의 후보에 오를 정도였다. 그리고 대부분의 사람들이 이 이야기는 여기에서 끝났다고 생각한다. 하지만 아니었다.

재판이 끝난 뒤 뜻밖에도 폴웰이 래리를 방문했다. 폴웰은 두 손을 들고 걸어 들어오며 말했다. "항복이오!" 그는 감정의 응어리를 풀려고 찾아왔다. 두 사람은 한 시간 동안 이야기를 나누었고 폴웰이 일련의 토론회를 열자고 제안했다. 래리는 승낙했다.

대부분 대학 캠퍼스에서 열린 토론회에서 두 사람은 표현의 자유 문제를 두고 논쟁을 벌였다. 시간이 지나면서 둘 사이에 무언가가 바뀌기 시작했다. 두 사람은 프로 권투 선수들처럼 따로 강당에 들어오지 않았다. 폴웰이 래리의 휠체어를 밀어주며 들어왔다. 물론 두 사람은 항상 서로에게 잽을 날렸지만 존중심이 싹트기 시작했고 호감에 이르렀다. 플린트가 폴웰이 그의 목사라고 농담을 하면, 폴웰은 "래리는 나의 가장 불온한 교구 주민"이라고 곧바로 되받아쳤다. 그러면 청중들은 폭소를 터뜨렸다.

두 사람은 토론회를 위해 투어를 하면서 많은 시간을 함께 보냈다. 우리가 앞서 이야기했던 '비용이 드는 신호'였다. 포르노물 제작자와 전도사는 서로가 생각보다 더 비슷하다는 것을 알게 되었다. 둘 다 남부 출신이었다. 한 명은 켄터키주, 다른 한 명은 버지니아주에서 자랐다. 폴웰의 아버지는 나이트클럽 주인이었고 주류 밀매업자였다. 래리는 오하이오주에 여러 개의 나이트클럽을 소유했고 역시 주류 밀매업자였다. 두 사람은 5년 넘게 전쟁을 벌였다. 플린트는 "나는 전적으로 모든 일에서 그와 의견이 맞지 않았다. 동성애자의 권리, 여성의 선택권, 하여간 모든 일에 생각이 달랐다. 하지만 그를 알게 된 뒤 그가 진지하다는 것을 깨달았다. 그는 단순히 돈을 벌려고 나온 게 아니었다."

두 사람은 상대가 지지하는 모든 것에 반대했고 언론 매체에서 서로를 마구 헐뜯었다. 그리고 5년 동안 질질 끈 소송으로 수백만 달러를 썼다. 하지만 결과적으로 적으로 지낸 시간보다 적이 아닌 사이로 지낸 시간이 더 많았다. 한 사람이 어려움에 처하면 다른 사람이 곁에 있었다. 폴웰이 비만 합병증으로 고생할 때 래리는 자신이 효과를 본 식이 요법을 추천했다. 두 사람은 매년 크리스마스카드와 손자들의 사진을 주고받았다.

2007년 5월 15일에 제리 폴웰이 사무실에서 의식을 잃은 채 발견되어 급히 병원으로 옮겨졌다. 그를 소생시키려는 노력은 실패했고, 그는 일흔세 살의 나이에 부정맥으로 세상을 떠났다. 그리고 5월 20일에 〈로스앤젤레스 타임스〉는 부고나 다름없는 한 칼럼을 실었다. 다름 아닌 래리 플린트가 쓴 글이었다. 래리는 그들의 재판과 역경, 그리고 우여곡절에 관해 이야기했다. 그리고 다음과 같이 글을 맺었다.

'최종 결과는 내가 전혀 예상하지 못했던 것인데, 그 유명한 대법원 소송에서 이긴 일만큼이나 내게는 충격적인 반전이었다. 우리는 친구가 되었다.'

하물며 포르노물 제작자와 전도사도 서로를 보고 '또 다른 나'를 발견할 수 있다면 우리 모두에게 희망이 있을 것이라 생각된다. 이제 우리가 지금껏 배운 모든 것을 종합하여 '어려울 때 친구가 진정한 친구다'라는 말이 사실인지 아닌지 판결할 시간이 왔다.

그렇다면 우린 뭘 배웠는가?

공감은, 당신과 다른 사람 사이의 경계가 흐릿해지는 것이다. 친밀감은, '자아'에 대한 당신의 시야에 다른 누군가가 들어올 자리를 만드는 것이다. 그리고 진정한 친구는 '또 다른 나'다. 당신의 일부다. 아리스토텔레스가 처음 이 말을 했고 몇 천 년이 지나서야 그의 생각이 옳다는 것이 과학적으로 입증되었다.

우정은 서로를 돕는 것으로 정의될 수 있다. 하지만 '기브앤테이크'의 방식은 아니다. 우리는 친구들에게 점수를 매기지 않는다. 우리의 뇌는 친구들이 우리의 일부라고 여기고, 그리하여 우리는 무자비한 다윈주의의 지령들을 극복하고 헥터 카페라타처럼 이타적으로 행동하게 된다.

우정을 규제하는 공식적 제도는 없다. 이러한 점이 우정을 깨지기 쉽지만 순수한 것으로 만든다. 친구들이 다른 어떤 관계보다 우리를 행복하게 만드는 건 이 때문이다. 친구들이 곁에 있는 건 당신이 진심으로 그들이 곁에 있길 바라기 때문이다. 하지만 결혼 증명서나 혈연, 혹은 뒷받침해줄 계약서가 없기 때문에 우정을 유지하기 위해서는 성실하게 우정에 투자하고 보호해야 한다.

진정한 우정을 쌓고 유지하려면 시간과 약점 노출이라는, 비용이 드는 신호들을 보여주어야 한다. 윌리엄스 증후군을 가진 사람들은 우리가 염원해야 하는 것, 즉 타인에게서 위험보다 선을 더 많이 보는, 두려움이라곤 없는 열린 사랑을 보여준다.

우리는 항상 착하지는 않은 사람들도 만나게 될 것이다. 사실 우리

삶에는 이미 그런 사람들이 많다. 정도가 약한 나르시시스트들에게는 그들에게 결핍되고 절실하게 필요한, 유사점, 약점, 공동체라는 공감 자극을 이용할 수 있다.

이제 우정이 어떻게 작동하는지 알았으니 드디어 중요한 질문을 해결할 준비가 되었다. '어려울 때 친구가 진정한 친구다(a friend in need is a friend indeed)'라는 격언은 사실인가? 음, 1장의 마지막 부분에서 알게 된 것처럼, 심지어 이 문구의 의미에 대해서도 약간의 논쟁이 있지만 그런 논쟁에서 실제로 우정에 관해 많이 배우는 것 같다.

이 격언은 두 가지가 불분명하다. (1)어려움에 처한 사람이 누구인가? 당신인가, 당신의 친구인가? (2)문장의 마지막 단어가 '행동하는(in deed)'일까, 아니면 '진정한(indeed)'일까? 정확한 해석에 대해서는 4가지 보기가 있다.

1. 당신이 어려움에 처했을 때 곁에 있는 친구가 진정한 친구다.
2. **당신이 어려움에 처했을 때, 친구라면 우정을 행동으로 보여줄 것이다.**
3. 어려움에 처한 친구는 분명 당신의 친구처럼 행동할 것이다.
4. 어려움에 처한 친구는 행동하는 친구다.

여기에서 상황이 정말로 흥미로워진다. 학자들과 일반인들의 의견이 다르다. 역사학자들이 생각한 이 격언의 의도된 의미는 무엇이고 일반인들이 선호한 의미는 무엇 같은가?

우선 4번은 말도 안 된다. 이건 탈락. 3번은 사실일 수 있다(게다가 우와, 냉소적이다). 하지만 두 집단 다 3번을 선택하진 않았다. 최종적인 답은 뭐냐고? 학자들은 2번인, **당신이 어려움에 처했을 때 친구는 우정을 행동으로 보여줄 것이다**를 이 문구의 의도된 의미라고 생각한다. 하지만 일반인들은 1번인 **당신이 어려움에 처했을 때 곁에 있는 친구가 진정한 친구다**를 선호했다.

따라서 어려움에 처한 사람이 당신이라는 데는 모두가 동의했다. 하지만 우리는 아직 '행동하는'이 맞는지, '진정한'이 맞는지의 논쟁은 해결하지 못했다. 내가 시시콜콜한 것들까지 따지고 있다면 용서하시라. 하지만 우리는 이 둘을 '행동'과 그냥 '곁에 있는 것' 중 어느 쪽에 주안점을 두는지로 구분할 수 있다. '날 위해 곁에 있어줘' 대 '날 위해 뭘 해줄래?'의 대결이다. 다윈 대 아리스토텔레스 논쟁과 같다. 2번은 조지 프라이스의 방정식처럼 이성적이다. 1번은 '또 다른 나'에 더 가깝다. 대부분의 사람들이 1번을 선호하는 것이 놀랍지는 않은 것 같다. 우리는 친구 문제에 있어서는 이익을 계산하기보다 유대를 선호하도록 타고났다. 우리는 '또 다른 나'를 원한다.

역사학자들의 해석을 풀이해 말하자면, 이 버전은 많은 것을 약속해놓고 거의 실천하지 않는 거짓 친구에 대한 경고다. 이 버전은 '말보다 행동이 중요하다', 혹은 친구에 대해 우리가 새로 알게 된 지식으로 표현하자면 '비용이 드는 신호를 찾아라'라고 말한다. 분명 좋은 조언이다. 우리는 시간과 취약점의 중요성을 알고 있으니까.

하지만 대부분의 사람들이 이 격언을 그런 식으로 해석하지 않는다는 사실에서 우리는 인간의 본성에 관해 많은 것을 배울 수 있을 것 같다. 설문조사에서 사람들이 친구에 관해 가장 많이 한 말이 무엇일까? '친구는 당신을 위해 곁에 있는 사람'이라는 것이다. 그리고 이 격언의 대중적 해석도 같은 의미를 강조한다. 비용이 드는 신호는 효과적이지만, 사람들은 친구에게 점수를 매기길 원하지 않기 때문에 '행동' 개념을 거부하는 것 같다. (또한 아마도 학문적 해석은 사람들이 때때로 우리를 이용하기 때문에 우리에게 약간의 경고가 필요하다고 느낄 수 있다.)

플로리다주립대학교의 로이 바우마이스터Roy Baumeister는 연구들이 하나같이 우리가 우정을 '지원의 가용성', 그러니까 **내가 당신을 필요로 할 때 당신은 나를 위해 내 곁에 있는가**에 근거하여 판단한다는 것을 보여준다고 보고한다. 하지만 '행동', 그러니까 사람들이 제공할 수 있는 구체적 지원에 대해서는 연구들의 의견이 엇갈리고 때로는 심지어 부정적이다. 일단 친구라고 여겨지는 누군가의 행동에 관해서는 많이 생각하려 하지 않는다. 점수를 매기길 원하지 않는다. 점수를 매기면 순식간에 거래 관계가 돼 버린다. 우리에게 마음을 쓰지만 줄 수 있는 게 가장 적은 사람을 버리고, 가장 많이 줄 수 있지만 우리에게 전혀 마음을 쓰지 않는 사람에게 알랑거리는 건 파멸의 구렁텅이로 빠지는 길이다.

우리는 감정과 의도에 훨씬 더 초점을 맞춘다. 50달러짜리 선물과 50달러짜리 뇌물 사이에는 어떤 차이가 있을까? 살인과 정당방위는? 차이는 행동에 있지 않고 의도에 있다.

냉소적인 사람들은, 우리가 오로지 감정만 고려하고 도움이 필요할 때조차 무언가를 전혀 얻지 못한다면 어떻게 되겠느냐, '우리는 망할 것이다'라고 생각할수도 있다. 그러나 거기까지 걱정할 필요는 없다. 사람들의 기본 설정이 협력이 아니었다면 사회가 이렇게 발전하지 못했을 것이다. 앞에서 살펴봤듯이 우리는 돕도록 타고났다. 그리고 우리는 위험 부담이 가장 클 때 도울 가능성 또한 더 크다.

당신은 친구를 위해 거짓말할 수 있는가? 좀 더 비약해보자. 당신은 친구를 위해 정부에게 거짓말을 하겠는가? 연구원들은 30개국의 3만 명에게 친구를 보호하기 위해 거짓 증언을 할 것인지 물었다. 결과는 나라마다 천차만별이었다. 데이터가 두서없었다. 하지만 패턴을 발견했다.

연구를 이끈 인류학자 대니얼 흐루슈카는 공정한 나라인지, 안정된 나라인지, 부패한 나라인지에 따라 데이터를 구분했다. 결과는 따져볼 것도 없이 분명했다. 생활이 힘든 곳에서의 사람들이 친구를 보호하기 위해 위험을 무릅쓸 가능성이 더 높았다. 친구들이 가장 큰 어려움에 처한 곳에서 사람들은 '진정한' 친구이자 '행동하는' 친구였다.

그렇다면 그 격언에 대한 최종 판결은 무엇인가? 격언은 사실이다. 하지만 해석에 대한 혼란을 없애야 하니 별표를 붙이겠다. 우리는 그 교묘한 운율 장난을 때려치우고 '행동하는(in deed)'과 '진정한(indeed)'의 구분을 명확히 해야 한다. 앞으로는 이렇게 말하자.

**'당신이 어려움에 처했을 때 곁에 있는 친구가 진정한 친구다.'**

이 문구는 우리 모두가 원하는 것이 무엇인지 분명히 해준다. 내가 당신을 필요로 할 때 곁에 있길. 세상은 이기적이고 경쟁적일 수 있지만 당신과 나는 그럴 필요가 없다. 무엇보다 나는 삶의 짐을 나눠질 '또 다른 나'를 찾고 있다.

격언에서 다루고 있진 않지만 내가 생각하기에 기억해야 하는 중요한 한 가지가 더 있다. 우정은 누군가 어려움에 처하지 않았을 때에도 좀 더 존중받을 가치가 있다는 것이다. 어떤 제도적 지지도 받지 못하는 우정은, 결혼기념일이나 가족 모임, 10년 근속 감사장과 동등하게 대우받지 못한다. 우정은 우리 삶에 행복을 주는, 어려운 역할을 맡았기 때문에 더 나은 대우를 받을 자격이 있다. 시간이 중요하고 약점 노출이 필수적이지만 우리가 기억해야 할 다른 무언가가 한 가지 더 있다. 감사이다. 오늘 친구를 껴안아주라. 우리는 우정을 충분히 감사해하지 않는다.

이 책을 쓰는 동안 나 자신도 우정과 관련된 몇 가지 문제들을 겪고 있었다. 이 장을 쓰는 것이 내게 도움이 되었고, 우리가 도달한 결론에 동의한다.

좋다, 우정의 깊이를 파헤쳐보았으니 이제 한 걸음 더 나아가 우리의 미친 관계들의 미스터리를 더 깊이 파고들 시간이다. 사랑보다 더 미친 관계가 뭐가 있겠는가? 내가 아는 한 없다. 이제 우리는 사랑에 관한, 영원히 반복되는 질문에 대한 답을 찾아볼 것이다.

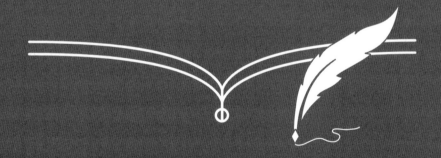

3부

# 사랑을 유지하기 위한
# 마법의 법칙

# 11장

# 결혼이
## 건강에 미치는 영향

**경고**

당신은 나를 미워하게 될 것이다.

이미 잘 알고 있겠지만 이 책은 "기분아-좋아져라-행복해져라-행복해져라-나쁜-건-다-무시해-네가-듣고-싶은-이야기를-해줄게"라고 말하는 일반적인 인간관계 서적이 아니다. 그걸 바란다면 이 장에서 읽는 모든 내용이 맘에 들지 않을 것이다. 그러니 지금 미리 경고하는 바이다.

진실은 당신을 자유롭게 할 것이다. 하지만 먼저 당신을 열받게 할 것이다. 진화심리학자이자 인간관계 연구가인 데이비드 버스David Buss

는 "내가 인간의 짝짓기에 관해 발견한 것들 중의 일부는 불쾌하다"라고 말했다. 그리고 마음 깊숙한 곳에서는 당신도 그걸 알고 있다. 사랑의 감정은 최고다. 하지만 사랑과 관련된 실제 행동들은, 음, 종종 심한 불쾌감을 수반한다.

이런 장르의 책들 대부분은 주로 당신이 듣고 싶은 이야기를 해줄 것이다. 그런데 막상 그 책들이 말한 대로 하면 효과가 없을 것이다. 그러면 보통은 자기 자신을 탓하기 시작한다.

이제부터 내가 할 이야기들이 전부 나쁜 것은 아니니 안심하시라. 결국에 가서는 여러분에게 '마법'을 약속하겠다. 사랑과 더없는 행복을, 혹은 적어도 그럴 가능성을 약속하겠다. 하지만 우리 앞엔 힘든 길이 펼쳐져 있다. 나는 넷플릭스 드라마 하나를 몰아보는 것보다 짧은 시간에 사랑을 이해하려고 시도할 미친사람이다. 내게 행운을 빌어주길. 자, 그럼 시작한다.

1990년대 중반에 화이자는 사정이 좋지 않았다. 제2차 세계대전 동안 굴지의 페니실린 제조업체이던 이 제약회사는, 유서 깊은 역사를 자랑했음에도 불구하고 20세기 말에는 경쟁사들에게 밀려 히트 상품이 절실하게 필요한 상황이었다.

다행히 희망이 보였다. 화이자의 영국 연구소가 개발한 협심증 치료제인 구연산 실데나필 시트르산염Sildenafil Citrate이 발기를 유발한다는 흥미로운 '부작용'을 나타낸 것이다. 맞다, 이 치료제가 훗날 비아그라가 되었다. 당시 시장에는 발기부전 치료를 위해 승인된 단일 약품이 없었다. 단 하나도. 그야말로 제약회사라면 다들 꿈꿔왔던 상황이 아닌 가? 다만 한 가지 문제가 있었다.

**아무도 비아그라를 좋아하지 않았다.**

〈에스콰이어〉의 필자 데이비드 쿠쉬너David Kushner는 "당시 비아그라를 판매한다는 생각은 좋게 말해 미친 짓이고 나쁘게 말하면 비윤리적이라고 여겨졌다"라고 이야기한다. 나중에 이 약은 모르는 사람이 없는 이름이 되고 수십억 달러 규모의 발기부전 치료제 시장을 출범시켰지만, 화이자의 보수적 문화는 처음부터 이 프로젝트의 진행을 거부했다. 이 프로젝트는 신약 개발 분야에서 일어났던 가장 힘든 전쟁이 되었다.

지금은 유명해진 발기촉진제가 시장에 나올 수 있었던 건 오로지 두 영웅들의 부단한 노력 덕분이었다. 바로 자메이카 출신의 젊은 마케팅 전문가 루니 넬슨Rooney Nelson과 퀸즈(Queens) 지역의 임상 약사 닥터 살Dr. Sal이다. 두 사람은 발기부전이 결혼 생활을 해치고 자긍심에 심각한 손상을 입히며, 때로는 건강한 부부가 아이를 갖지 못하게 만드는 것을 알고 있었다. 이 두 이단아는 그 작은 파란 알약을 세상에 내놓기 위해 회사 시스템에 완강히 저항하고 엄청난 반대를 극복했다.

연구소는 약이 효과가 있다는 결과를 보여주었지만 과연 환자들이 부작용을 받아들일지는 의문이었다. 누구도 지지하지 않는 약의 포커스 그룹 조사를 회사로부터 승인받는 일 자체도 충분히 힘들다. 그런데 루니와 닥터 살은, 환자를 방에 넣고 포르노 영화인 〈데비 더즈 달라스

(Debbie Does Dallas)〉를 보여주면서 자위 행위를 시키는 일의 승인을 얻어내야 했다. 두 사람은 어찌어찌해서 가까스로 회사의 동의를 얻었다. 가장 흔한 부작용이 4시간의 발기인 것으로 나타났고 대부분의 조사 대상자들이 솔직히 이 부작용이 끝내준다고 생각했다. 첫 번째 장애물을 넘었다. 환자들이 두 사람의 편이 되었다.

하지만 화이자 내부에서는 여전히 이 약을 '품위 없는 약'으로 생각했고 부정적인 입장이었다. 화이자는 남성들이 너무 쑥스러워서 이 약을 달라고 하지 못할 것이라고 주장했다. 어떤 남성도 약해보이길 원하지 않고 자신이 '발기불능'이라고 말하고 싶어 하지 않는다는 것이다. 하지만 루니는 이것이 진짜 문제가 아니라 의미론적 문제에 불과하다는 것을 알고 있었다. 그리하여 **발기부전**(erectile dysfunction)이라는 용어가 탄생했다. 이 말은 원래부터 있던 의학적 진단명이 아니다. 약품이 아니라 마케팅을 위해 1990년대에 만들어진, 임상적 느낌을 주는 완곡한 표현이다.

화이자의 직원들 절반은 여전히 이 '사사로운 약'이 절대 출시되지 못할 것이라고 느꼈다. 하지만 루니와 닥터 살은 화이자 내부의 거부감만 극복할 수 있다면 사람들이 마침내 정신을 차리고 이 약이 돈을 찍어내는 면허증이라는 걸 깨닫게 될 것이라고 생각했다. 그렇지 않은가? 땡! 그들은 내부의 반대 못지않게 거센 외부의 반대에 부딪치게 되었다. 온갖 종교 지도자들이 항의의 뜻을 밝혔다. 보수적인 국회의원들은 보험회사들이 발기 문제에 자금을 지출하는 것을 원치 않았다. 악몽이었다. 두 사람은 세상이 자신들을 배척한다고 느꼈다.

하지만 루니에겐 계획이 있었다. 그는 이 제품을 세상에 내보내려면 마케팅에 있어서 이단아급의 완전히 미친 짓을 해야 한다는 사실을 깨달았다. 그는 비아그라를 출시할 가장 좋은 방법은, 믿을 수 없게도 이 약에 대해 가능한 한 아무것도 이야기하지 않는 것이라는 결론에 도달했다. 세상에 이 약의 개발과 테스트에 어마어마한 돈을 쏟아부었는데, 이제 그들은 FDA의 승인에 앞서 아무 홍보 활동도 하지 않을 참이었다. 미친 짓이었지만 거부감을 피할 유일한 방법이었다. 그리고 그 방법이 먹혔다. 1998년 3월에 비아그라가 FDA의 승인을 받았다. 마침내 추진력이 생겼다. 이제 남은 일은 화이자의 영업팀과 약의 영업 방법을 논의하는 것뿐이었다. 하지만 영업 사원들이 난색을 표하기 시작했다. 의사와 성기에 관해 이야기하는 게 거북하다는 것이다. 그래서 루니는 영업 사원들이 그 단어에 편해질 수 있도록 영업 회의를 끝낼 때마다 '발기'를 큰 소리로 다섯 번 외치게 했다. 발기! 발기! 발기! 발기! 발기!

출시일이 다가오자 거의 모든 사람이 화이자가 웃음거리가 될 것이라고 생각했다. 하지만 여러분은 이 이야기의 결말을 이미 알고 있다. 비아그라는 전례 없는 성공을 거두었고 하나의 문화적 현상이자 각지의 심야 토크쇼 진행자들에게 코믹한 소재가 되었다. 곧 약사들은 하루에 1만 개의 비아그라 처방전을 처리하게 되었다. 비아그라는 프로작이 출시되었을 때를 능가했다. 며칠 지나지 않아 화이자의 주가가 두 배로 뛰었다.

약은 파란색이었지만 결국 루돌프의 빨간 코와 비슷한 결말을 맞았다. 다시 말해, 그 약이 모두를 구할 때까지는 아무도 그 약을 좋아하지 않았다. 아무도 믿지 않았던 약이 모두가 원하는 약이 되었다.

섹스, 사랑, 결혼에 관해서라면 모든 것이 복잡하고 무엇도 분명하거나 단순하거나 쉽지 않다. 작은 파란색 알약이 분명 모든 것을 정복했다. 하지만 사랑을 정복할 수 있을까? 평균적으로 비아그라의 효과는 2시간 동안 지속된다. 사랑은 얼마나 지속될까?

기원전 38년경에 로마의 시인 베르길리우스는 '사랑은 모든 것을 이긴다(omnia vincit amor)'라고 썼다. 성경에서도 비슷한 구절을 찾을 수 있다. 고린도전서 13장 7절에는 '사랑은 모든 것을 참으며 모든 것을 믿으며 모든 것을 바라며 모든 것을 견디느니라'라고 나와 있다. 그리고 오늘날에도 우리는 노래와 영화와 결혼식에서 이 격언의 다양한 버전들을 듣는다. 하지만 이 말이 사실일까? 정말로 사랑이 모든 것을 이길까?

**당연히 아니다**(지금까지만 보면 이번 장은 매우 짧은 장이 될 것 같다). 나는 시적 허용은 대찬성한다. 하지만 최근에 이혼 통계를 본 적 있는가? 여러분이 구글 검색을 하는 수고를 내가 덜어주겠다. 미국에서는 결혼의 약 40퍼센트가 이혼으로 끝난다. 속담에도 나오는 결혼 후 7년째의 권태기는 이제 4년이라고 하는 편이 더 맞을 것 같다. 결혼하고 약 4년 뒤에 이혼하는 경우가 가장 흔하기 때문이다. 이 통계는 전 세계적으로도 적용된다(실제로 인류학자 헬렌 피셔Helen Fisher는 미국 여성의 10명 중 1명이 마흔 살이 될 때까지 3번 이상 결혼한다고 언급했다).

분위기를 우울하게 만들려는 건 아니지만, 만약 운전을 할 때 10번 중 4번은 충돌 사고가 일어나는데, 당신이 내 건 자동차 마케팅 슬로건이 '혼다가 모든 것을 이긴다'라면 당신은 집단 소송을 당할지도 모른다. 화이자가 처음 비아그라에 대해 잘못 생각했듯이, 우리에겐 사랑에 관한 근거 없는 통념과 오해가 많다. 일단, 낭만적 사랑이 중세시대의 궁정 연애에서 기원한 건 아니다. 낭만적 사랑은 원래부터 존재했다. 사랑을 노래한 최초의 시는 3,500년 전의 이집트로 거슬러 올라간다. 그리고 사랑은 보편적이다. 인류학자들이 연구한 168개 문화에서 90퍼센트가 사랑을 인지했다. 나머지 10퍼센트에는 이 개념을 확인할 충분한 데이터가 없었다.

사랑의 경험은 나라, 연령, 성별, 성향, 혹은 민족 집단에 상관없이 대체로 일관된다. 사랑은 거의 분명히 타고난 것이다. 역사를 통틀어 수많은 문화(셰이커교도, 모르몬교도, 동독인들 포함)에서 낭만적 사랑을 억압하려다 모두 크게 실패했던 것에서 알 수 있다.

하지만 세부적인 내용들은 분명 다양할 수 있다. 플로리다주 잭슨빌에서 실시한 설문조사에서 60퍼센트의 사람들이, 배우자가 자신의 가장 좋은 친구라고 답했다. 멕시코시티에서 같은 말을 한 사람이 얼마나 될까? 0명이다. 낭만적으로 키스를 하는 문화도 실제로 소수다. 연구된 168개 문화에서 46퍼센트만 키스를 한다. 그리고 사랑이 항상 심장과 연관되는 건 아니다. 서아프리카에서는 사랑이 코에 있고, 트로브리안드(Trobriand) 군도에서는 내장에 있다(이렇게 되면 재채기와 소화불량 비유에 대한 약간의 진지한 재해석이 필요해진다).

장기적 사랑이 일반적으로 취하는 형태는 결혼이고, 이는 우리가 싸워야 하는 근거 없는 거물급 통념으로 이어진다. 우리 모두는 결혼이 사람을 더 건강하고 행복하게 만들어준다는 수천 개의 글들을 읽었다. 음, 하지만 아니다. 이런 연구들은 대부분 그저 기혼자들과 독신자들을 조사하여 행복 수준을 비교한 뒤, 기혼자들이 더 잘하고 있다는 것을 발견하고 "봤지? 결혼은 사람을 건강하고 행복하게 만들어"라고 떠들어댄다. 하지만 이는 '생존자 편향(survivor bias)'이라는 오류를 범하는 것이다. 결혼이 당신을 더 행복하게 만들어주는지 판단하고 싶다면 별거한 사람들, 이혼한 사람들, 사별한 사람들을 미혼자가 아니라 현재 기혼인 사람들에 포함시켜야 한다. 그러지 않으면 블록버스터 영화 스타들만 조사하고는 "배우가 되는 건 분명 훌륭한 직업 선택이다"라고 말하는 것과 마찬가지다.

결혼을 해본 사람과 한 번도 하지 않은 사람들의 집단을 살펴보면, 건강과 행복의 결과가 매우 다르게 나온다. 간단히 말해, **결혼이 사람을 건강하고 행복하게 만들어주는 건 아니다. 좋은 결혼이 사람을 건강하고 행복하게 만들어준다.** 그리고 불행한 결혼은 이미 끝난 과거의 일이더라도 매우(혹은 매우 매우 매우) 부정적인 영향을 미칠 수 있다.

결혼이 건강에 어떤 영향을 미칠까? 음, 당신이 결혼 생활 게임의 승자라면 긍정적인 부분들이 많다. 심장마비, 암, 치매, 질병, 혈압, 심지어 정말 죽을 확률도 모두 개선된다(오늘날 기혼 남성은 기대수명이 평균 7년 상승했다). 그렇지만 나는 여기에서 '하지만'이라는 심술궂은 단어를 써야 한다. 당신이 행복하지 않은 결혼 생활을 하고 있다면 결혼하지 않은 경우보다 건강이 현저히 나쁠 가능성이 더 크다.

불행한 결혼 생활을 하면 병에 걸릴 가능성이 35퍼센트 더 높고 수명이 4년 줄어든다. 거의 9,000명을 대상으로 한 어떤 연구는 이혼한 사람들과 사별한 사람들에게 심장질환과 암을 포함해 건강 문제들이 20퍼센트 더 많은 것을 발견했다. 그리고 가장 놀라운 건 재혼을 하더라도 그 영향들 중 일부가 절대 사라지지 않는다는 것이다. 두 번째 결혼을 한 사람들은 이혼한 적이 없는 사람들보다 12퍼센트 더 심각한 건강 문제들을 안고 있고, 이혼한 여성들은 재혼을 하더라도 심혈관질환을 앓을 가능성이 60퍼센트 더 높다.

그렇다면 행복은 어떤가? 좋은 결혼 생활을 할 경우 결혼이 분명 행복을 증대시킨다. 오스트레일리아에서 2010년에 수행된 한 연구는, 이전의 연구들은 행복한 결혼 생활을 하는 사람들이 얼마나 행복한지를 아마 과소평가했을 것이라고 말했다. 하지만 그 이면은 생각보다 훨씬 더 고약하다. 환자 5,000명의 의료 기록을 다룬 한 연구는, 사람들이 인생에서 가장 크게 스트레스를 받은 사건들을 분석했는데, 이혼이 2위를 차지했다(배우자의 죽음이 1위였다). 이혼은 심지어 교도소에 가는 스트레스를 이겼다.

잠깐만, 더 심한 이야기도 있다. 인간은 회복력이 상당히 강하다. 온 갖 나쁜 일들을 경험했어도 당신의 행복 수준은 결국 기준선으로 돌아 간다. 하지만 이혼에 있어서는 아니다. 3만 명을 18년 동안 추적한 연구 에 따르면, 결혼 생활을 끝낸 뒤 연구 대상자들의 행복 수준이 반등하 긴 했지만 완전히는 아니었다. 이혼은 행복에 영원한 흠집을 내는 것처 럼 보인다. 그리고 결혼 생활 전반에 걸쳐 불행한 결혼 생활을 하는 사 람들이 결혼을 하지 않은 사람보다 더 실의에 빠진다. 외로울 바에야 혼자 외로운 편이 낫다.

따라서 결혼이 건강과 행복을 보장해주는 건 아니다. 이 문제는 도박 에 가깝다. 크게 따거나 크게 잃거나. 도박 비유를 확장해보자면 확률은 50대 50이 아니다. 〈뉴욕 타임스〉의 칼럼니스트 데이비드 브룩스David Brooks는 '미국에서 거의 40퍼센트의 결혼이 이혼으로 끝난다. 또 다른 10~15퍼센트의 부부들이 이혼은 하지 않지만 별거하고, 또 다른 7퍼 센트 정도는 함께 살지만 만성적으로 불행하다'라고 썼다. 어떻게 봐도 보장되는 건 없다. 행복한 결혼 생활을 하고 그 상태를 유지하는 사람 들은 소수다.

대체 어떻게 된 걸까? 이 상황은 분명 사회가 사랑과 결혼에 관해 하는 이야기와 다르다. 그리고 결혼은 어떻게 더없는 행복을 주거나 완 전히 삶을 파괴하는 이런 극단적인 상태에 이르게 할까? 예전에도 항상 이랬을까?

아니다. 결혼은 한때 모든 것을 이겼다. 하지만 그때는 결혼이 사랑과 아무 관련이 없었다. 실제로 역사적으로 보면 '사랑이 결혼을 망쳤다' 혹은 '사랑이 결혼을 극복했다'라고 말할 수 있다. 역사학자 스테파니 쿤츠Stephanie Coontz가 언급했듯이 역사가 기록된 이후 대부분의 시기 동안 결혼의 주제가는 티나 터너Tina Turner의 〈사랑이 무슨 상관이야?(What's Love Got to Do with It?)〉였을 수 있다. (한마디 더: 결혼식에서 이 노래나 U2의 〈내가 찾고 있는 건 아직 찾지 못했죠(I Still Haven't Found What I'm Looking For)〉를 연주하진 말길.)

역사가 기록된 이후 대부분의 시기 동안 결혼은 사랑보다 경제학과 더 관련되어 있었다. 어떤 사악한 계획 때문에 그랬던 건 아니다. 삶이 정말로 빌어먹게 힘들었기 때문이다. '연애결혼'이 현실적인 선택지가 아니었다. '내가 죽지 않게 도와주는 결혼'에 더 가까운 모형이었다. 삶은 대개 끔찍하고 잔인한데다 짧았다. 혼자서 헤쳐나갈 수가 없었다. 개인적 성취는, 입에 풀칠을 하고 강도들을 물리치느라 뒷전으로 밀려났다. 쿤츠는, 오늘날 정부와 시장이 해야 할 일을 예전에는 결혼이 수행했다고 말한다. 결혼은 사회보장제도, 실업보험, 노인의료보험제도가 등장하기 전에 그 역할을 했다. 오늘날 당신의 직업이 청구서들을 지불하는 문제와 더 관련되어 있고 당신이 열정을 느끼는 일과는 거의 관계가 없는 것처럼, 그때는 누구와 결혼할지가 청구서 지불과 관련되어 있었고 당신이 누구에게 열정을 느끼는지는 거의 관련이 없었다. 결혼은 영혼의 단짝보다 동료에 훨씬 더 가까웠다.

부자들에게 결혼의 역사는 MBA 과정의 인수합병 수업과 비슷했다.

적절한 배우자를 구하기보다 적절한 처가나 시가를 얻는 것에 더 가까웠다. 맞다, 오늘날에는 처가나 시가가 불평의 대상이지만 당시에는 결혼하는 이유였다. 사랑에 빠지거나 아기를 낳기 위해 결혼해야 하는 게 아니라 힘 있는 가문과 장기적 동맹을 맺기 위해 결혼해야 한다고 생각해보라. 실제로 중국 같은 일부 국가들에서는 처가와 시가가 너무도 우선순위여서 심지어 '영혼 결혼'도 이루어졌다. 죽은 사람과도 결혼한다는 것이다(좋은 점: 부부 싸움이 없다). 태평양 연안 북서부의 벨라 쿨라(Bella Coola) 사회에서는, 때로는 적절한 처가와 시가를 얻기 위한 경쟁이 너무 치열해서 다른 집안의 개와 결혼하기도 했다. 정말이다.

물론 그 당시 결혼한 사람들도 사랑에 빠졌다. 대개 상대가 배우자가 아니었을 뿐이다. 결국 그렇게 불륜이 생겨났다. 알렉상드르 뒤마Alexandre Dumas가 재치 있게 표현했듯이, '결혼이라는 사슬은 너무 무거워서 들어 올리려면 두 사람, 때로는 세 사람이 필요하다.' 배우자를 사랑하는 건 대개 불가능하거나 비도덕적이거나 어리석은 일로 간주되었다. 스토아학파의 위대한 철학자 세네카는 "아내를 정부인 것처럼 사랑하는 것보다 더 불순한 건 없다"라고 말했다. 로마의 철학자들은 아내와 열정적인 사랑에 빠진 사람을 뭐라고 불렀을까? 바로 '오입쟁이'였다.

더 중요한 점은, 쿤츠에 따르면 부부간의 사랑이 사회질서에 대한 위협으로 여겨졌다는 것이다. 개인적 행복이 높은 우선순위가 되기엔 삶이 너무 고달팠다. 가족, 국가, 종교, 혹은 공동체에 대한 책임을 개인적 성취보다 우선시해야 했다. 결혼은 변덕스러운 사랑에 맡기기에는 너무 중요한 경제적, 정치적 제도였다. '열정? 그딴 건 억제하는 게 좋아. 걸리적거려. 좋은 걸 얻었는데 그걸 다 망치고 싶어?' 일부다처제 문화에서는 아내를 사랑하는 것이 용납되었다. 하지만 '두 번째나 세 번째 아내를 위한 사랑을 남겨둬, 알겠지? 우리에겐 운영해야 할 사회가 있어. 고마워'라는 식이었다.

그러다 상황이 바뀌었다. 1700년대가 왔고 계몽주의 시대가 열렸다. 사람들은 '인권'이라고 불리는 새롭고 격렬한 개념에 대해 이야기하기 시작했다. 모든 사람이 갑자기 눈을 뜨거나 착해진 건 아니었다. 이번에도 경제학이었다. 자유 시장. 사람들이 더 많은 돈을 벌었고 혼자 힘으로 생존할 수 있게 되었다. 개인주의가 현실적 선택지가 되었다. 그리하여 1800년대에는 많은 사람이 사랑해서 결혼했다.

그리고 거의 곧바로 상황이 엉망이 되었다. 개인들은 더 많은 선택지와 사랑과 행복을 누릴 멋진 가능성을 얻었다. 하지만 결혼은 훨씬 더 불안정해졌다. 결혼에 대한 사람들의 만족감을 높였던 바로 그 요인이 결혼을 깨지기 쉽게 만들었다. 1890년대에 사람들은 '데이트하기(dating)'라는 단어를 만들어야 했다. 그전에는 그런 개념이 아예 존재하지 않았기 때문이다. 바위처럼 단단하던 예전의 결혼 제도가 공격을 받았다. 그러다 20세기 초에 와서는 제도가 흔들렸다. 깜짝 놀랄 만한 변화들이 벌어지고 있었다. 전기, 자동차, 기차, 항생제. 1880년과 1920년 사이에 미국의 이혼율이 두 배로 뛰었다.

그러다 제2차 세계대전이 일어났다. 그 뒤 미국인들의 삶이 경제적으로 상당히 풍족해졌고 그리하여 결혼 생활도 좋아졌다. 고용이 증가하고 이혼율이 낮아졌다. 1950년대에는, 오늘날 많은 사람이 '전통적' 결혼이라고 생각하는 형태가 정점에 이르렀다. 바로 핵가족이다. 당시의 드라마나 시트콤을 생각해보라. 엄마, 아빠, 2.4명의 자녀, 그리고 개 한 마리로 이루어진 단란한 가정. 모든 게 훌륭했다. 하지만 아이러니하게도 오늘날 많은 사람들이 여전히 결혼 생활의 이상적 형태를 제시했다고 생각하는 이 시대는, 실제로는 일시적 현상에 불과했다. 전혀 규칙에 맞지 않아서 역사학자 스티븐 민츠Steven Mintz와 수전 켈로그Susan Kellogg는, 이 시대를 '위대한 예외'라고 불렀다. 그리고 물론 오래가지 않았다.

1970년대에 '전통적' 결혼이 이미 와해되기 시작했다. 각 주에서 파탄주의 이혼을 허용하기 시작했다. 처음으로 그냥 행복하지 않다는 것이, 법적으로 용인되는 이혼 사유가 되었다. 1980년에 이르러 미국의 이혼율은 50퍼센트에 이르렀다. 수세기에 걸친 변화가 거의 완료되었다. 결혼하지 않은 사람들이 더 이상 문제가 있거나 비도덕적이라고 여겨지지 않았다. 동거하는 커플의 수가 급등했다. 더 이상 임신했다고 해서 꼭 결혼해야 하는 건 아니었다. 2015년에 대법원은 동성결혼을 허용했다. 사랑이 승리를 거두었다.

심지어 승리만 거둔 게 아니라 역사상 처음으로 사랑이 필수적이되었다. 그리고 우리는 그게 얼마나 새로운 개념이었는지 잊어버렸다. 1960년대에는 남성의 3분의 1과 여성의 4분의 3이 결혼하기 전에 사랑이 필수적이라고 생각하지 않았다. 1990년대에는 86퍼센트의 남성과 91퍼센트의 여성이 사랑하지 않으면 결혼하지 않을 것이라고 말했다. 수세기가 지나면서 결혼의 주제가가 티나 터너의 〈사랑이 무슨 상관이야?〉에서 비틀스의 〈당신에게 필요한 건 사랑뿐(All You Need Is Love)〉으로 바뀌었다.

하지만 그렇다고 이 모든 자유에 단점이 없는 건 아니다. 노스웨스턴대학교의 엘리 핀켈Eli Finkel 교수는 이러한 현대의 패러다임을 '자기표현적 결혼(self-expressive marriage)'이라고 부른다. 결혼의 정의가 당신에게 달려 있다는 것이다. 이건 좀 무섭다. 당신은 자신이 정확히 뭘 원하는지 알고 있는가? 알아야 할 거다. 결혼이 더 이상 교회나 정부나 가족이나 사회에 의해 정의되지 않으니까. 결혼은 DIY 키트다. 사용설명서는 별도로 판매된다. 과거의 결혼은 분명 많은 면에서 불공정하고 불평등했지만 규칙은 분명했다. 오늘날의 우리는 혼란스럽다.

또한 그것만으론 충분히 힘들지 않다는 듯이 결혼에 대한 우리의 기대가 하늘을 찌른다. 우리는 결혼이 과거에 제공했던 많은 것들을 여전히 원하는 한편, 이제는 결혼이 우리의 모든 꿈을 이루어주고 우리 안의 가장 좋은 점들을 끌어내주며 계속적인 성장을 가져다주어야 한다고 생각한다. 이제 우리는 행복하지 않아서가 아니라 더 행복해질 수 있어서 이혼한다. 핀켈은, 전에는 배우자를 떠나는 걸 정당화해야 했지만 이제는 머무는 걸 정당화해야 한다고 말한다. 그리고 결혼에 대한 우리의 기대는 올라갔지만 그 기대를 충족시키는 능력은 떨어졌다. 부부들이 직장에서 일하는 시간은 늘어나고 함께 보내는 시간은 줄어들고 있다. 1975년과 2003년 사이에 배우자들이 주중에 함께 보내는 시간이 자녀가 없는 경우에는 30퍼센트, 자녀가 있는 경우엔 40퍼센트 감소했다.

그리고 동시에 결혼은 그 짐을 덜어줄 다른 관계들을 몰아냈다. 옥스퍼드대학교의 로빈 던바Robin Dunbar의 연구에 따르면, **사랑에 빠지면 두 명의 가까운 친구를 잃는다.** 그리고 핀켈은 1975년에 사람들은 매주 주말마다 평균 2시간을 친구나 친척과 함께 보냈다고 지적한다. 2003년에는 그 수치가 40퍼센트 하락했다. 한편 1980년과 2000년 사이에 행복한 결혼 생활로 개인의 행복을 예측할 수 있는 정도가 거의 2배 상승했다. 결혼은 당신의 관계들 중 하나가 아니라 유일한 관계다. 우리는 **삶의 배우자화**를 겪고 있다.

지난 수십 년 동안 10년마다 결혼의 안정성이 증가하고 이혼율이 낮아졌다. 문제는 그 주된 원인이 결혼하는 사람이 줄어들고 있기 때문이라는 것이다. 1970년대 이후 결혼율이 전 세계적으로 낮아졌고 현재 미국에서는 사상 최저치를 기록하고 있다. 뉴욕대학교의 사회학자 에릭 클리넨버그Eric Klinenberg는, '현재 역사상 처음으로 대부분의 미국인이 기혼보다 미혼으로 보내는 시간이 더 많다'라고 썼다. 결혼이 주춧돌이 아니라 성취가 되었다. 예전에는 결혼은 젊은 시절에 하는 것이고 어른이 되는 길이었다. 지금은 결혼의 요구 조건들이 너무 부담스러워 보여서 사람들은 결혼을 시도하기 전에 만반의 준비를 갖추길 원한다.

그나마 결혼하기로 맘먹은 경우에 말이다.

아니, 나한테 소리를 지른다고 이 이야기가 사실이 아니게 되진 않는다. 내가 통계학의 조니 애플시드Johnny Appleseed(각지에 사과씨를 뿌리고 다녔다는 미국 개척 시대의 전설적 인물-옮긴이 주)라도 된 것처럼 몇 페이지에 걸쳐 결혼에 관한 비관적인 사실들을 뿌리고 있으니 여러분이 약간 좌절감을 느낀 건 이해한다. 내가 이 장을 시작할 때 경고를 했던 데에는 다 이유가 있다. (아마존에 이 책의 1점짜리 리뷰를 쓰려고 한다면 그만두길.) 나는 좋은 소식들도 알고 있다. 사실 아주 좋은 소식들이다. 맞다. 일반적인 결혼은 큰 희망 없이 매년 악화되어 왔다. 하지만 결혼 생활에 대해 지금 당장 알아야 할 것이 있다.

오늘날의 최상의 결혼 생활은 인류 역사의 그 어느 때보다 더 최상이다. 끝.

핀켈이 이를 확인해준다. "오늘날 최상의 결혼 생활은 이전 시대의 최상의 결혼 생활들보다 더 낫다. 실제로 세계가 지금까지 알았던 것들 중 최상의 결혼들이다." 이혼은 행복에 지워지지 않을 흠집을 내고, 일반적인 결혼 생활은 상당히 실망스러울 수 있지만 이 결혼 생활이란 걸 제대로 하기만 한다면 어느 시대의 누구의 결혼 생활보다 행복할 것이다. 당신이 최고가 될 것이다. 따라서 결혼이 모든 사람에게 완전히 암울하지는 않다. 승자가 모든 것을 가져가는 식이다. 핀켈이 우리 시대의 결혼을 '모 아니면 도'라고 부른 건 이 때문이다.

내가 동화 같은 환상을 파괴했다면 미안하다. 하지만 그런 것은 도움이 되지 않는다. 2011년에 마리스트Marist가 실시한 여론조사에서 미국인의 73퍼센트가 소울메이트가 있다고 믿는다는 결과가 나왔고, 2000년도 조사에서는 78퍼센트의 사람들이 사랑에 대해 동화적인 생각을 품고 있다는 사실을 알게 됐다. 또한 연구원들은 그런 동화적 환상을 믿는 사람들이 현실성에 기반을 둔 사람들보다 실제로 결혼 생활에서 더 많은 환멸과 불안에 시달린다는 것을 알게 되었다. 왜 그럴까?

동화 속 사랑은 보통 수동적이기 때문이다. 오늘날 행복한 결혼 생활에는 적극적인 노력이 필요하다. 그리고 그런 노력을 하면 그 사상 최고의 결혼 생활이라는 것들 중 하나를 얻을 수 있다. 핀켈의 말을 인용하자면, "이전 시대의 결혼에 비해 오늘날의 결혼은 더 많은 헌신과 애정 어린 보살핌이 요구된다. 이는 그 어느 때보다 높은 비율의 결혼을 침체와 파경의 위험에 빠트리게 된 조건이다. 하지만 필요한 시간과 에너지를 관계에 투자한 배우자들은 이전 시대에는 도달할 수 없었을 수준의 부부생활의 충족감을 얻을 수 있다."

오늘날 사랑에 어려움을 겪고 있다면 그것은 당신이 미쳤기 때문도 아니고 당신만 그런 것도 아니다. 또한 꼭 당신의 잘못만도 아니다. 이제 우리는 사랑이 일반적으로 모든 것을 이기지는 못한다는 사실을 알게 되었다. 하지만 당신이 제대로 사랑한다면 당신의 사랑은 모든 것을 이길 수 있다. 그러니 우리는 그 격언을 비틀어보겠다. '사랑이 모든 걸 이길까?' 대신, 우리는 '어떻게 당신의 사랑이 모든 걸 이기게 만들 수 있을까'라는 수수께끼를 풀어보겠다.

# 12장

## 우리가
## 사랑에 빠져야 하는
## 과학적 이유

역사를 좀 알아야 하는데 그런 걸 좋아하지 않는다면 카사노바에 관해 읽어라. 진지하게 말해, 이 남자의 삶이 여름에 상영하는 영화들보다 더 흥미진진할 것이다. 간첩 행위, 스캔들, 거액의 판돈이 걸린 도박, 암살, 한쪽이 죽어야 끝나는 결투, 비밀 결사, 배신, 사기, 망명. 카사노바는 탈출할 수 없게 설계된 감옥에서 곤돌라를 타고 탈옥했다. 그는 조지 3세, 예카테리나 2세, 괴테, 루소, 그리고 여러 명의 교황들과 어울렸다. 벤자민 프랭클린과 과학 학술회의들을 다녔고 볼테르와 설전을 벌였다. 오, 물론 카사노바는 그를 가장 유명하게 만든 일도 했다. 바로 끊임없이 여자를 유혹하는 것이었다. 그는 자서전에 '나는 인생을 충분히 즐겼다고 말할 수 있다'라고 썼다. 엄청나게 절제된 표현이다.

여러분은 이 남자가 얼마나 많은 걸 했는지, 얼마나 많은 곤경에 빠졌는지, 얼마나 많은 나라를 방문했는지, 얼마나 많은 사람에게 사기를 쳤는지, 얼마나 많은 여성과 잠자리를 했는지 상상도 못할 것이다. 내가 여러분을 위해 카사노바의 삶을 요약하고 싶지만 그럴 수가 없다. 말 그대로, 불가능이다. 그의 자서전은 12권으로 총 3,700페이지에 달한다. 심지어 그가 '너무 불미스럽다'고 생각되는 일들은 생략했는데도 그 정도다.

그는 재치, 용감무쌍함, 매력으로 살아가는 망나니였다. 카사노바의 삶은 일관된 패턴을 따랐다. 힘 있는 사람과 친구가 된다. 새로운 일을 시작한다. 부유한 후원자를 얻는다. 도박을 하고 여자들의 뒤꽁무니를 쫓아다닌다. 당국을 포함해 모든 사람을 미치게 만든다. 감방에 갇히거나 추방된다. 새로운 도시로 옮겨 간다. 위의 과정을 반복한다. 이런 식이다.

그에겐 '삶에 대한 열망'이 있었다. 좋다, 솔직히 말해 그는 삶보다 더 많은 것을 열망했다. 그리고 그다지 후회하는 기색도 없었다. 그는 한 여성에게서 다른 여성에게로 냉정하게 옮겨 다니며 성인물 사이트조차 시시하게 만들 정도의 천박한 이야기들에 관여했다. 하지만 우리는 여기에서 PG-13(13세 미만은 보호자 동반이 요구되는 영화) 등급을 지키겠다. 그는 이 여자, 저 여자를 전전하는 '나쁜 남자'의 이상적 형태, 픽업 아티스트들의 수호신이었다고 말해도 과언이 아니다.

하지만 특별하고 빼어난 한 여성이 있었다. (이런 인물이 항상 등장한다. 그렇지 않은가?)

　한 여성이 그 대단한 카사노바의 마음을 사로잡고 아프게 했다. 우리는 그녀를 '앙리에트Henriette'라고만 알고 있다. 그녀의 출신 배경은 수수께끼에 싸여 있다. 당연히 그녀는 아름다웠다. 하지만 카사노바를 뿅 가게 만든 건 앙리에트의 교양 있는 모습이었다. 그녀는 재치 있고 세련된 여성이었다. 그리고 카사노바와 함께 있었던 것만 봐도 일상적이지 않은 상황에 처해 있던 게 분명하다. 그녀 자신도 바람둥이였던 앙리에트는 너무도 영민해서 카사노바가 사기꾼이라고 생각할 정도였다. 그녀는 매력과 유혹이라는 면에서 어느 모로 보나 카사노바와 어깨를 나란히 했는데, 카사노바는 이런 여성에 익숙하지 않았다. 조금도 과장 없이 하는 말이다.

　카사노바는 역사상 가장 파란만장하고 흥미진진한 삶을 살았던 사람들 중 한 명이지만, 앙리에트와 함께했던 시간이 가장 행복한 순간이었고 일생에서 가장 집착적인 연애였다고 말할 것이다. 그리고 잠깐 동안이었지만 그녀는 냉정한 망나니를 변화시켰다. 여자들을 후리는 이 전설적인 마성의 남자, 이름이 유혹과 동의어가 된 남자가 한 여자에게 빠져 정신을 못 차리는 평범한 남자로 바뀌었다. 그는 그녀에게 집착했다. 밤에는 그녀의 꿈을 꾸었다. 심지어 자신이 그녀의 많은 연인 중 한 명일 뿐일까 봐 두려워했다. 그리고 미친 듯이 사랑에 빠진 여느 사람처럼 그는 그녀를 '이상화'했다.

　카사노바는 그녀 곁에 있으면 부드러워졌다. 맞다, 그는 망나니였지만 사이코패스는 아니었다. 그의 어린 시절은 순탄하지 않았다. 카사노바가 겨우 여덟 살 때 아버지가 세상을 떠났다. 배우이자 매춘부였던 어머니는 그를 할머니의 손에 맡겨 키웠다. 결국 그는 버려져 하숙집에서 자랐다. 카사노바는 '그들은 나를 제거했다'라고 썼다. 이런 사정이라면 여러분도 냉정해질 것이다.

카사노바와 앙리에트가 함께한 3개월은 서사시적 연애의 모든 요소를 갖추었다. 두 사람 다 도피 중이었다. 카사노바는 베네치아 당국을 피해 달아나고 있었고 앙리에트는 지배적인 가족으로부터 숨어 지내고 있었다. 그녀는 빈털터리로, 가진 거라곤 걸치고 있는 옷들밖에 없었다. 게다가 부츠에 어울리는 남자 옷들이었다. 하지만 카사노바는 돈이 많았다. 그는 앙리에트에게 새 옷을 사 주었다. 다이아몬드 반지도.

둘을 쫓는 사람들은 멀리 있지 않았다. 조용히 숨어 지내는 것이 현명한 처사겠지만, 카사노바는 아름다운 여인과 사랑에 빠진 남자였다. 그는 그녀와 즐거운 시간을 보내고 싶었다. 앙리에트에게 세상을 보여 주고 모든 것을 주고 싶었다. 그래서 두 사람은 조심성 따윈 던져버리고 신나게 즐기면서 지냈다.

하지만 그들은 시내에서 부주의하게 보낸 밤들 때문에 결국 몰락했다. 공작 궁전(Ducal Palace)에서 벌어진 화려한 파티에서 앙리에트가 친척과 마주치는 바람에 발각되고 만 것이다. 카사노바는 스스로를 탓했다. 앙리에트는 이제 자신의 집으로 돌아가야 한다고 확신했다. 제네바의 고급 호텔방에서 앙리에트가 헤어지자고 말했다. 그녀는 카사노바에게 자신의 뒤를 캐지 말고 만약 다시 보게 되더라도 못 본 척해달라고 부탁했다. 그리고 떠났다.

카사노바는 이틀 동안 꼬박 호텔방에 틀어박혀 인생에서 가장 슬픈 날들을 보냈다. 그가 마침내 자리에서 일어나 커튼을 걷었을 때 앙리에트가 유리창을 써놓은 글자가 보였다. 그가 앙리에트에게 사준 다이아몬드 반지로 긁어 쓴 글자였다.

**Tu oublieras aussi Henriette.**

'당신은 앙리에트도 잊게 될 거예요'라는 뜻이었다.

분명 슬픈 메시지였다. 하지만 카사노바는 그녀가 남긴 무언가를 보는 것만으로도 '내 영혼에 위안'이 되었다고 썼다. 그리고 얼마 지나지 않아 앙리에트에게서 편지가 왔다. 그녀도 비탄에 빠졌지만 자신의 운명에 체념했다. 그녀는, 자신은 다시는 누군가를 사랑하지 않겠지만 카사노바는 또 다른 앙리에트를 찾길 바란다고 했다. 카사노바는 그 편지를 껴안고, 먹지도 잠들지도 못한 채 며칠 동안 침대에 누워 있었다.

12년이 흘렀다. 역시 많은 일들이 있었지만 이제 나이가 든 카사노바는 지쳐가고 있었다. 그는 스위스에서 빚 때문에 붙잡혀 다시 탈출해야 했다. 자신의 인생에 회의를 느낀 그는 수도승이 되어야겠다는 결론에 이르렀다. 수도원으로 피신해 남은 여생을 살아야겠다고. 그때 예쁜 여자가 눈에 띄었다. 수도승이 되겠다는 생각은 하루도 가지 않았다(이봐, 그는 카사노바야, 대체 뭘 기대한 거야?).

하지만 이 역시 또 다른 교훈이었다. 그는 그대로였다. 망나니. 아무

것도 바뀌지 않았다. 아무것도 바뀌지 않을 것이다. 그는 제네바로 돌아
갔다. 언제나 또 다른 도시가 있을 것이다. 또 다른 모험, 또 다른 여자
가. 그는 앙리에트도 그저 또 하나의 밀회 상대였을 뿐이라고 생각하며
고급 호텔의 객실로 들어갔다. 특별할 건 없었다. 그런데 창의 커튼을
걷었을 때…….

그는 이곳이 몇 년 전 그 호텔방이라는 것을 깨달았다. 창문에 긁어
서 쓴 단어들이 아직 남아 있었다. 'Tu oublieras aussi Henriette.' 카
사노바가 회고록에 쓴 것처럼 '머리카락이 곤두서는 것 같았다.' 기억들
이 밀려들었다.

'당신은 앙리에트도 잊을 거예요.'

아니, 아니, 잊지 못할 것이다. 앞으로도 더 많은 모험과 더 많은 여
자가 있을 것이다. 하지만 여생 동안 그는 절대 앙리에트를 잊지 못할
것이다. 그토록 많은 여자를 유혹한 그 잘난 카사노바에게 그녀는 항상
유일한 존재일 것이다. 유일한 사랑.

미친 듯한 낭만적 사랑은 우리 모두를 꼼짝 못하게 만든다. 하지만 낭
만적 사랑이 뭘까? 그리고 카사노바에게처럼 그렇게 오래갈 수 있을까?

여러분은 사형선고를 받고 집행을 기다리고 있는 죄수가 남기는 마
지막 말이 신이나 용서와 관련된 내용이라고 예상할 것이다. 설문조사
에 따르면 30퍼센트의 경우 그렇다고 한다. 하지만 그들이 언급할 가능
성이 가장 높은 것은 무려 63퍼센트를 차지한 낭만적 사랑에 대한 내용
이다. 가족은 한참 뒤처진 2위다.

낭만적 사랑은 세상에서 가장 좋은 것일 수 있다. 낭만적 사랑의 힘은 굳이 말할 필요도 없다. 하지만 나는 어쨌거나 말을 하겠다. 세상은 마법으로 가득하고, 당신의 마음은 누군가가 트램펄린 위에 부엌 서랍 안의 잡동사니를 쏟아놓은 것과 같을 것이다. 그토록 많은 미술작품과 음악이 연애를 다루는 데는 이유가 있다. 사랑의 열병을 다룬 도로시 테노프Dorothy Tennov의 중요한 연구에서는, 83퍼센트의 연구 대상자들이 "사랑에 빠져보지 않은 사람은 인생의 가장 즐거운 경험들 중 하나를 놓친 것이다"라는 말에 동의했다.

　하지만 사실을 말하자면, 우리 모두는 사랑에 온갖 것들이 뒤범벅되어 있다는 것을 알고 있다. 사랑을 하면 우리의 기분은 끊임없이 좋았다 나빴다 한다. 사랑은 쾌락이자 고통이다. 고뇌이자 환희다. 기쁨이자 절망이다. 프랭크 탤리스Frank Tallis 박사가 쓴 것처럼, '사랑은 천국과 지옥이라는 두 도착지 사이를 운행하는 셔틀 서비스와 같다.'

　그리고 우리가 그다지 많이 이야기하지 않는 사랑의 또 다른 측면이 있다. 바로 사랑이 끔찍할 수도 있다는 것이다. 사랑은 거대하고 다차원적이며 극단적인 재앙일 수 있다. 열정이라는 뜻의 단어 'Passion'은 '고통받다'라는 뜻의 라틴어에서 유래했다. 테노프의 실험 대상자들은 사랑의 기쁨에 대해 거의 만장일치로 동의했지만, 끔찍한 우울을 표현한 사람이 50퍼센트가 넘었고 4분의 1은 자살 충동을 언급했다. 사랑은 너무도 강력한 힘일 수 있다. 사랑은 핵에너지처럼 도시 전체에 동력을 공급할 수 있지만 또한 도시 하나를 절멸시키고 영구적으로 방사

능을 남길 수도 있다.

1980년대에 셰어 하이트Shere Hite는 기혼 여성의 3분의 2와 미혼 여성의 절반이 더 이상 사랑에 빠지는 걸 믿지 않는다는 사실을 발견했다. 이런 반응은 로맨틱하지 않을 수 있지만 전례가 없던 것도 아니다. 앞에서 논의했듯이 고대인들은 사랑을 전혀 믿지 않았다. 대부분의 궁정 로맨스가 불행과 죽음으로 끝난다는 걸 감안하면 우리가 고전적인 사랑 이야기들을 떠올릴 때 긍정적 감정을 느끼는 것이 오히려 아이러니하다(당신은《로미오와 줄리엣》이 해피엔딩이라고 말하겠는가?).

사실 고대인들은 사랑을 그냥 나쁘게만 생각한 게 아니라 하나의 질병으로 보았다. 고대 이집트의 시에서 사랑이 어떻게 언급되었는지 기억하는가? 맞다, 사랑을 병으로 묘사했다. 우리는《이성과 감성(Sense and Sensibility)》같은 제인 오스틴의 작품을 여전히 좋아하지만, 오스틴의 시대에는 감성이 '적당한' 정도를 의미하지 않았다. 신경과민을 의미했다. 감성이 너무 풍부한 사람은 정신질환에 걸리기 쉬웠다.

히포크라테스부터 1700년대까지, 역사의 대부분의 시기 동안에는 '상사병'에 걸렸다는 것이 단순한 은유가 아니라 실제 진단이었다. 18세기에 이 진단이 줄어들었고 19세기에 정신분석학의 아버지이자 코카인 애호가인 지그문트 프로이트가 대화의 주제를 성(sex)으로 바꾸면서 아예 통용되지 않게 되었다. 하지만 사랑에 대한 프로이트의 태도도 크게 다르지 않았다. "우리가 말하는 '사랑에 빠지다'의 의미는, 일종의 질병과 광기, 착각, 사랑하는 사람의 진짜 모습을 보지 못하는 맹목을 의미하지 않는가?"라고 썼으니 말이다. 사랑이 병이라는 인식은 여전히 남아 있다. 사랑으로 아플 때 뭐라고 부르는가? '상사병'이다.

기분이 한껏 들뜬다. 잠을 거의 자지 않아도 된다. 자긍심이 치솟는다. 생각들이 달음박질을 친다. 말이 많아진다. 정신이 산만해진다. 사회적으로, 성적으로 더 활발해진다. 기꺼이 큰 위험을 감수하고, 더 많은 돈을 쓰고, 어쩔 줄 몰라 한다. 이런 모습이 사랑처럼 보이는가? 음, 사실 내가 지금 말한 모습들은 조증 진단을 위한 DSM-5(정신장애 진단 및 통계편람) 기준이다. 맞다, 현대 과학은 기본적으로 사랑이 정신질환이라는 데 동의한다. 정신의학자 프랭크 탤리스는 위에서 말한 모든 증상을 정신과 의사에게 (연애에 대한 언급 없이) 이야기하면 약 처방전을 받아들고 나오게 될 것이라고 말한다. 사실 저런 증상들이 네 가지만 있어도 조증 진단 기준에 부합한다.

슬픈 기분이 드는가? 평소 즐기던 일에 흥미를 잃었는가? 식욕도 없는가? 잠도 잘 못 자는가? 피곤한가? 집중이 안 되는가? 맞다, 상사병에 걸린 것이다. 하지만 저 6개 증상들 가운데 5개에 해당된다면 정신장애 진단 기준에서 '주요 우울 삽화'로 진단될 수 있다. 이 두 집합의 증상들을 모두 느끼는가? 내겐 사랑처럼 보인다. 하지만 또한 조울증과도 구별이 어렵다. 정신의학자 탤리스는, 실제로 사랑의 증상은 정신 건강 관련 질병으로 종종 오진되곤 한다고 말한다.

사랑이 심각한 의학적 질병이라는 주장의 정당성을 입증하기는 생각보다 훨씬 쉽다. 얼마나 많은 사람이 사랑 때문에 자살하거나 살인하는지 잊지 말자. 하지만 이상하게도 우리는 사랑을 진지하게 병으로 생각하지 않고 고귀할 뿐 아니라 널리 권고되고 장려되는 무언가로 생각한다.

정말로 과학적으로 접근할 경우에 사랑은 어떤 정신장애와 가장 비슷할까? 강박장애다. 사랑에 빠지면 집착한다. 주의가 산만하고 해야 하는 일들에 집중할 수 없다. 인류학자 헬렌 피셔는 새로운 사랑에 빠진 사람들은 깨어 있는 시간의 최대 85퍼센트를 그 특별한 누군가를 생각하는 데 보낸다고 보고한다. 사랑은 강박장애의 진단 기준에 충족될 뿐 아니라 신경과학 데이터까지도 일치한다. 사랑에 빠진 사람의 뇌와 강박장애를 겪는 사람의 뇌를 MRI로 보면 차이를 구별하기 어렵다는 것이다. 전대상피질, 미상핵, 피각, 뇌도가 모두 과활성화 상태다. 정신의학자 도나텔라 마라지티Donatella Marazziti는 사랑에 빠진 사람들과 강박장애가 있는 사람들의 혈액을 채취하여 분석한 결과, 둘 다 세로토닌 수치가 대조군보다 40퍼센트 낮은 것을 발견했다. 그런데 사랑에 빠진 사람들을, 연애의 미친 열정이 잦아들 즈음인 몇 달 뒤에 다시 검사했을 때는 어땠을까? 세로토닌 수치가 다시 정상이 되었다(과학자들이 아주 찢었군).

하지만 왜 진화는 우리가 누군가에 대해 강박장애를 겪길 원할까? 사랑의 증상들과 행동에 대한 가장 좋은 정의는 뭘까? 강박장애가 사랑과 비슷하다지만, 모든 데이터를 살펴본 결과에 따르면 가장 좋은 비유는 중독이라고 할 수 있다. 우리는 반쯤 임의적인 의식으로 피가 날 때까지 손을 씻고 있는 게 아니다. 우리는 우리가 갈망하는 무언가를 추구하고 있다. "넌 암만 봐도 안 질려"라는 말을 한 적이 있는가? 바로 그거다. 감정 기복이 극단적으로 심하다. 문자 하나를 받으면 필요량이 채워져 잠깐 동안은 괜찮지만 당신의 중독된 영혼은 금세 더 많은 이모티콘이 포함된 더 많은 문자를 필요로 할 것이다.

연구는 페닐에틸아민, 도파민, 노르에피네프린, 옥시토신을 섞은 사랑의 칵테일이, 사랑으로 혼란스러운 뇌로 흘러들어와 암페타민과 흡사한 효과를 제공한다는 것을 보여준다. MRI 데이터 역시 중독 패러다임을 뒷받침한다. 사랑에 빠진 사람과 코카인이나 모르핀을 주입받은 사람의 뇌를 기능성 MRI로 촬영한 영상을 나란히 놓고 보면 동일한 패턴이 보인다. 우리의 오랜 친구 아서 아론은 사랑이 일종의 동기부여 시스템이라고 말한다. 중독자가 마약을 구하려고 무슨 짓이든 하는 것처럼, 이 시스템은 우리에게 그 특별한 누군가를 차지하러 가라고 말한다.

또 시작이군. 맞다, 나는 대부분의 사람들이 인생에서 가장 멋진 부분이라고 생각하는 것을 다루면서 "아니야, 그건 블랙타르 헤로인과 비슷해. 그리고 우리 모두는 정신적으로 병든 중독자 무리일 뿐이야"라고 말했다. 여러분이 "이봐, 나는 모르는 게 약인 이 사실들을 다행히 수십 년 동안 몰랐어. 계속 그렇게 살고 싶어"라고 생각해도 무리는 아니다. 이해한다. 그러니 이 책을 읽고 있는 모든 사람이 집단 신경쇠약에 걸리기 전에 단비 같은 소식을 전하겠다.

**그렇게 미치는 데는 충분한 이유가 있다.** 첫 번째(하지만 꼭 가장 중요하지는 않은) 이유는, 진화가 우리들이 더 많은 인간을 만들어내길 원한다는 것이다. 그게 우리들의 유전자에게 부여된 1순위 과제다. 우리는 많은 일을 질질 끌지만 진화는 그런 말도 안 되는 짓은 하지 않는다. 번식이 가장 중요하다. 진화는 언제나 논리 중단 스위치를 탁 올리면서 "내가 운전대를 잡을게, 이건 중요한 일이거든"이라고 말한다. 유명한 극작가 W. 서머싯 몸Somerset Maugham이 말한 것처럼, "사랑은 인간이라는 종을 존속시키기 위해 우리에게 가해지는 비열한 계략일 뿐이다."

진화 심리학자들이 로맨티스트가 된다고 알려져 있진 않지만 사랑이 진화의 목표를 달성한다고 해서 우리의 목표를 달성하지 못한다는 뜻은 아니다. 우정과 마찬가지로, 우리의 뇌는 다윈주의의 이기심과 협력하여 물질적 이익뿐 아니라 기쁨과 성취감도 찾는다. 우리는 친구들은 우리의 일부이고, 그 미친 짓은 삶을 살 만한 가치가 있게 만든다고 착각한다. 사실 우리의 머리는 세상에 항상 존재하는 어려움들에 맞서기 위한 긍정적 편견들로 가득 차 있다. 심리학자들이 그런 낙관적 착각들을 뭐라고 부르는지 아는가? '건강하다'고 한다. 연구들은 그런 긍정적 편견이 없는 사람들이 분명 세상을 더 정확하게 본다는 것을 말해준다. 그러나 심리학자들이 그런 사람들에게 뭐라고 하는지 아는가? '우울하다'고 말한다.

사람을 믿지 않는 것이 단기적으로는 똑똑한 방어 조치처럼 보일 수 있다. 모자란 것이 과한 것보다 종종 더 분별 있는 행동이다. 우리는 게으름을 피울 수 있고 항상 자신에게 유익한 일만 하지도 않는다. 하지만 번식이 진화에서 가장 중요한 것처럼, 개인으로서의 우리에겐 유대가 그만큼 중요하다. 그래서 자연은 우리를 음, 말하자면 약간 미친, 중독자로 만들어 번식하게 한다. 더 많은 걸 얻고 더 많은 일을 하도록 동기를 부여하는 욕구는 이치에 맞다. 배고픔이 우리가 음식을 먹지 않아 굶주리는 걸 막는 것처럼, 사랑에 대한 열망은 우리가 종종 혹독한 세상에서 감정적으로 굶주리지 않게 해주기 때문이다. 우리에겐 행복한 삶을 살도록 우리를 밀어붙일 광기가 필요하다.

어떤 사람들은 "그래, 우리에겐 동기부여가 필요해. 하지만 왜 우리가 미쳐야 돼? 그건 도움이 안 돼"라고 반박할 것이다. 그런데 실제로는 도움이 된다. 사실 과학 연구는 사랑으로 정신이 나가 어린애처럼 되는 것이 아주 중요하다는 걸 보여준다. 우리는 사랑이 얼마나 고통스럽고 두려울 수 있는지 이야기했지만, 이런, 잘난 척은 그만해라. 두려워하는 사람이 당신 뿐만은 아니다. 당신이 반한 그 사람은 어떨 것 같은가? 그 사람들도 상처받을 수 있다. 당신은 카사노바인데 그 사람은 앙리에트가 아니라면? 그 사람이라고 마음에 상처를 입길 원할까? 그래서 우리에겐 신뢰 문제가 생긴다. 소통 문제. 다시 말해 신호 문제다.

그렇다면 해결책이 뭘까? 바로 '비용이 많이 드는 신호'다. 어떻게 생각하는가? 망상에 빠진 중독자처럼 돌아다니고, 끊임없이 사랑을 고백하고, 미친 사람처럼 행동하고, 다른 일은 모두 덮어둘 만큼 앞뒤 가리지 않고, 공과금 내는 걸 잊어먹고, 하루에 300번씩 당신의 집착을 문자로 표현한다. 꽤 확실하고 비용이 많이 드는 신호다. 구애를 받고 있는 사람들은 대개 뭐라고 말할까? '당신이 나한테 푹 빠졌다는 걸 보여줘.' 빙고. 낭만적인 사랑은 이성을 마비시킬 뿐 아니라 합리성을 무시하는 신호를 보낸다.

도널드 예이츠Donald Yates가 말한 것처럼, '사랑에 대해 분별력이 있는 사람들은 사랑을 할 수 없다.' 비이성적인 충성심이 유일하게 중요하다. 비용편익 분석 결과가 나쁘다고 해서 충성심이 멈춘다면 그건 충성심이 아니다. 이기심이다. 충성심은 기꺼이 과하게 지불하려는 마음이다. 사랑에 미친 행동은 상대에게 더 이상 당신이 이기적이지 않다는 신호를 보낸다. 사실 이기적이 될 수가 없다. 그리하여 '난 미친 놈이니까 날 믿어도 돼'라는 신호가 발신된다.

그리고 본능적으로 우리는 이걸 알고 있다. 우리는 일상적으로 광기를, 사랑의 깊이를 나타내는 지표라고 생각한다. 우리는 낭만적 사랑이 이성적이길 원하지 않는다. 현실적이고 합리적인 건 낭만적이지 않으니까. 비현실적이고 헤픈 것은 매우 불합리하지만 가슴을 뛰게 한다. 집세를 내는 건 낭만적이지 않다. 하지만 시들어서 장기적 가치가 없는 장미는 낭만적이다. 다이아몬드는 터무니없이 비싼 돌이고 재판매 가치가 거의 없지만 극도로 낭만적이다. 실용성과 장기적인 가치가 거의 없는 꽃과 돌에 왜 많은 돈을 쓸까? 당신이 미쳤다는 것을 알려주기 때문이다. 사랑의 불합리성은 아이러니하게도 대단히 합리적이다.

이론적으로만 그런 게 아니다. 한 사람을 쉽게 버리고 다른 사람으로 갈아탈 수 있는 문화에 살고 있다면 사랑의 광기(그리고 신호를 보내는 힘)는 더 심해질까, 약해질까? 심해진다. 사람들은 남을 잘 믿지 않게 될 것이고, 뇌의 큐피드 영역들은 비용이 많이 드는 신호를 보내기 위해 광기를 활성화시켜야 한다는 것을 알 것이다. 이것이 〈열정, 관계의 유동성, 헌신의 증거(Passion, Relational Mobility, and Proof of Commitment)〉라는 연구가 발견한 결과다. 데이트를 한 뒤 잠수해버리는 것이 더 쉬운 문화일수록 열정적 신호들이 더 강렬했다.

사랑의 광기의 좋은 면은 이뿐만이 아니다. 우리는 사랑에 빠졌을 때 왜 그렇게 미친 듯이 질투를 할까? 왜냐하면 그렇게 미치는 것이 (온당한 범위 내에서라면) 좋은 일이기 때문이다. 연구에 따르면, **질투의 목적은 관계를 보호하는 것이다.** 웨스턴일리노이대학교의 유진 마테스Eugene Mathes는, 결혼하지 않은 커플들에게 질투 검사를 하고 7년 뒤에 확인을 해봤다. 그중 4분의 3이 헤어진 반면, 나머지는 결혼했다. 과거 어떤 그룹이 더 높은 질투 점수를 받았을까? 정답! 결혼한 커플 쪽이다. 우리는 그러고 싶지 않은데도 미친 듯이 질투를 느낀다. 질투가 커플이 관계를 유지하도록 자극하기 때문이다.

또한 우리는 사랑이 불러오는 가장 중요하고 필수적이며 멋진 형태의 광기를 겪는다. 바로 '이상화(idealization)'다. 우리 모두가 알고 있듯이, 사랑에 빠진 사람들은 상대를 이상화한다. 이상화는 사랑에 있어 가장 널리 알려진 특징이다. 1999년의 한 연구는, 행복한 관계에 있는 사람들은 애인의 나쁜 점보다 좋은 점들을 5배 더 오래 이야기한다는 것을 보여주었다. 로버트 사이덴버그Robert Seidenberg가 이야기했듯이, '사

랑은 다른 사람을 신봉하는 인간 종교다.'

당신은 친구들이 새로 사귄 애인을 이상화하는 이야기를 듣고 완전히 미친 소리같이 느낀다. 하지만 그거 아는가? 미치는 편이 더 낫다. 그리고 더 심하게 미칠수록 좋다. 결혼 후 첫 3년간에 대한 연구에서, 배우자를 가장 많이 이상화했던 사람들의 관계에 대한 만족도가 가장 적게 감소했다.

마치 내가 애인에게 미치라고 권하는 것 같을 수도 있지만 사실 그게 아니다. 우리는 현실을 보면서 동시에 편향될 수 있다. 연구원들이 한창 사랑의 열병을 앓고 있는 사람들에게 상대의 단점에 관해 묻자 그들은 상대의 안 좋은 점들을 발견하고 인정할 수 있었다. 그들은 말도 안 되게 미친 건 아니었다. 하지만 그 단점들을 무시했다. 큰 문제가 아니라고 여겼다. 혹은 그 결점들이 심지어 '매력적'이라고 생각했다. 이런 태도가 관계를 원활히 유지하는 데 도움이 된다. 사랑의 열병에 걸린 뇌가, 사랑하는 사람의 결함에 대한 우리의 부정적 반응을 누그러뜨리면서 우리는 좀 더 수용적인 사람이 된다.

하지만 말도 안 되는 이상화의 이점은 여기서 끝이 아니다. 이상화는 심지어 신경과학 분야에서 속임수를 막는다. 당신이 사귀고 있는 남성이나 여성에게 미녀나 미남의 사진을 보여주면 아마 아름답다고 인정할 것이다. 나중에 같은 사진을 보여주면서 이번에는 그 아름다운 사람이 당신에게 반했다고 말해보자. 어떻게 될까? 상대가 그 사진 속 인물이 아름답다고 말할 가능성이 낮아진다. 이 효과는 '대안의 폄하'라고 불린다. 사람들이 사랑에 빠지면 실제로 뇌가 관계에 위협이 될 수 있는 다른 사람을 매력적으로 보는 정도를 낮추는 현상이다. 그래서 뜨거웠던 과거의 망령들이 찾아오면 이상화가 당신의 편이 되어 당신 애인의 눈에 그의 귀여운 전 애인이 예전만큼 귀여워보이지 않게 만든다.

개인적 사건들을 완벽하게 기억하는 HSAM(비범한 자전적 기억력)을 가진 사람들을 기억하는가? 완벽한 기억이 그들의 낭만적 관계들을 어떻게 망쳤는지도 기억하는가? 음, 한 연구가 이를 확인해준다. 두 사람의 과거의 일들을 긍정적인 방향으로 잘못 기억하고 있는 연인들은, 더 정확하게 기억하는 사람들보다 헤어질 가능성이 적었다. 행복에 있어서는, 사실이 우리가 스스로에게 하는 이야기만큼 중요하지 않다는 것이다. 우리에겐 광기가 필요하다. 사랑은 맹목적이다. 그리고 맹목적이어야 한다.

특히 결혼을 막 앞두고 있을 땐 미쳐 있는 기분인 게 더 낫다. 결혼식에서 남편을 영원히 사랑하겠냐는 주례의 질문에 '네'라고 대답하기 전에 다시 한번 생각하는 여성들은 4년 내에 이혼할 가능성이 2.5배 더 높다고 한다. 남성의 경우는 가능성이 50퍼센트 이상 증가한다.

한마디로 말해 이상화는 사랑을 유지시키는 데 중심적 역할을 하는 '마법'처럼 보인다. 하지만 그게 '모든 걸 이길' 수 있을까? 지속될 수 있을까? 답하자면, 그렇다! 사람들이 설문조사에서 그냥 아무 생각 없이 "아, 네, 우리는 서로를 엄청나게 사랑해요"라고 대답한다는 뜻이 아니다. 여러분은 사람들이 별 생각 없이 기계적으로 그렇게 말한다고 생각할 것이다. 하지만 2012년에 사회 신경과학자 비앙카 에이스베도Bianca Acevedo가, 평균 20년 넘게 결혼 생활을 한 부부들을 대상으로 MRI 뇌 촬영을 하면서 배우자의 사진을 보여주자 일부는 새로 사랑에 빠진 사람들에게서 볼 수 있는 것과 같은 신경 반응을 보였다. 그리고 이 이야기도 들어보시라. 사랑은 지속될 수 있을 뿐 아니라 더 깊어질 수 있다. 이 부부들은 서로를 매우 좋아할 때의 신경 신호를 보여주었을 뿐 아니라 새로운 사랑에서 발견되는 불안이 없었다. 나쁜 광기 없이 좋은 광기만 있었다. 그렇다. 사랑은 지속될 수 있다.

하지만 이는 일반적이지는 않다. 그 부부들은 예외적 경우다. 대부분의 경우 낭만적 사랑은 1년에서 1년 반이 지나면 약해지기 시작한다. 기능성 MRI 연구, 세로토닌 혈액 검사, 설문조사 데이터에서 이를 알 수 있다. 논리적으로 당연한 일이다. 모든 사람이 영원히 사랑의 열병에 걸린 미치광이처럼 지낼 순 없다. 그러면 머리가 터지고 세상이 다 타버릴 것이다. 아일랜드의 극작가 조지 버나드 쇼George Bernard Shaw가 말한 것처럼, "두 사람이 가장 폭력적이고 가장 정신이 나간 데다 가장 망상적이고 가장 일시적인 열정의 영향을 받을 때, 그 흥분되고 비정상적이며 진을 빼는 상태를 죽음이 그들을 갈라놓을 때까지 계속 유지하겠다고 맹세해야 한다." 최고의 황홀경이 모든 사람에게 영원히 지속될 수 있다는 건 매우 비현실적인 일이다.

물리적 우주와 마찬가지로 사랑 역시 불확실성의 영향을 받는다. 에너지가 차츰 사그라진다. 열광이 평균으로 회귀한다. 낭만적 사랑 이야기들은 이런 부분을 다루지 않는다. 코미디언들은 다루지만. 한편으로 이건 알아두는 게 좋다. 당신이 꼭 뭔가 잘못하고 있는 건 아니다. 감정이 시들해지는 건 정상적이다. 하지만 그래도 괴롭기는 하다. 오래된 연인들 1,100명을 조사한 연구에서, 결혼에 가장 큰 위협이 무엇이라고 나타났을까? '열정이 사라지는 것'이었다. 결혼하고 처음 4년이 지난 뒤 만족도가 평균 15~20퍼센트 떨어진다(급여가 그렇게 깎였다고 상상해보라). 결혼하고 2년 뒤에 대부분의 사람들이 개인적으로 얼마나 행복할까? 미시건주립대학교의 리처드 루카스Richard Lucas는 사람들이 결혼 전과 비슷하게 행복하다는 것을 발견했다. 평균으로 회귀한 것이다. 불확실성. 여러분은 동거한 커플들이 이혼할 가능성이 더 많다는 연구 보고들을 들어봤을 것이다. 그 원인들 중 하나는 동거한 커플들이 결혼으로 정착하기 전에 미친 사랑의 시기를 다 써버렸기 때문이라고 여겨진다. 막상 결혼했을 때 불확실성이 이미 시작된다.

이렇게 열정이 약해진다고 꼭 파멸이 닥치는 건 아니다. 대부분의 커플들은 낭만적 열정의 광기로부터 벗어나 '동반자적 사랑', 즉 격렬한 감정의 분출 없이 좀 더 느긋하고 지속적인 평안한 느낌을 갖게 된다. 하지만 이상화는 사라진다. 2001년의 한 연구는 커플들이 약혼에서 결혼으로 옮겨 가면서 '이상주의적 왜곡'이 반토막 난다는 것을 발견했다. 사랑의 불구대천의 원수인 '현실'이 등장한 것이다.

이는 사회학자 다이앤 펨리Diane Felmlee가 '치명적 매력(fatal attracion)'이라고 부른 개념에 대한 연구에서 가장 잘 입증된다. 처음에 우리를 상대에게 끌리게 했던 그 특성들이, 이제는 점점 부정적으로 보이기 시작한다. 느긋한 성격이 게으름으로, 강한 성격이 고집으로 보인다. 배려는 집착으로 느껴진다. 조사한 커플들 중 거의 절반이 이런 경험을 했다. 이상화가 줄어드는 시기인 결혼 4년 뒤부터 이기심에 대한 불만이 2배 이상 증가하더라는 사실은 그리 놀랍지 않다.

또한 이상화가 줄어들면서 '대안의 폄하'도 줄어든다. 이제 당신의 뇌는 더 이상 당신의 파트너 외의, 대안의 파트너들을 폄하하지 않는다. 한편, 결혼 생활이 계속되면서 성관계가 거의 가차 없이 줄어든다. 사랑 이야기들은 역시 이 점에 대해서도 이야기하지 않는다. 코미디언들은 이야기하지만. 코미디언들을 믿어라. 대부분의 커플들이 일주일에 약 2~3번 성관계를 갖는다. 하지만 전 세계적으로 결혼 생활이 오래될수록 성관계가 줄어든다. 실제로 결혼 첫해가 지나면 성관계가 절반으로 감소한다. 결혼 생활의 문제들과 관련해 구글에서 가장 많이 검색한 단어가 뭔지 아는가? '성관계가 없는 결혼(sexless marriage)'이다. 결혼한 사람들의 15퍼센트가 6개월 넘게 성관계를 갖지 않는다.

맞다, 결혼 생활을 하면서 낭만적 사랑을 유지하기란 힘들다. 사실 그냥 힘든 정도가 아니다. 성공 사례에만 집중하여 일반화하는 생존자 편향(survivor bias)을 잊지 말라. 현재 기혼인 사람들을 살펴본 위의 모든 연구들이 이런 편향을 저지르고 있다. 즉 이미 패배를 인정한 사람들이 아니라 결혼 생활을 지속한 사람들만 연구한다.

유감스럽게도 일반적으로 낭만적인 사랑은, 좀 더 병적인 변종인 연애 망상만큼도 오래가지 않는다. 아니, 그 장애가 성관계와 관련된 것만은 아니다. 연애 망상은 사랑의 가장 극단적 형태이며 인정된 정신병이다. 연애 망상을 앓는 사람들은 스토킹을 할 수도 있지만 대개는 누구에게 해를 끼치거나 너무 많은 문제를 일으키진 않는다. 대부분의 환자들이 유명한 사람이 자신을 미친 듯이 사랑한다고 믿는 여성들이다(서로 만난 적도 없고 상대는 그녀가 누군지도 모르는데 말이다). 이 증상은 망상장애로 불린다. 분명 일상적 사랑보다는 망상이 심하지만 외계인과 요정을 봤다는 수준의 망상은 아니다. 아이러니하게도, 이들은 우리가 사랑에 빠진 사람을 보고 감탄하는 모든 특성을 보인다. '로맨틱 코미디 장애'라고 불러야 할 판이다. 그들은 절대 포기하지 않고 믿음을 버리지 않으며 사랑이 모든 걸 이길 것이라고 느낀다. 그들은 최고의 로맨티스트들이다. 그리고 그들의 상태는 대개 만성적이며 치료 반응이 나쁘다. 가장 오래가고 지속될 수 있는 낭만적 사랑의 형태가 진짜로 정신장애를 가진 형태라는 사실은 비극적이다. 하지만 상대가 당신의 감정에 화답하지 않으면 그 사랑은 연애 망상일 뿐이라는 점에 주목할 만한 가치가 있다. 상대가 화답하면 당신은 가장 낭만적인 사람이 된다.

우리는 연애 망상을 원하지 않는다. 진짜 정신장애 하나를 선택한다면 '2인 정신증(folie à deux, 전문적으로 말하자면 DSM-4에서는 공유 정신병적 장애로 분류된다)'일 것이다. 이 장애는 두 사람이 함께 미치는 경우로, 영향을 받기 쉬운 사람과 밀접한 관계일 때 발생하며 두 사람을 분리시키는 것이 치료의 본질적 부분이다. 이 장애는 실제 발생한 수보다 적게 진단된다. 왜 그럴까? 환자들이 거의 도움을 구하지 않기 때문이다. 이들은 어떤 말도 안 되는 것들을 함께 믿지만, 이 망상은 대개 온화한 수준이다. 가벼운 형태의 2인 정신증은 우리의 목표가 되어야 한다. 말도 안 되지만, 무해한 그들만의 믿음과 의식을 가진 두 사람의 독특한 문화가 생기는 셈이다. 두 사람 외에 누구에게도 잘 이해되지 않지만 이해받을 필요가 없다. 내 인생에서 가장 낭만적이었던 관계가 이와 비슷했고 여러분도 같은 경험을 한 적이 있을 것이다.

그렇다면 우리는 어떻게 2인 정신증과 가까운 무언가를 얻을 수 있을까? 어떻게 불확실성과 싸우고 이상화를 유지할 수 있을까? 사랑은 동사다. 멋있고 건강한 사랑을 하려면 의식적으로 노력을 기울여야 한다.

그렇다면 뭘 해야 할까? 우리는 불확실성이 우리가 직면하는 가장 큰 위협이 아님을 알게 될 것이다. 더 위험한 적이 도사리고 있다. 적절한 도구들이 있으면 그 적을 이길 수 있다. 하지만 사랑에 관한 한 우리는 형편없는 조언을 너무 많이 듣는다. 답이 논리적 이성에 있을까, 정서적 감정에 있을까?

이 오랫동안 이어진 논쟁은 묘하게도 에드거 앨런 포Edgar Allan Poe 의 작품 속에 가장 잘 묘사되어 나타난다.

# 행복한 결혼 생활을
## 유지하는 방법

삶에서 중요한 건 열정인가, 논리인가? 이 논쟁은 17세기부터 19세기 사이에 극에 달했다. 1700년대에 계몽주의 시대가 열렸다. 합리성. 이성. 나는 생각한다, 고로 존재한다. 뉴턴의 법칙들. 하지만 계몽주의는 1800년대의 낭만주의에 자리를 내주었다. 낭만주의 시대가 꼭 하트와 밸런타인데이 같은 '로맨틱'을 의미하는 건 아니었고, 감정, 영감, 무의식이 더 중요하다는 개념들의 시대였다. 계몽주의 시대는 온통 규칙이었다. 낭만주의 시대는 규칙을 싫어하고 감정이 중요했다.

에드거 앨런 포보다 낭만주의를 더 체화한 사람은 없다. 포는 누군가가 암울한 문구들의 목록을 받아 하나하나 체크해가며 만든 사람 같았다. 우울한 어린 시절? 체크! 포의 아버지는 그가 두 살이 되기도 전에 가족을 버렸고 어머니는 그가 세 살 때 결핵으로 세상을 떠났다. 배고픈 예술가? 체크! 포는 미국 최초의 전업 작가였는데, 당시에 글만 써서 먹고 산다는 건 끔찍한 생각이었다(그리고 덧붙이자면, 이건 그 이후로도 크게 바뀌지 않았다). 까다롭고 제대로 이해받지 못한 천재? 체크! 포가 쓴 작품의 등장인물들은 모두 신경과민에 망상적이며 우울하고 복수심에 불탔다. 이 인물들은 자전적이었다. 비극으로 가득 찬 삶이 맞은 영문 모를 죽음? 체크! 포의 아내는 그의 어머니와 똑같이 결핵으로 죽었다. 그는 나중에 정신이 온전치 못한 채 거리를 돌아다니는 모습이 발견되고 원인불명의 죽음을 맞았는데, 사망 진단서를 포함한 어떤 기록도 찾을 수 없다. (보너스: 포는 도박 중독자이자 알코올 중독자이기도 했다.)

하지만 그의 작품은 경이로운 전설을 남겼다. 메리 셸리Mary Shelley부터 알프레드 히치콕Alfred Hitchcock, 스티븐 킹Stephen King에 이르기까지 모든 사람이 포에게 영향을 받았다고 말했다. 포의 작품은 비유하자면, 검정색 아이라이너가 아니라 고스 스타일의 아이라이너에 가깝다. 섬뜩함의 대가인 그는, 복수, 생매장, 그리고 그 외에 가족과의 저녁 식사 자리에서는 거론되지 않을 일들을 다루는 소설과 시를 썼다. 그리고 그의 걸작인 〈갈가마귀(The Raven)〉보다 낭만주의 시대를 더 잘 상징하는 작품은 없을 것이다.

이 시는 1845년에 발표되자마자 찬사를 받았다(포가 이 시로 번 돈은 고작 9달러였지만). 에이브러햄 링컨은 이 시를 암송했다고 전해지고, 볼티모어 레이븐스(Baltimore Ravens) 미식축구팀은 이 시에서 영감을 얻어 팀의 이름을 지었다. 〈심슨가족(The Simpsons)〉의 핼러윈 에피소드에서는 이 시를 풍자했다. 〈갈가마귀〉는 너무도 많은 면에서 낭만주의 시대의 가치들을 구현한다. 사랑, 상실, 죽음, 광기와 씨름하는 이 시를 읽으면 소름이 끼친다. 이 시는 정서적 여행이며 아이들이 잠잘 때 읽어주기에는 끔찍한 이야기다. 양식화된 음악 같은 시어들은 비술, 성서, 심지어 고대 그리스와 로마의 고전들을 언급하며 으스스한 감정적 신비를 엮어낸다. 그러니 영감에 들뜬 광란 상태나 콜리지Coleridge의 〈쿠빌라이 칸(Kubla Khan)〉처럼, 아편에 취해 몽롱한 상태에서 이 시를 썼을 것이라고 상상하기 쉽다.

그러면 승자가 가려졌다. 열정적 광휘가 냉정하고 분석적인 논리를 이긴다, 그렇지 않은가?

음, 실제로는 그렇지 않다. 1846년에 포는 〈갈가마귀〉를 어떻게 썼는지 설명한 《글쓰기의 철학(Philosophy of Composition)》을 발간했는데, 우리가 예상했던 내용과는 정반대의 이야기가 담겨 있다. '이 시를 쓰는 데 있어 어떤 한 대목도 우연이나 직감에 따르지 않았다는 것, 즉 작품이 수학 문제를 푸는 것과 같은 정밀성과 엄밀한 결과를 가지고 완성을 향해 한 걸음, 한 걸음 나아갔다는 것을 분명히 하는 게 내 의도다.'

포는 이케아 가구에 딸려오는 조립도처럼 기계적이고 분석적인 과정을 설명했다. 모든 단어, 모든 구두점이 독자의 마음에 영향을 주기 위해 의도적이고 이성적으로, 그리고 체계적으로 선택되었다. 말로 표현할 수 없는, 영감과는 거리가 먼 논리적 문제 해결 과정이었다. 포가

시의 운율에 관해 이야기할 때는 말 그대로 수학 등식을 설명하는 것 같다. '전자는 강약격이고, 후자는 8보격의 완전 운각인데 다섯 번째 행의 후렴구에 반복되는 7보격의 불완전 운각과 번갈아 나타나고 4보격 불완전 운각으로 끝난다.'

말도 안 되는 소리 같은가? 포가 비평가였다는 사실을 잊지 마라. 그는 먹고 살기 위해 이야기들을 분석하고 냉정하게 해부했다. 게다가 포는 정말로 전형적인 이성주의 장르인 탐정 소설의 창시자다. 아서 코난 도일Arthur Conan Dolye 경은, 포의 작품이 셜록 홈스의 감정적이지 않은 성격에 영감을 주었다고 밝혔다.

그래, 바로 그거다. 낭만주의의 저변에는 종종 계몽주의 사상의 논리가 깔려 있다. 충동적 감정은 이성에 항복해야 한다!

음, 실제로는 그렇지 않다. 포는 자신이 논리를 이용하고 정밀한 스위스 시계처럼 〈갈가마귀〉를 조립했다고 말했다. 하지만 T. S. 엘리엇을 비롯해 몇몇 사람들은 그 말을 의심했다. 《글쓰기의 철학》이 풍자적으로 쓰였다는 것이 오늘날 일부 문학 전문가들을 포함한 많은 사람의 의견이다.

이런 견해가 아주 억지는 아니다. 포는 살아 있을 때 못된 장난꾼이었으니까. 그가 첫 출판한 소설이 풍자 소설이었다. 또한 포는 사람들을 속이기 위해 필명을 쓰는 것을 몹시 좋아했다. 그가 필명을 쓴 건 채권자들을 피하려는 목적뿐 아니라 표절하는 사람을 비난하기 위해서였다. 그가 누구를 비난했을까? 바로 그 자신이다. '우티스Outis'라는 이름

으로 통하던 한 작가는 〈갈가마귀〉가 〈꿈의 새(The Bird of the Dream)〉
라는 시에서 아이디어를 훔쳤다고 주장했다. 많은 사람이 우티스가 사
실은 포였다고 믿는다. 우티스가 그리스어로 무슨 뜻인지 아는가? '아
무것도 아닌 자'다. (포의 낚시 수준: 전문가)

우리 모두는 관계에서 열정 대 논리의 문제와 싸운다. 특히 소통의
영역에서 더욱 그러하다. 우리는 꺼져가는 열정에 다시 불을 붙이는 것
과, 바쁜 삶과 가정을 지탱할 수 있는 성실한 시스템을 지키는 것 중 어
느 쪽을 선택할까? 과학 기술과 감정들 사이에서 균형을 찾기란 무척
어렵다.

그렇다면 포의 경우 무엇이 진짜 답이었을까? 영감을 받은 열정적
인 관념들인가, 아니면 엄격하게 논리적이고 체계적인 현실성인가? 유
감스럽게도 우리는 절대 알지 못할 것이다. 하지만 계몽주의의 체계화
와 낭만주의의 열정 뒤에 도래한 시대의 이름은 알고 있다. 그 시대는
뭐라고 불렸을까?

'사실주의'다.


결혼 생활 상담은 나치가 만들었다. 진짜다. 결혼 생활 상담은
1920년대에 독일에서 창안된 우생학 운동 계획에서 비롯됐다. 그리고
이 말을 들으면 기분이 좀 나아질지 모르겠지만, 그런 상담은 대부분
효과가 없다. 11~18퍼센트의 부부만 눈에 띄는 개선을 보였다. 〈뉴욕
타임스〉의 보도처럼, 도움을 구했던 부부들 중 4분의 1이 상담을 하고

난 2년 뒤 그 어느 때보다 불안정한 상태에 놓였고, 4년 뒤에는 38퍼센트가 이혼하거나 별거했다.

그런데 왜 효과가 없을까? 대부분의 부부들은 상담을 너무 오래 미룬다. 결혼 생활에 첫 균열이 나타난 뒤 실제로 도움을 구할 때까지 평균 6년이 지체된다. 하지만 그 시점에도 상담이 어느 정도 도움이 될 수 있지 않을까? 아니다. 그 이유는 그사이 부부가 직면하게 되는 가장 큰 적 때문이다. 바로 '부정적 감정의 압도(Negative Sentiment Override-NSO)'라고 불리는 증상이다.

시간이 흐르면서 불확실성이라는 것이 결혼 생활의 행복을 저하시키기는 하지만, 모든 사람에게 있어 선형적으로 하향하는 건 아니다. 대개 먼저 상태 변화가 일어난다. 물이 차가워진다. 그 뒤 더 차가워지고, 그런 뒤 더 차가워진다. 그런 뒤 얼음이 된다. 완전히 다른 무언가가 된다. 결혼에서는 이 과정이 적절하게 위협적인 용어인 '부정적 감정의 압도'라고 불린다. 이것은 사랑의 결장에 생긴 용종 같은 것이다.

이제 당신은 더 이상 결혼 생활이 '다소 덜 행복한' 정도라고 느끼지 않는다. 당신은 헨리 8세의 후처들이 그랬던 것처럼 결혼 생활에 대해 격앙된다. 당신은 배우자가 사실 인간의 피부를 뒤집어쓴 도마뱀이 아닐까 생각한다. 당신은 수집광들이 기념품들을 쌓아놓는 것처럼 불만을 축적한다. 이제 당신의 배우자는 당신의 모든 문제의 근원이고 당신의 인생을 망치기 위해 어떤 악의적인 힘이 이곳으로 보낸 사람이 된다.

이상화가 시들해지다가 완전히 뒤집힌다. 사랑이 긍정적 망상이라면 부정적 감정의 압도는 완전한 각성이다. 당신은 눈에 콩깍지가 씌어 배우자의 모든 것을 좋게 보았던 것처럼, 이제는 반대로 죄다 안 좋은 편견을 갖고 바라보게 된다. 사실이 바뀐 게 아니라 그 사실에 대한 당신의 해석이 바뀌었을 뿐이다. 문제들을 상황 탓이 아닌 배우자의 나쁜 성격 탓으로 돌린다. 만약 당신이 오늘 쓰레기 버리는 걸 잊어버렸다면 나는 당신이 바빴기 때문이라고 생각하는 대신, 당신이 나를 미치게 만들려고 작정한 끔찍한 인간이기 때문이라고 생각한다.

유명한 심리학자 앨버트 앨리스Albert Ellis는 이를 '악마취급(devilizing)'이라고 부른다. 상대가 의도는 선하지만 때때로 실수를 하는 사람에서, 지옥의 가장 어두운 구덩이에서 만들어졌지만 때때로 좋은 일을 하는 사람으로 바뀐다. 그리고 기본 설정이 뒤집혔기 때문에 우리의 오랜 친구인 확증편향이 작동하고, 당신은 송로버섯을 찾는 돼지처럼 배우자의 실수를 찾아 헤매며 이미 악화되고 있는 상황에 기름을 붓는다. 로빈슨Robinson과 프라이스Price의 연구는, 행복하지 않은 부부들은, 결혼 생활에서 긍정적인 점을 절반도 알아차리지 못한다는 것을 알아냈다. 배우자가 구덩이에서 벗어나려고 노력하며 당신에게 뭔가 좋은 일을 해도, 부정적 감정의 압도 단계에서는 50퍼센트의 경우가 그러한 신호를 알아차리지 못한다고 한다.

대개 결혼은 악다구니가 아니라 흐느끼는 소리 끝에 파탄이 난다. 당신이 악을 쓴다면 아직 상대에게 관심이 있기 때문이다. 일단 부정적 감정의 압도 상태가 심각하게 시작되면 상대방에게서 마음이 떠난다.

사람들은 더 이상 악마의 자식과 협상하는 것을 멈추고 서로 평행선처럼 살기 시작한다. 보통 이런 상태가 이혼으로 이어지는 것이다.

그럼 이러한 파멸의 소용돌이는 어떻게 시작될까? 비밀로 시작된다. 당신은 무언가가 맘에 들지 않지만 입 밖으로 내지 않는다. 아마 상대가 뭐라고 말할지 뻔하다는 생각 때문일 것이다. 추정이다. 그리고 1장에서 이야기한 것처럼 우리는 타인의 마음을 읽는 데 몹시 서툴다. 배우자의 마음에 대해서도 마찬가지다. 조지 버나드 쇼가 말한 것처럼, "소통에서 가장 큰 한 가지 문제는 소통이 되었다고 착각하는 것이다." 시간이 지날수록 대화는 줄어들고 추정은 늘어난다. "남편이 조용한 걸 보니 화가 난 게 분명해"라거나 "아내가 잠자리를 거절했어, 날 사랑하지 않는 게 분명해"라고 추정한다. 추정이 늘어나기 시작하면 배우자와 대화를 하지 않는 지경에 이른다. 상대가 뭐라 말할지 '알기' 때문에 자신하고만 대화를 한다. 때때로 우리는 '그/그녀가 틀림없이 알고 있을 것이기' 때문에 설명을 요구하지 않거나 말을 하지 않는다. 하지만 이곳 지구의 사람들은 당신이 하지 않은 말은 듣지 못한다. 감정의 쓰레기장이 점점 커진다. 그렇게 당신의 결혼 생활은 유리 슬라이딩 도어를 향해 전속력으로 날아가는 새처럼 파경을 향해 나아간다.

소통해야 한다. 상투적이지만 맞는 말이다. 소통은 매우 중요해서 실제로 속마음을 잘 표현하지 못하는 소심한 성격과 낮은 결혼 만족도는 상관관계가 있다. 한편, 평균적인 맞벌이 부부들은 대화 시간이 일주일에 2시간이 안 된다. 당신은 말을 해야 한다.

맞다, 말을 하면 더 싸울 것이다. 하지만 **싸움이 결혼을 끝내진 않는다.** 갈등의 회피가 결혼을 끝낸다. 신혼부부들을 다룬 한 연구는, 결혼 초기에 좀처럼 싸우지 않는 부부들이 처음에는 결혼 생활에 대한 만족도가 더 높다고 밝혔다. 하지만 3년 뒤 연구원들이 다시 확인했을 때 그 부부들이 이혼을 향해 가는 중인 것으로 나타났다. 그리고 1994년의 한 논문에 따르면, 35년이 지난 뒤 아직 행복한 결혼 생활을 하고 있는 부부는 열정적으로 싸우던 부부들뿐이었다. 희한하게도, 부정적인 부분을 잘 참지 못하는 점이 결혼 생활에는 좋다. 무언가가 신경 쓰일 때 당신이 말을 꺼낼 가능성이 높으면 그 문제가 다루어질 가능성이 더 높아진다. 관계 연구의 권위자인 존 가트맨은 "다투지 않거나, 다툴 수 없거나, 다투려 하지 않는다면, 그건 중대한 위험 신호다. 당신들이 '서로만 사랑하기로 한' 관계(그러니까 연인이나 부부)인데 아직 큰 다툼이 없었다면 부디 가능한 한 빨리 다투어라"라고 말한다. 당신은. 말을. 해야. 한다.

보통 지속적인 문제들의 69퍼센트는 절대 해결되지 않는다. 아니, 여러분들을 우울하게 만들려고 이런 말을 하는 게 아니다. 중요한 건 무엇에 관해 말하는가가 아니라 어떻게 말하는가이다. 모든 사람이 명확성이 문제라고 생각하지만, 연구들은 대부분의 부부들이 (말을 해보면) 실제로 꽤 명확하다는 것을 보여준다. 또한 문제 해결이 중요한 게 아니다. 3분의 2 이상의 경우 문제가 해결되지 않을 것이기 때문이다. 가트맨이 언급했듯이, 핵심은 문제를 해결하지 못했을 때에 미치는 영향이다.

중요한 건 갈등의 해결이 아니라 조절이다. 전쟁은 불가피하지만 제네바 협약의 규약들을 지켜야 한다. 화학전 금지. 포로에 대한 고문 금지. 마야 안젤루Maya Angelou는, "나는 사람들이 당신이 한 말과 한 일은 잊겠지만 당신이 그들에게 어떤 기분을 느끼게 했는지는 절대 잊지 않을 것이라고 배웠다"라고 말한 적이 있다. 마야의 말이 맞다. 커플들에게 가장 최근에 일어난 의견 충돌에 관해 조사했을 때 25퍼센트가 무슨 일로 다퉜는지 기억하지 못했다. 하지만 어떤 기분이 들었었는지는 기억했다. 당신의 결혼 생활에 영향을 미치는 게 바로 이것이다. 이혼한 사람들에게 이전의 결혼 생활에서 무엇을 바꾸고 싶은지 물어보면 가장 많이 나오는 대답이 '소통 방식'이다.

그래서 가트맨의 연구를 길잡이로 삼아 부부간의 소통 기술에 대한 단기 특강을 해보겠다. 가트맨은 연구를 통해 어떤 부부가 3년 내에 이혼하게 될지를 94퍼센트의 정확성으로 예측할 수 있게 되었다. 다른 누구도 근접할 수 없는 수치다.

가트맨이 깨달은 것은 결혼 생활에서 부정성의 양이 아니라, 부정성의 유형이 이혼을 예측한다는 것이다. 우리는 이를 '톨스토이 효과(Tolstoy effect)'라고 부른다. 《안나 카레니나(Anna Karenina)》에서 톨스토이는 '모든 행복한 가정은 비슷하지만 불행한 가족은 이유가 제각각이다'라고 썼다. 그리고 우리로서는 다행하게도 톨스토이는 완전히 틀렸다. 결혼에 있어서는 그와 반대다. 행복한 부부들은 '2인 정신증'처럼 둘만의 독특한 문화를 만든다. 하지만 가트맨이 발견한 것처럼 불행한 부부들은 모두 똑같은 네 가지 실수를 저지른다.

가트맨은 이 문제들을 4대 재앙(Four Horsemen)이라고 불렀고, 이 재앙들이 이혼을 83.3퍼센트 예측한다.

### 1. 비난

불평하는 건 실제로 결혼 생활에 유익하다. 불평을 하면 '비밀', 그러니까 마음을 곪아 터지게 하고 추측들을 낳아 부정적 감정의 압도로 이어지는 그 비밀들이 생기지 않는다. 위험한 문제는 비난이다. 불평은 당신이 쓰레기를 버리지 않았다고 말하는 것이고, 비난은 당신이 끔찍한 사람이라서 쓰레기를 버리지 않았다고 말하는 것이다. 전자는 사건에 관한 말이고 후자는 당신의 근본적 성격에 관한 말이다. 사건은 고칠 수 있지만, 누군가의 성격을 공격하면 일이 그다지 잘 풀리지 않는 경향이 있다. 불평은 대개 '나'로 시작되고 비난은 대개 '너'로 시작된다. 문장이 '너는 항상'으로 시작되어 '나를 너무 행복하게 해'로 끝나지 않는다면 그건 비난이고 배우자는 질책으로 대응할 것이다.

그러니 비난을 불평으로 바꾸어라. 사람이 아니라 사건을 해결하라. 아니면 당신의 불평을, 도달할 수 있는 '목표'나 해결할 수 있는 문제로 보면 더 좋다. 비난은 남성들보다 여성들이 더 많이 한다. 하지만 걱정하지 마라. 대개 남성들이 일으키는 문제들이 이제 나온다.

## 2. 담 쌓기

다툴 때 주로 남성들이 하는 행동이 나왔다. 이 행동은 강력하게 이혼을 예고한다. 담 쌓기란, 배우자가 제기한 문제들에 대해 반응을 보이지 않거나 듣지 않으려는 태도다. 맞다, 인생에는 입을 다물 좋은 기회를 놓치고 싶지 않을 때가 많다. 하지만 담 쌓기는 '너나 너의 관심사는 내가 상대할 정도로 중요하지 않다'라는 뜻을 전달한다. 이런 태도가 갈등을 줄이진 않는다. 대부분의 경우는 갈등을 고조시킨다. 남성들은 아드레날린 수치가 급증하면 여성들만큼 빨리 원래 상태로 돌아오지 않는다. 해결책은 긴 휴식을 취하는 것이다. 말다툼이 격렬해지면 투쟁-도피 반응 호르몬들의 수치가 떨어지는 20분 뒤에 다시 이야기하자고 청하라.

## 3. 방어

가트맨은 방어에 대해, '아니야, 문제는 내가 아니라 너야'라는 메시지를 전하는 것이라고 정의했다. 방어는 본질적으로 갈등을 악화시킨다. 불을 끄기 위해 방화범을 불러들이는 격이다. 책임을 부인하거나 변명을 하거나 같은 말을 되풀이하거나 "그래, 하지만…"처럼 그 뒤에 무슨 말을 할지 두려움을 주는 표현을 사용하는 것이 모두 방어의 예다. 반격하거나 피하지 말라. 상황이 악화되는 걸 막으려면 배우자가 제시한 문제들(아무리 터무니없어 보이더라도)을 듣고 인정하며 당신 차례를 기다려라.

자, 이제 단연 독보적인 네 번째 문제가 남았다.

### 4. 경멸

경멸은 가트맨이 발견한 이혼의 가장 큰 예측 변수이다. 경멸은 배우자가 당신보다 열등하다는 뜻을 내비치는 것이다. 모욕을 주거나 조롱하거나 깔아뭉개는 것이 모두 경멸의 예다(맞다. 눈알을 굴리는 건 결혼 생활에서 할 수 있는 최악의 행동들 중 하나다. 이 점은 데이터로 뒷받침된다). 행복한 결혼 생활에서는 경멸이 거의 보이지 않는다. 가트맨은 경멸을 '사랑의 황산'이라고 불렀다. 간단히 말해 경멸은 부정적 감정의 압도로 가는 길이다. 경멸하지 마라.

나는 여기에서 매우 현실적이 되려 한다. 당신은 이 장의 모든 이야기를 기억하진 못할 것이다. 다른 건 다 잊어도 이건 기억하길 바란다. **어떻게 말다툼을 시작하는지가 너무, 너무, 너무 중요하다.** 가트맨은 부부 싸움의 첫 3분간 오가는 대화만 들어도 96퍼센트의 확률로 결과를 예측할 수 있었다. 따져볼 것도 없이 분명했다. 말싸움이 신랄하게 시작되면 결과도 신랄하게 끝날 것이다. 당신이 자칫 싸움으로 이어질 수 있는 이야기를 시작하려 한다면 먼저 크게 심호흡부터 하라. 그런 뒤 비난하지 말고 불만을 말하라. 중립적으로 설명하라. 긍정적으로 시작하라. 당신이 옳다고 생각하는 문제일지라도 공격으로 이야기를 시작해서 필요 이상으로 일을 어렵게 만들 이유는 없다.

기억해야 할 게 많다는 건 나도 안다. 그리고 악을 쓰며 싸우는 혼란스러운 순간에 이 원칙들을 제대로 실천하는 건 더 어려울 것이다. 하지만 괜찮다. 앞의 세 가지 '재앙'들은 행복한 결혼 생활에도 존재한다. 완벽한 사람은 없다. 내가 네 가지 재앙들이 이혼을 83.3퍼센트의 정확도로 예측했다고 말한 걸 기억하는가? 맞다, 83.3은 100이 아니다. 그리고 100이 아닌 이유는 가트맨이 '화해 시도' 작업이라고 부른 개념 때문이다. 한창 싸우는 중에 서로를 위로하고 지지하거나 웃거나 애정을 보여주는 것이다. 배우자의 손을 잡아라. 농담을 하라. 그러면 고조되는 감정이 가라앉는다. 문제가 많은 부부라도 화해 시도 작업을 하면 행복하고 안정된 결혼 생활을 할 수 있다. 부정적 감정의 압도가 그렇게 위험한 이유는, 배우자가 그런 화해 작업을 시도하는 걸 보지 못하게 막기 때문이다. 그건 갈등이라는 달리는 차에 브레이크가 없다는 뜻이다.

이 이야기들을 요약하여 우리가 기억해야 할 전체적 관점은 무엇일까? 음, 가트맨은 결혼 생활에서 우정의 중요성을 강조했는데, 매우 맞는 말이다. 하지만 내가 생각하기에 명심하면 더 좋을 생각은, 작가 알랭 드 보통Alain de Botton의 '그들을 아이처럼 대하라'라는 개념이다. 아니, 아이한테처럼 하대하란 말은 아니다. 하지만 우리가 남편이나 아내를 항상 능숙하고 정서적으로 안정된 '성인'이라고 생각하는 데서 많은 문제가 생긴다. 배우자들은 실제로는 그렇지 않다. 나도 그렇지 않다. 그리고 여러분도 마찬가지다. 유머 작가 킨 허버드Kin Hubbard의 말처럼,

"소년들은 커서 소년들이 될 것이다. 많은 중년 남성이 소년일 것이다."

아이가 화났을 때 당신이 자연스레 보여주는 너그러움과 동정심은 우리가 만드는 많은 문제를 피할 수 있는 가장 간단한 방법이다. 우리는 아이가 의식적인 악의를 가지고 화를 낸다고는 잘 생각하지 않는다. 그보다는 아이가 지치거나 배가 고프거나 기분이 좋지 않은 게 분명하다고 생각한다. 솔직히 말하자면, 누구에게라도 이런 태도를 취하면 좋다.

상대방이 항상 이성적일 거라고 생각하지 말라. 요크대학교의 철학교수인 톰 스톤햄Tom Stoneham은 논리학을 가르칠 때 항상 "집에서는 논리학을 사용하지 마세요, 안 그러면 여러분은 불행한 독신 신세가 될 겁니다"라고 말한다. 다섯 살짜리 아이가 고함을 지르면서 욕을 한다고 우리가 곧바로 되받아 소리치며 똥개라고 부르진 않는다. 우리는 아이들을 대할 때 대개 감정을 정보로 간주하는데, 이건 매우 유용한 조언이다. 우리는 판단을 유보하고 귀를 기울이며 당면한 진짜 문제에 전념한다. 우리는 훨씬 더 너그러워진다. 그리고 그러한 긍정적 감정의 주입이 큰 차이를 만든다. 어른처럼 행동하는 건 힘들다. 그래서 상대방이 우리에게서 그런 정서적 책임을 덜어주고, 우리가 내면은 늘 약간은 변덕스러운 아이라는 것을 알아주면 기적 같은 효과가 나타난다. 이건 그냥 추측이 아니다. 2001년의 한 연구는 말다툼을 하는 중에 배우자에게 연민을 느끼는 사람들은, 말다툼을 34퍼센트 더 적게 하고 다툼이 오래가지 않는다는 사실을 발견했다. 멋지군. 그렇다면 우리 이야기는 끝난 것 같은데? 아니, 그건 아니다.

부정성을 줄이는 것만으론 충분하지 않다. 이 방법은 결혼 생활을 잘 돌아가게 할 수는 있지만 멋진 결혼 생활을 만들진 못할 것이다. 현재 나는 지구의 모든 타인과 '부정적이지 않은' 관계를 맺고 있다. 그건 사랑이 아니다. 4대 재앙 같은, 정말로 치명적인 부정성을 줄이는 건 필요하지만 그것만으론 불충분하다. 연구들에 따르면, 부정성이 결혼 생활을 해치지만 파경으로 가는 속도를 높이는 건 긍정성의 상실이다.

더 구체적으로 말해보면, 가트맨은 긍정성과 부정성의 비율이 5 대 1이 되는 것이 가장 중요하다는 걸 깨달았다. 부정성의 양 자체가 중요하지 않은 건 이 때문이다. 부정성을 상쇄할 시간들을 충분히 가지면 좋은 관계를 꽃피울 수 있다. 이혼을 향해 가는 부부들은 보통 긍정성 대 부정성의 비율이 0.8 대 1이다. 부정성이 너무 적어도 안 된다. 긍정성 대 부정성의 비율이 13 대 1일 경우 아마 그 부부는 충분히 소통하지 못하고 있을 것이다. 이야기를 나누고 싸워야 한다. 그래야 균형이 맞다(흥미로운 건 긍정성 대 부정성 비율이 모든 관계에 적용된다는 것이다. 우정은 긍정성 대 부정성이 8 대 1이어야 한다. 그리고 시어머니와는 실제로 1,000 대 1이어야 잘 지낼 수 있다).

따라서 다음 목표가 나왔다. 긍정성을 높이는 것이다. 관계에 활기를 불어넣을 때다. 하지만 그저 긍정성이 점진적으로 증가하길 원하는 건 아니다. 마법과 이상화의 상태로 돌아가길 원한다. 확증편향이 다시 우리 편이 되길 원한다. 완전히 새것인 콩깍지를 원한다.

그리하여 나는 흥미로운 지점에 도달한다. 나는 항상 사실들과 데이터를 살펴보고 이성적이어야 한다고 말하는 이과형 인간이다. 하지만 이제 우리에겐 약간의 낭만주의가 필요하다. 망상. 사랑의 마법인 이상화. 세상은 가혹하고, 우리는 더 큰 진실을 추구하기 위해 약간의 착각이 필요하다.

그렇다면 어떻게 긍정성을 증가시키고 마법 같은 사랑을 회복할 수 있을까? 딱 이 일을 해야 하는 사람을 살펴보도록 하겠다. 실제로 매일매일 그렇게 해야 하는 사람이다.

# 14장

## 꺼져가는 불꽃을
## 되살리는 기술

내일 아침 지금이 1994년이라고 생각하며 잠에서 깬다고 상상해보자. 그 해에 당신은 서른한 살이었고 애인이 있었다고 하자. 당신은 〈프렌즈〉가 신작 드라마이고 〈라이온 킹〉이 박스오피스에서 1위를 차지할 것이라고 생각하고 있다. 하지만 침대에서 일어나는 순간 가장 먼저 보이는 달력이 지금은 1994년이 아니라고 말해준다. 거울을 보면 당신은 분명 서른한 살보다 몇 십 년은 나이 들어 보인다. 아 그리고 '애인'이 없다. 지금 당신은 기혼이니까(어쨌든 축하한다). 그런데 1994년부터 현재 사이에 일어났던 일들이 전혀 기억나지 않는다면 어떨까. 꽤 혼란스럽지 않은가?

이제 이런 일이 매일 일어난다고 상상해보라. 매일 아침 당신은 지금이 1994년이라고 생각하며 하루를 시작하고 1994년 이후 일어났던 어떤 일도 기억하지 못한다. 당신은 소위 '선행성 기억상실증'에 걸렸다. 아니, 영화 본 시리즈의 주인공 제이슨 본Jason Bourne이 걸렸던 기억상실증과는 다르다. 그는 과거를 잊어버렸다. 그런 증상은 '역행성 기억상실증'이라고 불린다. 선행성 기억상실증은 새로운 기억을 만들 수 없는 경우를 말한다. 적어도 아주 오래가는 기억은 만들지 못한다. 새로운 기억들은 약 하루 정도만 지속된다. 당신은 세상을 잘 살아가지만 내일이면 아무것도 기억에 남아 있지 않다. 다른 사람들이 당신이 이런저런 일을 했다고 말해줄 것이고, 당신은 그들의 말을 그대로 믿어야 할 것이다. 영화 〈메멘토(Memento)〉가 생각난다면 맞다.

그러니 이 책을 읽는 것이 당신에겐 좀 허망한 일이다. 내일이 되면 오늘 읽은 내용을 기억하지 못할 테니까 말이다. 장점은, 가장 좋아하는 텔레비전 방송의 에피소드들을 처음 보는 것처럼 몇 번이고 즐길 수 있다는 것이다. 사람들을 상대하는 건 더 힘들다. 1994년에 만나지 않았던 사람들은 지금 매일 보는 사이라도 매번 낯설기 때문이다. 당신은 어색한 느낌과 그들의 기대를 알아차리지만 왜 그들이 당신을 안다고 생각하는지 모를 것이다. 매일매일.

다행히 당신은 자신의 글씨는 믿는다. 그래서 자신을 위해 많은 메모를 남긴다. 이 방법은 간신히 그럭저럭 살아가도록 도와주는 시스템이다. 하지만 밖에 나가는 건 항상 위험하다. 때때로 기억이 하루도 가지 않고 때로는 불과 몇 분 만에 사라진다. 당신은 〈니모를 찾아서〉의 도리가 된다. 그리고 내일도 또 이럴 것이다. 매일매일. 당신은 1994년에 사고가 머문 채 잠에서 깨지만 세상은 계속 앞으로 나아갈 것이다.

다행히 이건 당신의 삶이 아니다. 하지만 미셸 필포츠Michelle Philpots 에겐 실제 삶이다. 그녀는 1990년대 중반에 두 번의 교통사고를 당한 뒤 뇌졸중을 겪고 기억력이 나빠지기 시작했다. 그러다 어느 날부터 하루 넘게 지속되는 새로운 기억을 형성하지 못하게 되었다.

맞다, 이건 비극이다. 하지만 나쁜 면만 있는 건 아니다. 그녀는 혼자가 아니다. 그녀에겐 남편 이안Ian이 있다. 음, 실제로 상황은 훨씬 더 미묘하다. 1994년에 이안은 미셸의 남자친구였다. 그래서 매일 아침 이안은 미셸에게 아직 그녀의 남자친구다(그리고 남자친구는 밤새 확 늙어 버렸다). 하지만 그는 지금 미셸의 남편이고 20년 넘게 남편이었다.

그래서 이안은 날마다 미셸에게 상기시켜준다. 매일매일. 음, 사실 '상기시키는' 게 아니다. 기억이 없기 때문이다. 이안이 "우린 결혼했어"라고 말하면 미셸이 "아, 맞다!"라고 대답하는 게 아니다. 이안이 "우리 결혼했어"라고 말하면 미셸은 "정말?!?"이라고 말한다. 그러면 이안은 그 전날과 똑같이 결혼 앨범을 꺼내온다(지금 애덤 샌들러와 드류 베리모어 주연의 영화 〈첫 키스만 50번째〉를 떠올린 사람에게 우등상을 수여하겠다).

이안은 매일 미셸이 자신의 말을 믿도록 해야 하기 때문에 상당한 설득력을 발휘해야 한다. 매일 아침 배우자에게 가스라이팅을 해야 한다고 생각해보라. 이 경우엔 사실을 주입하는 것이긴 하지만 말이다. 처음에 그녀에겐 공들인 장난처럼 보였을 게 틀림없다. 물론 거울을 보면 자신이 더 이상 서른한 살이 아니란 걸 알 수 있지만, 정서적으로 그녀는 다른 모든 사람이 계속 '사실'이라고 말하는 이 일을 받아들이기가 분명 힘들 것이다.

그렇다면 기억이 사라져도 사랑이 지속될 수 있을까? 자신 있게 그렇다고 대답할 수 있어서 기쁘다. 이 부분에 관한 과학적 사실이 흥미롭다. HSAM(비범한 자전적 기억력)을 가진 사람들은 절대적 사실에 대한 기억('의미 기억(semantic memory)')은 보통 수준이다. 하지만 개인적 사건에 대한 기억('일화 기억(episode memory)')이 완벽하다. 그 기억들은 뇌에서 구별되고 분리되어 있다. 영화 속에서 제이슨 본은 기억은 잊었어도 무술은 잊어버리지 않았는데, 그게 맞다. 역행성 기억상실증에 걸린 사람들은 과거를 잊어버리지만 '절차 기억(procedural memeory)', 그러니까 걷는 법이나 운전하는 법, 혹은 본의 경우에는 상대를 박살내놓는 법 등은 잊지 않는다. 미셸은 새로운 의미 기억과 일화 기억을 만드는 능력은 잃었지만 절차 기억은 잊어버리지 않았다. 그래서 스마트폰 비밀번호는 기억하지 못할 수 있지만 손가락으로 누르던 숫자들의 패턴은 기억할 수 있다.

하지만 우리에게 그런 유형의 기억만 있는 건 아니다. 놀랍게도 우리에겐 '정서 기억(emotional memory)'이 있다. 선행성 기억상실증에 걸리면 사실과 사건들은 깡그리 잊어버리지만 사랑의 감정들은 기억에 남아 있고 여전히 커질 수 있다. 다행히 미셸은 90년대에 이안과 나누었던 사랑은 기억하고 있고, 그 정서 기억들은 지금의 사실과 결합될 수 있다. 두 사람의 이야기 중 사실들만 매일 되살리면 된다. 그래서 내일 아침 이안은 또다시 결혼 앨범을 꺼내 아내에게 두 사람의 사랑 이야기를 끈기 있게 들려줄 것이다.

아마 어떤 날은 이안이 이야기를 살짝 비틀 것이다. 물론 악의적 의도는 아니다. 그는 틀림없이 그들의 이야기를 편집하고 압축할 것이다. 그래서 이야기는 분명 조금씩 바뀔 것이다.

만약 당신이 과거를 약간 고쳐 쓸 수 있다면 어떻게 하겠는가? 또 한 번의 기회다. 생생한 새로운 사랑 이야기대로 살 수 있다면? 감정들은 항상 존재하지만 그 감정들을 북돋울 새롭고 발전된 이야기를 상상해보라. 감정에 매일 새롭게 불을 붙이는 것이다. 사랑을 상기시키고 다시 쓰는 의식. 작은 불씨를 잘 돌보면 다시 맹렬히 타오르는 불길이 될 수 있다. 불사조의 부활이다.

당신에겐 선행성 기억상실증이 없을 수 있지만 그렇다고 당신에게 이 이야기가 해당되지 않는 건 아니다. 당신도 스스로에게 당신의 사랑 이야기를 상기시킬 수 있을 뿐 아니라 고쳐 쓸 수도 있다. 고쳐 쓴 이야기가 주는 희망과 힘은 당신에게도 해당된다.

현상 유지를 위해서는 아이러니하게도 매번 새로워져야 한다. 이것이 당신이 누군가와 몇 번이고 거듭해서 사랑에 빠질 수 있는 방법이다.

낭만적 사랑에는 제세동기가 필요하다. 심장 박동이 멈추거나 불안정할 때 계속 뛰게 만드는 무언가가 필요하다. 우리는 마법이 돌아오길 바란다. 연애 초반의 그 이야기, '이상화' 말이다. 그리고 그건 가능하다. MRI 데이터를 보면 어떤 부부들은 수십 년 동안 마법을 유지한다. 하지만 어떻게 그럴 수 있을까?

부정적 감정의 압도는 무섭다. 하지만 '긍정적 감정의 압도'라는 것도 있다. 부정성에 사로잡혀 있는 사람들은 부정적으로 편향되어 끊임없이 배우자의 잘못을 살피지만, 긍정성을 가진 사람들은 잠에서 깨면서부터 배우자와 자신의 관계에 대해 멋지고 좋은 모든 면을 확인하려 노력한다. 긍정적인 일들은 오래 간직하고, 부정적인 일들은, '음 내 멋진 배우자가 힘든 하루를 보낸 게 틀림없어'라고 생각한다.

낭만적 사랑 초기의 이상화는 우리의 통제를 벗어난다. 이상화가 동화처럼 느껴지는 이유다. 하지만 우리는 대개 이상화가 시들해지는 것을 보았고 불확실성 역시 꾸준히 계속될 수 있다. 사랑을 다시금 살아나게 하려면 더 적극적이고 계획적이어야 한다. 마법을 기다릴 순 없다. 우리가 마법을 만들어야 한다.

이제부터 우리는 연인을 파경에 이르게 했던, 가트맨의 네 가지 재앙에 맞서는 사랑을 살리는 네 가지 단계에 대해 알아볼 것이다.

### 사랑을 살리는 4단계

- **되살리기**: 자기 확장을 통해 감정들에 다시 불을 붙여라.
- **상기하기**: '애정 지도(love map)'를 통해 친밀감을 일깨워라.
- **새롭게 하기**: '미켈란젤로 효과'로 친밀감을 새롭게 하라.
- **다시 쓰기**: 둘 사이에 공유된 이야기를 다시 써라. 몇 번이고 되풀이해서.

사랑은 동사다. 그러니 행동을 개시하자.

## 1. 되살리기

2002년의 한 연구에서 카니Karney와 프라이Frye는 전체적인 관계의 만족도가, 과거보다 최근의 감정과 더 관련이 있다는 것을 발견했다. 놀라운 결과는 아니다. 그렇다면 그 최근의 감정은 얼마나 중요할까? 8배 더 중요하다. 이안은 매일 아침 미셸과 그 감정들을 새롭게 되살린다. 우리는 그런 정서 기억들을 위해 스스로 되돌림 순환(feedback loop) 회로를 돌려야 한다.

그럼 구체적으로 어떻게 해야 할까? 그냥 배우자에 대해 더 따뜻하고 포근한 감정을 느껴야겠다고 '선택'하는 게 다가 아니다. 여기에서 자기 확장 개념이 등장한다. 가장 흔히 언급되는 이혼 사유는 싸움이나 불륜이 아니다. 80퍼센트의 부부들이 친밀감을 잃었기 때문이라고 말한다. 우리는 사랑의 결과로 자신이 성장하고 배우며 자아가 확장되는 느낌을 갖는다고 종종 이야기하지만, 이런 느낌들이 사실은 결과만이 아닌, 사랑을 만들어내는 요인들 중 하나임이 밝혀졌다. 아서 아론과 개리 레반도프스키Gary Lewandowski는, 부부들이 자신이 배우고 있고 더 나은 사람이 되고 있다고 느끼게 만드는 일을 함께하면 사랑이 커진다는 사실을 발견했다. 권태가 사랑을 죽이듯이, 배우자가 나를 더 재미있고 좋은 사람이 되도록 돕고 있다고 느끼면 더욱더 사랑하게 된다는 것이다.

자극을 주는 도전적인 일들을 함께하면 우리의 자아 개념은 넓어지고 활기가 생긴다. 방법은 단순하다. 데이트를 하라. 당신들은 처음 사랑에 빠졌을 때 갖가지 재미있는 일들을 함께했다. 당신은 그런 활동이 사랑의 원인이 아니라 결과라고 생각하겠지만 원인이기도 하고 결과이기도 하다. 그런데 그저 함께 지루한 시간을 보내고 있다면 둘이 같이 있는 '소중한 시간'이 아무 소용이 없을 것이다. 연구 결과는 명확하다. 흥분되는 일을 해야 한다. 이런 활동은 권태를 억제하는 에피펜(과민성 쇼크용 자가 치료제-편집자 주)이다. 연구원들은 10주에 걸쳐 '즐거운' 활동에 참여한 부부들과 '흥분되는' 활동을 한 부부들을 비교하는 연구를 했는데, 즐거운 활동이 패배했다. 외식을 하거나 영화를 보러 간 부부들의 결혼 만족도 증가폭이, 춤을 추거나 스키를 타거나 콘서트에 간 부부들의 것에 한참 못 미쳤다. 다른 연구는 부부들의 몸을 찍찍이로 묶고 장애물 코스를 완료하게 했다. 그러자 관계 만족도가 엄청나게 증가했다. 우리에겐 상호작용, 도전, 움직임, 재미가 필요하다. 심리학자 일레인 햇필드Elaine Hatfield가 이를 아주 잘 묘사했다. **'아드레날린이 마음을 더 다정하게 만든다.'** 그런데 그런 활동은 어떻게 사랑을 증대시킬까? 바로 크게 과소평가되고 있는 '정서 전이' 덕분이다. 우리는 신이 나면 그 감정을 주위에 있는 대상과 연결시킨다. 그 대상이 감정의 직접적 원인이 아니라도 말이다. 우리가 '배우자=재미'라고 느끼면 배우자와 함께 있는 걸 더 즐기게 된다. 콘서트에 가라. 롤러코스터를 타라. 동화를 원하는가? 좋다. 가서 함께 용과 싸워라.

사실 어떤 강렬한 종류의 감정들은 사랑을 증대시킬 수 있다. 사람들은 인질이 인질범에게 동조하게 되는 현상인 스톡홀름 증후군을 종종 언급한다. 이 증후군은 진짜다. 많은 사람이 잊고 있지만, 1973년에 스톡홀름에서 사건이 일어난 뒤 실제로 인질들 중 2명이 범인들과 약혼했다. 종종 사람들이 해로운 관계를 유지하는 건 이 때문이다. 본인들은 깨닫지 못할 수 있지만 이런 사람들은 극적인 사건과 싸움을, 저녁시간대 텔레비전을 시청하는 것보다 선호한다.

연구에 따르면, '자기 확장' 활동들은 관계 만족도를 향상시킬 뿐 아니라 성욕도 증가시킨다. 흥분되는 활동을 한 부부들은, 평범한 일상을 보낸 부부들보다 주말에 성관계를 가질 가능성이 12퍼센트 더 높았다. 성관계에 대해 말하자면… 성관계를 가져라. 여성들의 58퍼센트, 남성들의 46퍼센트만 현재의 성관계 횟수에 만족한다. 조지아주립대학교의 데니스 도넬리Denise Donnelly는 한 달에 1회 이하의 성관계는 불행과 이별의 전조라고 보고한다. 또한 성관계 횟수가 적은 건 단지 불화의 결과가 아니라 원인이기도 하다. 호르몬들이 당신을 위해 행복한 일을 하게 하라. 그건 재밌는 일이다(이 말을 증명하기 위해 데이터가 필요하진 않다). 또한 변태적이 되는 걸 겁내지 말라. 2009년의 한 연구는 사디즘-마조히즘 행동들이 친밀감을 북돋을 수 있다는 것을 발견했다. 확실히 참신하고 자극적인 자기 확장으로 그만이다. 그냥 말이 그렇다는 거다.

흥분, 배움, 경험, 성장은 그 순간에 기분을 더 좋게 만들어줄 뿐 아니라 정서 기억을 쌓을 수 있게 한다. 가트맨은 그런 감정들이 경멸의 해독제라고 말한다. 관계에서 애정과 존경이 사라지면 부정적 감정의 압도로 나아가게 된다. 가트맨은 그런 감정들이 사라진 커플이라면 치료를 끝내라고 상담사들에게 말한다. 그들은 구할 수 없다.

어떻게 시작해야 할지 구체적인 방법이 궁금하다고? **배우자와 함께 나가서 첫 만남인듯이 데이트를 해보라.** 이건 고민상담 코너의 다소 가식적인 조언이 아니다. 검증을 거친 조언이다. 다시 사랑에 빠지기 위해서는 처음 사랑에 빠졌을 때 했던 일들을 다시 해봐야 한다.

## 2. 상기하기

여기에서 우리가 할 일은 배우자에 대해 깊이 파고들어 더 많이 아는 것이다. 2001년의 한 연구는 서로에게 정말로 마음을 터놓는 부부들이 행복한 결혼 생활을 하고 있을 가능성이 거의 3분의 2 더 높다는 것을 발견했다. 우리의 친구 카사노바는 "사랑은 4분의 3이 호기심이다"라고 말한 적이 있다. 그리고 가트맨의 연구가 그의 말을 뒷받침한다. 행복한 부부들은 배우자에 대해 많이 알고 있다. 가트맨은 이 깊은 지식을 '애정 지도'라고 부른다. 배우자가 어떤 커피를 좋아하는지, 신경 쓰이는 작은 걱정거리가 뭔지, 가장 중요한 희망과 꿈이 뭔지 아는 것이다. 이런 정보는 친밀감을 증대시킬 뿐 아니라 가트맨이 말하는 '선제 화해 시도(preemptive repair)'로 갈등을 줄인다. 우리 모두에겐 이성적이든 아니든 관심사들과 민감한 부분들이 있고, 이런 점들을 알고 있으면 문제가 되기 전에 피할 수 있다.

그러니 스마트폰에서 고개를 들고 배우자를 더 잘 알기 위해 노력하라. 2장에서 언급했던 아서 아론의 질문들을 이용해도 좋다(www. bakadesuyo.com/aron.에서 이 질문들의 PDF 파일을 다운로드 받을 수 있다) 참고로, 최초로 함께 이 질문들에 답했던 연구 보조원 두 사람은 결혼에 골인했다.

배우자의 커피 취향을 아는 건 좋다. 하지만 여기에서 진정한 가치는 배우자가 무언가에 대해 갖는 개인적이고 특이한 의미를 이해하는 것에 있다. 배우자에게 사랑은 무슨 의미인가? 결혼은? 행복은? '충족되다'의 의미 같은 것들에 대한 배우자만의 생각을 파헤쳐보라. 배우자가 당신이 집안일을 끝내는 걸 자신에 대한 배려의 중요한 표현으로 생각한다는 사실을 당신이 알게 되면, 집안일을 안 했을 때 배우자가 왜 그렇게까지 화를 내는지 알 수 있고, 그러면 이 상황에 대해 뭔가 조치를 취할 수 있다.

댄 와일Dan Wile은 "배우자를 선택하는 것은 일련의 문제들을 선택하는 것이다"라고 쓴 적이 있다. 하지만 시간을 들여 누군가에 대해 알아가면, 왜 그 무언가가 당신과 상대에게 다른 의미를 갖는지 정서적인 이유들을 알 수 있다. 그리고 바로 그런 이해가 '다루기 힘든 문제'들을 '사랑스러운 별난 면모'로 바꿀 수 있다. 배우자가 어릴 때 느낀 어둠에 대한 두려움 때문에 때때로 화장실에 불을 켜 두고 나온다는 것을 알면, 배우자가 게으른 바보가 아니라 용납 가능한 사소한 약점을 가진 공감 가는 인간이 된다는 것이다.

당신을 고민에 빠트린 문제가 당신의 배우자에 대한 깊은 통찰로

가는 문이 될 수 있다. 무언가가 배우자에게 지니는 진짜 의미를 알게 되면 아마 두 사람의 인생관 모두를 지킬 무언가도 찾을 수 있을 것이다. 혹은 배우자가 당신의 행복을 방해하려 애쓴다고 생각하는 대신, 적어도 서로의 입장을 존중할 수 있을 것이다. 가트맨이 말한 것처럼, 그런 영구적인 문제들을 다루는 데는 해결이 아니라 조절이 중요하다. 또한 "난 그렇게 생각하지 않아, 하지만 네가 왜 그렇게 느끼는지는 알겠어"라고 솔직하게 말하면 훨씬 더 효과적이다.

'의미'에 대해 깊이 이야기를 나누고 꿈과 가치에 대해 말하는 것은 자칫 지나치게 감상적으로 느껴질 수도 있지만 사실은 굉장히 중요한 일이다. 두 사람은 함께 삶의 여행을 하고 있다. 그러니 서로 같은 방향으로 가는 일이 중요하지 않겠는가? 배우자의 이상적 삶이 무엇인가? 배우자의 이상적 자아는? 거창한 질문들이지만 여기에 답하기 시작하면 더 작은 일들이 아귀가 맞아 돌아가기 시작하면서 당신이 함께 살고 있는 그 미친 사람이 이해되기 시작할 것이다. 모든 부부가 돈 때문에 싸운다. 왜 그럴까? 돈 문제는 가치관이 중요하기 때문이다. 돈은 당신에게 중요한 것을 정량화한 것이다. 배우자의 가치관을 잘 이해하게 되면 신기하게도 돈 문제를 다루기가 더 쉬워진다.

당신은 그냥 배우자와 '잘 지내길' 바라는 건 아닐 것이다. 세상에, 그건 얼마나 낮은 기준인가? 위에서 말한 모든 일을 제대로 하면 '의미'의 공유로 나아갈 수 있다. 그것이 '톨스토이 원칙', 즉 둘만의 독특한 문화로 향하는 첫걸음이다. 2인 정신증. 당신들만의 비밀 언어. 어떤 행동이나 물건에 부여된 풍부한 개인적 의미. 농담에 담긴 뜻, 다른 모든 사람에게는 말도 안 되지만 두 사람에게는 몹시 소중한 말들. 당신들만의 작은 종교의 구축. 이렇게 되면 부부들은 서로 떨어지는 걸 정말로 견디지 못한다. 두 사람이 공유된 정체성과 이야기를 갖게 되고, 상대방이 서로의 향후 발전, 미래의 목표, 그리고 어떻게 이상적인 자아가 될지와 떼려야 뗄 수 없는 일부분이 되기 때문이다.

그리고 두 사람만의 이 독특한 문화는 독특한 의식들로 뒷받침되어야 한다. 이러한 특별한 문화를 만들고 공유된 정체성이 굳어질 때 중요한 부분은, 매일매일에 특별한 의미를 불어넣는 것이다. 거창하고 흥분되는 확장의 순간들이 아니라 사소한 일들 말이다. 식사시간, 취침시간, 휴가, 저녁 데이트, 작별, 재회, 껴안기, 약속, 축하가 모두 당신들의 사랑을 차별화시키는 특별하고 특이한 무언가를 갖기에 완벽한 시간들이다.

이를 시작할 구체적인 방법이 뭘까? 출근했다가 저녁에 다시 만났을 때 그날 있었던 좋은 일들을 번갈아가며 말하는 것이다. 그리고 두 사람 다 상대의 말을 지지하고 축하한다. 반복적인 연구들에 따르면, 이렇게 했을 때 두 사람의 행복과 관계 만족도가 높아질 수 있다. 캘리포니아주립대학교 셸리 게이블Shelly Gable 교수는, 실제로 부부들이 서로를 어떻게 축하하는지가, 어떻게 싸우는지보다 더 중요할 수 있다는 사실을 알아냈다. 또한 가트맨의 말처럼, 많은 경우 상대방에 대해 긍정성을 높이면 부정성이 그리 중요하지 않게 된다. 그런데 둘 사이에 변화가 필요할 때는 어떻게 해야 할까?

### 3. 새롭게 하기

좋다, 당신은 배우자에 관해 더 잘 알게 되었다. 그러면 이제 배우자를 조금 변화시키고 싶은 것이 자연스런 반응이다. 그러나 그런 생각은 바람직하지 않다. 적어도 일반적 방식으로 변화시키는 건 좋지 않다. 160명을 대상으로 한 어떤 연구는 배우자를 변화시키려는 시도가 대개 효과가 없고 결혼 만족도를 떨어뜨린다는 것을 발견했다. 왜 그럴까? 당신이 객관적이지 않기 때문이다. 당신은 배우자가 어떤 사람이어야 하는지 본인보다 더 잘 알고 있다고 말한다. 그런 생각에는 항상 약간의 이기심이 들어 있다. 여기에서 엄청난 아이러니는 당신이 누군가를 완전히 받아들여야 그 사람이 변화할 수 있다는 것이다.

배우자가 긍정적인 방향으로 변할 수 있도록 돕는 건전하고 효과적인 방법이 있긴 있다. 하지만 당신이 원하는 모습이 아니라 배우자 본인이 원하는 모습으로 시작해야 한다. 당신은 배우자가 스스로 정한 이상적 자아가 될 수 있도록 도와야 한다. 앞에서 말한 애정 지도가 중요한 이유다. 당신은 이 이상적 자아가 무엇인지 추측하는 게 아니라 묻고 이해해야 하기 때문이다.

우리는 우정을 쌓는 법에 대해 아리스토텔레스에게서 얼마간의 도움을 받았다. 배우자를 개선시키는 법에 대해서는 또 다른 대가의 도움을 받겠다. 바로 미켈란젤로다. 미켈란젤로는 자신의 예술 작업에 대해

"완성품은 내가 작업을 시작하기 전에 이미 대리석 안에 존재하고 있다"라는 말을 한 적이 있다. 그는 조각품이 만들어진다고 느끼지 않았다. 드러나는 것이라고 생각했다. 조각은 대리석 안에 갇혀 있는 형상을 해방시키는 것이다. 그리고 심리학자들은 배우자를 개선하는 문제에 이와 동일한 개념이 적용된다는 것을 발견했다.

여기서도 우리는 이상화의 도움을 받을 수 있다. 현재의 대리석 덩어리(배우자)와 그 속에 숨어 있는 완성품(이상적인 배우자)을 알면, 그 둘이 얼마나 유사한지 혹은 얼마나 차이가 나는지 더 잘 알 수 있다.

그렇다면 실제로 어떻게 할까? 앞에서 나르시시스트들과 '공감 촉진'에 관해 했던 이야기들을 떠올려보라(아니, 당신의 배우자가 나르시시스트라는 게 아니라 인간은 차이점보다 비슷한 점이 더 많다는 뜻이다). 나르시시스트들이 개선되도록 돕는 가장 좋은 방법은 창피를 주기보다 격려하는 것이다. 여기서도 마찬가지다. 배우자를 있는 그대로 받아들이면서도 배우자가 되고 싶어 하는 이상적 자아에 초점을 맞추고 격려해주어야한다. 지원과 긍정을 통해 이상적인 배우자의 모습을 양성하라. 그 다이아몬드 원석 안의 아름다움이 드러나도록 노력하라. 당신이 초록색을 좋아한다고 다이아몬드를 에메랄드로 바꾸려고 애쓰지는 마라.

배우자의 이상적 자아와 이야기하고 격려하라. 배우자가 이미 그 사람인 것처럼 대하라. 1996년의 한 연구에서 산드라 머리Sandra Murray, 존 홈스John Holmes, 데일 그리핀Dale Griffin은, 성인들도 종종 아이들과 비슷하게 우리가 그들을 인식하는 대로 자신을 인식하게 된다는 것을 발견했다. 이상적인 모습을 지지하면 효과가 있는 반면, 지금의 모습이 나쁘다고 창피를 주면 실패한다. 사랑의 망상이 필요한 건 북극성 역할을 하기 때문이다. 거짓이 진실이 된다.

그뿐 아니라 이 방법은 사람들이 변화하고 발전하여 자신의 목표를 달성하도록 돕는다. 사람들이 이상적 자아에 더 가까이 다가간다. "분석들에 따르면, 배우자가 자신의 목표와 관련된 대화에서 긍정적인 반응을 보여줄 때, 사람들은 이상적인 목표를 달성할 가능성이 더 높은 것으로 나타났다." 또한 당신은 상대방이 오래된 생각이나 습관을 바꾸도록 격려할 수도 있다. 미켈란젤로 효과는 나이와 상관없이 모두에게 효과가 있는 것으로 나타났다.

그리고 미켈란젤로 효과는 우리가 같은 사람과(기억상실증 없어도) 거듭해서 사랑에 빠질 수 있도록 해준다. 서머싯 몸은 '올해의 우리는 작년과 같은 사람이 아니고 우리가 사랑하는 사람들도 마찬가지다. 변화하는 우리가 변화된 사람을 계속 사랑한다는 건 운이 좋은 것이다'라고 쓴 적이 있다. 하지만 우리는 이것을 운에만 맡기지는 말자.

자, 우리는 자아 확장으로 감정들과 친밀감을 북돋웠고, 애정 지도에 따른 의식들로 둘만의 독특한 문화를 만들었으며, 미켈란젤로 효과로 긍정적인 성장과 개선을 증대시켰다. 그렇다면 이 모두를 집약해서 표현하는 게 뭘까? 무엇이 이 모두를 결합시킬까? 지금까지 이 책에서 내내 가장 중요하다고 보았던 바로 그것이다. 미셸 필포츠가 매일 필요로 했으며 그녀의 남편 이안이 제공했던 그것, 바로 '이야기'다.

## 4. 다시 쓰기

결국 사랑은 공유된 이야기다(지속적 사랑은 공유된 이야기와 불가분의 관계라는 나의 깊고 통찰력 있는 깨달음은, 나 스스로의 타고난 명석함 덕분이지 손 꼽히는 사랑 연구가인 로버트 스턴버그Robert Stenberg가 쓴《사랑은 이야기다(Love Is A story)》라는 책의 내용과는 전혀 상관없다. 에헴.)

존 가트맨이 이혼을 94퍼센트의 정확도로 예측했던 것을 기억하는가? 그 비결이 뭔지 아는가? 간단하다. 그는 부부에게 그들의 이야기를 들려달라고 청한다. 그리고 오로지 그 이야기만이 그들의 미래를 예측하는 가트맨의 타로 카드가 된다.

그렇다면 여러분의 이야기는 무엇인가? 모든 관계에는 이야기가 있다. 관계에 대해 우리가 가지고 있는 이야기들은 대개 직관적이고 무의식적이다. 하지만 분명 이야기들은 존재한다. 어떤 사람들은 관계의 상황들이 순조롭게 굴러가게 만드는 걸 중시하는 '사업' 스토리를 가지고 있고, 또 어떤 사람들은 구원하거나 구원받고자 하는 '동화' 스토리를 가지고 있다. 사랑스러운 환경을 만드는 데 모든 것이 집중된 '가정' 스토리를 가진 사람들도 있다. 헤아릴 수 없이 많은 이야기가 있다. 무엇도 완벽한 행복을 보장하지 못하지만, 스턴버그는 일부 이야기들이 유독 행복을 어렵게 만든다는 사실을 발견했다('전쟁' 스토리는 피하길).

그리고 사람들은 그 문제 있는 이야기들을 반복할 수도 있다고 한다. 어떤 친구들이 '왜 나한텐 항상 얼간이들이 꼬이지?'라고 불평하는 건 그 때문이다. 그 친구들은 자신의 인생 이야기의 '배역'에 적절한 배우를 캐스팅하고 있는데, 객관적으로 괜찮은 사람들이 오히려 그 배역에 맞지 않을 수도 있다. 스턴버그의 연구는 우리가 결국 관계 이야기에 대해 생각이 비슷한 사람을 만난다는 것을 보여준다. 그리고 상대가 그런 사람이 아닌 경우 동반자 관계에 대해 불만을 느낄 가능성이 훨씬 높다.

먼저 당신의 '이상적인' 관계 이야기가 무엇인지 알아야 그 이야기에 맞추거나 살짝 비틀거나 바꿀 수 있다. 관계에 무엇이 잘못되었는지 진단하는 건 좋은 방법이 될 수 있지만, 당신이 자신의 이야기를 모른다면 진단하기 어렵다. 당신이 내심으로는 '극적인 사건'을 좋아하지만 그걸 인정하지 않는다면, 말로는 '동화'를 추구한다고 하면서 결국은 "제기랄, 왜 자꾸 나한테 이런 일이 일어나는 거야?"라고 투덜대며 번번이 '전쟁' 스토리로 끝날 수도 있다. 사람들은 자신이 추구하는 이야기와 자신이 '가져야 한다고' 생각하는 이야기를 종종 혼동한다.

우리의 이야기들은 양육 방식과 경험, 생활 환경에 영향을 받는다. 오늘날의 이야기들은 문화적으로 각본이 짜여 있는 정도가 과거보다 훨씬 덜하다. 이런 경향은 이야기를 스스로 만드는 사람에겐 좋지만 적극적이지 않은 사람에겐 더 힘들다.

당신의 '이상적' 이야기, 당신이 무의식적으로 찾고 있는 이야기를 발견하려면 당신의 과거 행동들을 살펴보라. 당신은 어떤 유형의 사람들과 인연을 맺었는가? 거절당했는가? 거절이 어떻게 바뀌었는가? 당신은 아마 스스로에게 객관적이지 않을 테니 친구에게 물어보아라. 그런 뒤 현재 당신의 배우자와의 '실제' 이야기가 무엇인지 생각해야 한다. 당신의 '모험' 이야기가 아이들이 태어난 뒤에 '작은 사업을 운영하는' 이야기로 바뀌었는가? 배우자와 이야기를 나누며 '이상적' 이야기와 '실제' 이야기를 파악하라. 당신이 배우자와 꿈과 가치에 관해 이야기하며 상대의 이상적 자아를 이해하려 노력하는 것도 이 때문이다. 헤어진 부부들과 이야기를 나눠보면 영화 〈라쇼몽(Rashomon)〉처럼 종종 완전히 딴판인 두 가지 이야기를 듣게 되는데, 그 이유는 이 문제에 대한 이해가 서로 다르기 때문이다. 스턴버그의 연구는 비슷한 이야기들을 가진 부부들이 만족감이 더 높다는 것을 발견했다.

여기서 중요한 것은 공유된 이야기에서의 역할과 권력 문제를 이해하는 것이다. 오늘날 많은 부부가 서로 동등하다고 말하고 싶은 본능적 욕구를 가지고 있지만, 그 욕구가 그들의 진정한 이상을 반영하지 않을 수도 있다. 당신은 관계를 주도할 때 불편함을 느끼는가, 아니면 주도하지 않을 때 불편함을 느끼는가? 역할들은 비대칭적일 수 있고, 그건 괜찮다. 한 사람이 레이싱 카의 운전자가 되고 다른 한 사람이 정비공이 되어도 된다.

기억하라, '정답'은 없으며 두 사람의 요구에 맞서서 둘 다 편안함을 느끼는 지점이 있을 뿐이다. 그렇다, 이건 당신의 모험을 스스로 선택해 가는 방식의 결혼 생활이다. 여기에서는 객관성과 사실들이 중심이 되지 않는다. 두 사람의 주관적 진실만이 있을 뿐이다.

이는 가트맨이 이야기에 관해 발견한 것, 즉 사실은 중요하지 않다는 점과도 일치한다. 해석이 중요하다. 가트맨이 얻은 결혼 생활 예측 정확도는, 부부의 이야기 자체가 아니라 이야기를 하는 관점에서 나왔다. 여기에서 가장 중요한 한 가지는 뭘까? '다툼의 미화'라는 개념이다. 그게 모든 걸 의미한다. 긍정적 해석이 붙은 문제에 대한 이야기("우리에겐 문제가 있었지만 극복했어요")는 좋은 징조지만, 부정적으로 해석하는 좋은 이야기("우리는 잘하고 있는 것 같아요, 내가 원했던 모습은 아니지만 어쨌든")는 이들에게 문제가 있음을 의미한다.

여기에서 목표는 언론인 대니얼 존스Daniel Jones가 말한 '역행하는 운명(reactive destiny)'을 만드는 것이다. 이야기는 사건이 아니다. 이야기는 당신이 사건을 보는 관점이다. 우리는 지금 스스로가 상황을 보는 방식이 유일한 것이라고 생각하는 경향이 있지만, 관점을 바꾸면 승리는 비극이 될 수도 있다. 모든 이야기는 해석하기에 따라 다른 결말을 맺는다는 것이다.

'부정적 감정의 압도'는 이야기를 부정적으로 다시 쓰는 것이다. '긍정적 감정의 압도'는 긍정적 버전이다. 사실들은 바뀌지 않았다. 관점이 바뀌었을 뿐이다.

그간의 많은 연구들이 보여주듯이, 비범한 자전적 기억력을 가진 사람들의 완벽한 기억력은 관계를 해친다. 우리는 이야기를 고쳐 쓰거나 다시 구성할 수 있어야 한다. 배우자를 이상화할 때처럼 이야기의 일부를 강조하거나 덜 강조할 수 있어야 한다. 다행히 우리에겐 그런 병적인 기억력이 없기 때문에 이야기를 새로 쓸 수 있다. 새로운 관계를 통한 새로운 사랑 이야기 대신, 같은 사람과 새로운 이야기를 지어낼 수 있다. 재활용처럼 생각하면 된다. 당신들이 공유한 사랑 이야기는 상당히 풋풋하다. 미뇽 맥로플린Mignon McLaughlin이 말한 것처럼, "성공적인 결혼 생활을 하려면 같은 사람과 여러 번 사랑에 빠져야 한다."

그런 일이 하룻밤 사이에 일어나진 않는다. 하지만 당신들의 '다툼을 미화하는' 이야기의 목표는 한 단어로 요약된다. 바로 '우리(we)'다. 제임스 페니베이커James Pennebaker 교수는, 우리라는 단어의 사용이 행복한 결혼 생활을 가늠하게 하는 지표가 된다는 사실을 발견했다. 우리는 이미 이 발견의 이면을 보았다. 가트맨이 4대 재앙 중 하나인 '비난'을 정의할 때 말한 것이 무엇이었는가? 싸울 때 '너'라는 단어를 쓰는 것이었다. 캘리포니아주립대학교의 메건 로빈스Megan Robbins 교수는 5,300명을 대상으로 한 연구들을 통해, 우리라는 단어의 사용이 관계의 지속성부터 만족도, 정신 건강에 이르기까지 평가된 모든 측정 기준에서 성공과 상관관계가 있다는 것을 발견했다. 게다가 그 단어가 행복만 증진시킨 것도 아니었다. 심장질환이 있는 사람들에 대한 조사에서 우리라는 단어를 빈번하게 사용하는 사람들이 6개월 뒤에 건강 상태가 더 좋은 것으로 나타났다.

하지만 닭이 먼저인가 달걀이 먼저인가? 좋은 관계인 커플들이 우리라는 단어를 많이 쓰는가, 아니면 그 단어를 더 많이 쓴 커플들의 관계가 향상되는 것인가? 로빈스는 둘 다일 것이라고 말한다. 그러니 우리라는 단어를 사용하라.

이제 모든 이야기를 마무리할 시간이 되었다. 우리는 사랑의 능력에 대한 최종 판결을 내릴 것이다. 하지만 그보다 먼저 여러분은 모든 것을 이길 수 있는 사랑이란, 대체 어떤 모습일지 궁금할지도 모른다. (궁금해라. 궁금해라.)

# 우리에겐
# 사랑의 광기가 필요하다

존 퀸John Quninn은 아내를 사랑했다. 훔볼트주립대학(Humboldt State College)에서 영문학을 전공하던 스물세 살의 그는, 1960년 9월 21일 수요일 밤, 캘리포니아주 아르카타Arcata에 있는 트리니티 병원에서 아내의 출산을 기다리고 있었다. 첫 아이였다.

아내의 진통이 시작되자 의사가 존에게 분만실에서 나가라고 지시했다. 예전에는 출산하는 동안 아기의 아버지가 산모 옆에 있지 않았다는 건 많은 사람들이 알고 있지만, 사실은 그 자리에 있지 못하게 했다는 건 모르는 사람들이 많다. 아버지가 분만실에 있는 것이 완전히 불법은 아니었지만 말이다(아버지가 산모와 결혼하지 않은 경우 일부 사법권에서는 1980년대까지 불법이었다).

하지만 존 퀸은 이런 관행을 받아들이지 않았다. 그는 산부인과 의사에게 "나는 아내를 사랑합니다. 남편이자 아버지로서 함께하는 게 내 도덕적 권리라고 느낍니다"라고 말했다. 하지만 의사도 존만큼이나 완고했다.

언쟁이 격해지자 병원 관리자들이 와서 의사 편을 들었다. 안전하지 못하다고 했고, 존이 그 자리에 있는 건 '불가능할 것'이라고 했다.

그러나 존은 굳건한 사람이었다. 그는 어디에도 가지 않을 작정이었다. 그러자 이번에는 경찰을 부르겠다고 위협했다. 하지만 존은 일이 이렇게 될지 예상했고 대비도 했다. 그는 쇠사슬을 꺼냈다. 그러고는 뉴스거리가 될 만한 용감한 행동을 했다. 그는 아내의 손을 잡고 두 사람의 팔에 쇠사슬을 두른 뒤 자물쇠를 채워버렸다. 나는 그 자리에 없었지만 **요건 몰랐지, 의사선생?**이라고 말하는 듯한 그의 표정이 훤히 보이는 것만 같다.

병원 직원이 경찰을 불렀다. 하지만 의사는 두 사람을 분만실에서 쫓아낼 수 없었다. 용접 토치가 없는 관계로 그냥 분만을 진행해야 했다.

그리하여 존 퀸은 아들이 세상에 나오는 모습을 두 눈으로 똑똑히 보았다. 분만이 끝났을 때 산모와 아들은 둘 다 건강했고, 존은 자물쇠를 풀고는 사건 내내 머리를 긁적이고 있었다고 알려진 경찰관 돈 맨Don Mann의 옆을 지나 밖으로 나갔다.

때때로 사랑은 우리 예상보다 많은 것을 요구한다. 하지만 여러분이 헌신적이라면, 준비가 되어 있다면, 그리고 쇠사슬과 자물쇠가 있다면 때때로 사랑은 모든 것을 이길 수 있다.

대부분의 사람들은, 부부에게 처음에 어떻게 사귀게 되었는지를 묻는다. 어떻게 지금까지 함께할 수 있었는지 묻는 사람은 없다. 자랑스러워할 만한 진짜 성취는 대개 후자인데 말이다. 우리가 지금까지 알게 된 것들을 정리해보자.

'내가 죽지 않게 도와주던 결혼'의 시대는 끝났다. 사랑이 이겼고, 지금은 자기 표현적 결혼이 지배적이다. 하지만 이런 결혼 역시 '모 아니면 도'다. 오늘날은 그 어느 때보다 결혼의 행복도가 삶의 행복도를 나타낸다. 우리는 모든 걸 건다. 사랑을 제대로 하면 끝내주게 좋지만 잘못하면 끔찍할 수 있다.

사랑은 정신병이다. 사랑은 냉정한 카사노바의 정신까지 흐리게 만드는 미친 중독이다. 하지만 우리에겐 그러한 광기가 필요한 것으로 밝혀졌다. 그 터무니없는 이상화, 그 긍정적 편견이 사랑의 마법이다. 삶은 험난하고, 그래서 우리는 더 많은 유전자를 만들려는 목표를 이루기 위해서만이 아니라, 우리의 희망, 꿈, 마음을 충족시키기 위해 사랑의 열망이 필요하다.

의학이 몸을 치료할 수 있는 것처럼, 사랑의 과정에 대한 우리의 이해를 돕기 위해서는 계몽주의 시대의 이성적 사고가 필요하다. 하지만 궁극적으로 우리의 목표는 상처받지 않는 것이 아니라 행복해지는 것이다. 따라서 결국 우리는 낭만주의의 편견과 광기로 뛰어들어야 한다.

우리는 사랑할 때 느끼는 초기의 행복감이, 그냥 놔둬도 무한히 지속될 것이라고 가정하는 부정확한 패러다임을 가지고 있다. 하지만 실제로는 노력이 필요하다. 시인 캐롤 브라이언트Carroll Bryant가 말한 것처럼, '사랑은 끊임없이 건설 중인 양방향 도로다.'

부정적 감정의 압도가, 여러분이 사랑하는 사람을 인간 피냐타(사탕과 장난감이 가득 든 종이인형으로, 파티 때 막대로 쳐서 깨트린다-옮긴이 주)로 바꾸지 않도록 우리는 서로 대화하고 싸워야 한다. 관계에서 절대 해결되지 않을 69퍼센트의 문제들을 다루기 위해서는, 소통에 있어서 치명적인 요소들, 가트맨이 말한 4대 재앙인 비난, 방어, 담 쌓기, 경멸을 줄여야 한다. 대화를 거칠게 시작하지 않으면서 우리가 아이들을 대할 때의 연민과 너그러움을 배우자에게 보여주는 것이 핵심이다.

하지만 궁극적으로 보면 부정성을 줄이는 것만으론 충분하지 않다. 긍정성을 늘려야 한다. 그러기 위해서는 네 가지 단계가 필요하다. 자기 확장을 통해 감정에 다시 불을 붙여라. (그리고 더 많은 성관계를 가져라!) 친밀감을 일깨우고 둘만의 독특한 문화를 만들어가라. '미켈란젤로 효과'로 서로를 더 나은 사람으로 만들어라. 그리고 마지막으로 어쩔 수 없이 일어나는 다툼들은 미화하는, 긍정적인 관점으로 사랑 이야기를 고쳐 써라.

밀란 쿤데라가 말한 것처럼, '하나의 비유가 사랑을 낳을 수 있다.' 사랑은 이야기다. 이야기들은 사실들을 완벽하게 표현하지 않는다. 하지만 우리는 사실주의를 원하진 않는다. 우리는 항상 새롭게 이상화하길 원한다. 그리고 시간이 지나면서 그 착각들이 진실보다 중요해질 수 있다. 우리는 선한 이야기들을 믿을 때, 우리를 생존하고 번성할 수 있게 하는 국가와 종교, 사회를 형성할 수 있다. 친구가 '또 다른 나'라는 거짓이 우리를 결속시키고 세상을 개선시키는 것처럼, 상호 합의된 사랑의 망상도 그러하다. 우리 둘 다 믿으면 거짓이 사실이 된다. 이것은 '2인 정신증'의 멋진 광기다. 그리고 그 공유된 이야기는 믿을 수 없을 정도로 강력한 하나의 단어로 요약될 수 있다. 바로 '우리'다.

어려운 일이긴 하다. 도전일 것이다(쉬울 거라고 생각했는가?) 하지만 당신에겐 도와줄 파트너가 있다.

그렇다면 이 격언에 대한 판결은 뭘까? 사랑이 모든 걸 이기진 않는다. 하지만 당신의 사랑은 그렇게 할 수 있다.

휴, 이제 심호흡을 할 시간이다. 이제 우리는 범위를 약간 넓혀 공동체를 살펴봐야 한다. 이 부문에서 최근 많은 일이 일어나고 있다. 세계는 그 어느 때보다 더 연결되어 있지만 우리 모두는 그 어느 때보다 더 개인주의적이다. 우리가 실제로 얼마나, 그리고 어떤 식으로 타인을 필요로 하는지 궁금해진다.

이 부분에서 으레 나는 타인들은 꼭 필요하고 훌륭하다, 공동체의 죽음은 끔찍하다, 어쩌고저쩌고 떠들어야 한다. 그렇다면 왜 우리 모두는 계속 이렇게 점점 더 개인주의의 길을 선택할까? 그러니 여러분에게 진부한 말들을 쏟아붓는 대신 뜻밖의 질문, 관계를 다루는 책에서 이야기해야 하는 것과 정반대의 질문으로 시작해보자. **당신에게 정말 타인이 필**

요하긴 한 건가?

'어떤 사람도 섬이 아니다'란 말이 맞을까? 아니면 가령 마우이 섬 같은 멋진 섬처럼, 홀로 존재하면서 행복할 수도 있을까?

여러분과 내가 답을 찾아볼 시간이다.

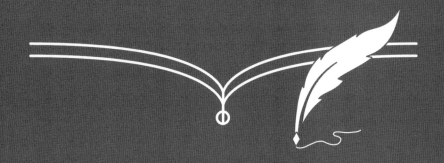

**4부**

# 더 행복해지기 위해
# 알아야 할 것들

# 지속적인 외로움이
# 행복에 미치는 영향

크리스는 가정집을 터는 건 좋아하지 않았지만 겨울이 다가오고 있었다. 그에겐 선택의 여지가 없었다.

그는 일단 집 안으로 들어가면 필요한 물건들이 있을 만한 곳으로 직행했다. 스테이크, 건전지, 땅콩버터, 그리고 책, 책, 책. 정말 비싸 보이는 물건은 쳐다보지도 않았다. 도둑이긴 했지만 크리스에겐 원칙이 있었다. 그는 가끔 휴대용 비디오 게임기를 훔쳤지만 새것처럼 보이는 것에는 절대 손대지 않았다. 그는 아이가 좋아하는 장난감은 훔치지 않으려 했다.

크리스가 하도 오래 이런 짓을 해와서 메인주 중부의 사람들은 그의 좀도둑질에 거의 익숙해졌을 정도였다. 많은 사람이 그에게 악의가 없다는 걸 알고 있었지만 여전히 짜증스러워하는 사람들도 있었다. 모든 법 집행기관들이 그를 체포하려 노력했지만 실패했다. 아무도 '노스 폰드의 은둔자'를 잡을 수 없었다. 하지만 상황이 바뀌려 하고 있었다.

건물 밖으로 나선 크리스는 손전등 불빛에 눈이 부셨다. "바닥에 엎드려!" 크리스가 뭔가를 볼 수 있었다면 그건 테리 휴즈Terry Hughes 경사가 들고 있던 .357 매그넘 권총의 총신이었을 것이다. 크리스는 바닥에 엎드렸다. 곧 지원대가 도착해 1,000건이 넘는 절도를 저지른 남성을 체포했다. 메인주에서 최다 기록이었다. 우와, 아마 세계 최다 기록일지도.

사람들이 질문을 던졌지만 그는 대답하지 않았다. 사실 말하는 데 어려움이 있는 것 같았다. 숲에서 얼마나 오래 살았는지 물어보자 그는 "체르노빌 사고가 언제죠?"라고 물었다.

크리스는 27년 동안 은둔자로 살았다. 〈고스트버스터즈(Ghostbusters)〉 1편이 그가 본 마지막 영화였다. 인터넷은 사용해본 적도 없었다. 지난 25년 동안 그가 다른 사람과 마주친 적은 딱 두 번뿐이었다. 그것도 우연히 마주친 것이었고, 그때도 그는 딱 한마디한 게 전부였다. "안녕." 경찰 심문 중에 한 말이 그가 거의 30년 동안 나눈 대화를 합친 것보다 많았다.

어떻게 그럴 수 있었을까? 어떻게 그렇게 오랫동안 인간과 거의 접촉하지 않고 지낼 수 있었을까? 어떻게 집도 없이 야생에서 살아남은 걸까? 메인주의 겨울은 추위가 장난이 아닌데 말이다.

크리스는 사람들을 그가 야영하던 곳으로 데려갔다. 숲에서 살았지만 그의 집은 아마 여러분의 집보다 깨끗할 것이다. 경찰들은 충격을 받았다. 그는 텐트에서 살고 있었지만 금속 침대 틀과 매트리스를 갖추고 있었다. 음식들은 설치류가 갉아먹지 못하게 처리된 플라스틱 통에 비축되어 있었다. 심지어 눌러서 물비누를 짜는 장치까지 있었다. 그가 문명으로 돌아갈 생각이 없었던 건 분명했다. 메인주 경찰국의 다이앤 퍼킨스-밴스Diane Perkins-Vance가 그에게 왜 세상을 등졌는지 물어보았다. 그는 대답하지 않았다. 하지만 시간이 지나면서 크리스가 어쩌다 그런 처지가 되었는지 세세한 사실들이 드러났다.

숲의 은둔자, 크리스토퍼 토머스 나이트Christopher Thomas Knight는, 고등학교에서 뛰어나게 공부를 잘했지만 항상 자신이 괴짜라고 느꼈다. 사람을 상대하는 일이 그에겐 곤욕이었다. 그는 학교를 조기 졸업한 뒤 보안업체에 취직했다. 그러던 어느 날 그는 뚜렷한 이유도 없이 가능한 한 멀리까지 차를 타고 떠나기로 결심했다. 차에 기름이 떨어지자 계기판 위에 차 열쇠를 올려두고 숲으로 걸어 들어갔다. 아무 계획도 없었다. 아무에게도 말하지 않았다. 솔직히 그에겐 말할 사람도 없었다.

숲속에서의 생활은 생각보다 더 힘들었다. 그는 그 전에 캠핑을 가본 적도 없었다. 처음에는 채소를 길러 먹었지만 결국 생존을 위해 도둑질에 나섰다. 경보기 회사에서 일한 경험이 남의 집에 몰래 들어가는 데 도움이 되었지만 도둑질을 즐기지는 않았다. 2년간 떠돌이 생활을 한 끝에 이후 25년 동안 집이 되어줄 만한 은신처를 발견했다.

이런 생활은 《월든(Wladen)》의 이야기처럼 낭만적이지 않았다. 크리스는 헨리 데이비드 소로Henry David Thoreau가 아니었다. 소로는 야생에서의 고독한 삶을 이야기한 작가로 유명하지만 사실은 매사추세츠주 콩코드(Concord)에서 불과 2마일 떨어진 곳에 살았다. 그에겐 디너파티를 할 친구들이 있었고 심지어 어머니가 빨래도 해주었다. 크리스는 나중에 "소로는 아마추어였다"라고 말했다.

크리스에게는 모든 겨울이 실존적인 위협이었다. 그는 여름이 끝날 때쯤부터 월동 준비를 시작했다. 이 말은 물품들을 비축해 두기 위해 훨씬 많은 도둑질을 해야 했다는 뜻이다. 또 가능한 한 살을 찌웠다는 뜻이기도 하다. 그는 동면을 준비하는 곰처럼 몸무게를 늘리기 위해 술과 설탕을 마구 먹었다. 그리고 일과를 바꿔 저녁 7시 30분에 잠자리에 들어 새벽 2시에 일어났다. 메인주의 밤 기온이 가장 떨어지는 시간에는 깨어 있어야 했다. 크리스는 "그런 추위 속에서 계속 자려고 하다간 다시는 깨어나지 못할 수도 있다"라고 말했다.

하지만 이 모든 고생담은 호기심만 더 불러일으킨다. 왜? 도대체 왜 그렇게 한 걸까? 어린 시절에 정신적 외상을 입은 것도 아니었다. 그런데 왜 세상에서 달아났을까. 왜 다른 사람들이 좋은 삶에 필수적이라고 생각하는 많은 것을 포기했을까? 그는 직업, 배우자, 아이를 가질 가능성을 희생했다. 그는 심지어 데이트를 한 적도 없었다.

이제 크리스는 정반대의 환경 속에 놓였다. 그는 케네벡 카운티 교도소의 수감자가 되었다. 사방이 벽인 곳에서 잠을 자는 건 수십 년 만에 처음이었고, 당연히 달아날 수도 없었다. 심지어 감방 동료까지 생겼다. 먹을 건 풍부했지만 그는 너무 불안해서 식사를 잘 하지 못했다.

크리스는 인터뷰를 하지 않았고 어떤 발표도 하지 않았다. 그의 사연이 신문에 실린 뒤 도와주겠다는 제안이 많이 들어왔지만 크리스는 모두 거절했다. 하지만 얼마 후 마이클 핀켈Michael Finkel이라는 기자와 이야기를 나누게 되었다. 처음에는 편지로 이야기하다가 결국 핀켈이 교도소를 방문했다. 두 사람은 투명 칸막이를 사이에 두고 마주보고 앉아 전화로 이야기했다. 핀켈은 크리스의 말을 간신히 알아들었는데, 크리스가 전화기를 제대로 들고 있지 않았기 때문이었다. 크리스는 전화기 잡는 법을 잊어버렸다. 그도 그럴 것이 그가 전화기를 마지막으로 사용한지 거의 30년이나 지났기 때문이다.

교도소 생활은 몹시 힘들었고, 은둔자는 무너지고 있었다. 그는 사람들에게 둘러싸여 있었다. 24시간 내내. 너무 많은 상호작용을 견디기 힘들었다. 그는 거의 잠도 이루지 못했다. 재판을 기다리며 6개월이 지났을 무렵, 몸에 심하게 두드러기가 났다. 손이 떨렸다. 크리스는 핀켈에게 "숲에서 살았던 수십 년보다 감옥에서 지낸 몇 달 동안, 내 온전한 정신이 더 크게 손상을 입은 것 같다"라고 말했다.

좋은 소식은 그가 곧 교도소에서 나온다는 것이었다. 검사들이 그를 가엾게 여겼다. 그는 7개월의 징역을 선고받을 것인데, 이미 교도소에서 그 기간을 거의 채웠다. 하지만 교도소 밖의 생활이 더 나을까? 숲으로 다시 돌아갈 수 없다는 게 가석방 조건일 것이다. 그는 "나는 당신들의 세상을 모릅니다. 오직 내 세상, 그리고 내가 숲에 들어가기 전의 세상에 대한 기억밖에 없어요… 나는 어떻게 살아야 할지 알아내야 합니다"라고 말했다.

핀켈은 그에게서 모든 사람이 원하는 답을 얻어내려 노력했다. 왜? 그는 왜 세상을 등졌을까? 예전에 크리스는 이 질문을 여러 번 피했다. 핀켈이 다시 물었다. 그러자 크리스는 우리의 세상에서 행복한 적이 없었다고 말했다. 그는 다른 사람들과 어울리지 못했다. 그러다 위험을 무릅쓰고 숲에 들어갔는데 인생에서 처음으로 다른 기분을 느꼈다. "난 만족스러운 곳을 발견했어요… 감성적으로 표현하자면, 난 완전히 자유로웠어요."

우리 모두는 때때로 달아나는 꿈을 꾼다. 스마트폰을 던져버리는 꿈. 우리를 짓누르는 매일의 수많은 의미 없고 사소한 투쟁에서 달아나는 꿈. 휴가를 떠나 자연의 아름다움이 가득한 곳을 보면 원래의 삶으로 돌아가지 않는 공상을 한다. 하지만 우리는 돌아간다. 크리스는 돌아가지 않았다.

핀켈은 크리스에 관한 베스트셀러인 《숲속의 은둔자》를 쓰기 시작했다. 그리고 그는 크리스가 왜 세상을 등졌는지 더 이상 궁금하지 않았다. 이제 그는 왜 우리가 그렇게 하지 않는지에 더 큰 의문을 갖게 됐다.

1624년도에 쓴 《뜻밖의 사태에 대한 명상(Devotions upon Emergent Occasions)》에서 존 던John Donne은 '어떤 인간도 섬이 아니다(No man is an island)'라고 말했다. 하지만 던은 시인이었기 때문에 자신의 말을 뒷받침할 증거는 남기지 않았다. 다시 말해 그는 수세기 동안 자신을 유명하게 만든 다섯 단어짜리 격언을 쓰고는 힘든 일은 모두 내게 떠넘겼다. 짜증나는 인간.

아무튼, 많은 고대 사상가가 던과 생각이 같았다. 아리스토텔레스는, '사람은 선천적으로 사회적 동물이다'라고 썼고, 혼자 살아갈 수 있는 존재는 '짐승이나 신'이라고 느꼈다. 창세기 2장에는 '여호와 하나님이 이르시되 사람이 혼자 사는 것이 좋지 아니하니'라는 구절이 나온다. 역사의 대부분의 시기 동안, 추방은 가장 끔찍한 선고들 중 하나였고 때로는 사형보다 더 나쁘게 여겨졌다. 유엔이 15일 이상의 독방 감금을 뭐라고 부르는지 아는가? '고문'이라고 부른다.

은둔자가 되라는 말은 아니다(우리가 타인 없이 정말로 더 잘살 수 있다면 이 책은 몇 페이지밖에 안 될 것이다). 아이러니한 것은 우리 모두는 점점 더 은둔자처럼 행동한다는 것이다. 사회학자 벨라 드파울로Bella Depaulo가 쓴 것처럼, '역사상 이렇게 혼자 사는 사람이 많았던 적은 없었다.'

1920년에는 미국 인구의 1퍼센트가 혼자 살았다. 지금은 미국의 성인들 7명 중 1명이 혼자 산다. 미국 가정의 4분의 1 이상이 1인 가구라는 뜻이다. 1인 가구의 비율은 이 항목을 처음 조사한 1940년 이후에 인구 조사를 할 때마다 늘어났다. 그리고 '혼자'라는 측면에서 미국은 1위도 아니다. 영국, 독일, 프랑스, 오스트레일리아, 캐나다의 1인 가구 비율이 더 높다. 스칸디나비아 반도의 국가들에서는 혼자 사는 사람의 수가 45퍼센트에 육박하고 있고, 세계의 나머지 나라들도 그 추세를 따르고 있다. 1996년과 2006년 사이에 혼자 사는 사람의 수가 전 세계적으로 3분의 1가량 증가했다.

하지만 독방 감금이 아니다. 우리는 의도적으로 1인 가구를 선택해 왔다. 제2차 세계대전 이전에는 혼자 사는 것이 경제적으로 그리 실현가능성이 없었다. 우리는 부유해질수록 당연히 더 많은 자유와 지배력을 원한다(공감이요! 나는 혼자 살고 있고 꼼짝없이 갇혀서 책을 쓰고 있다. 나는 이 과정을 '한방에 쉽게 광장 공포증에 걸리는 법'이라고 표현한다). 우리는 자율성을 좋아하지만 어떤 사람들은 자율성이 우리를 외롭게 만든다고 말한다.

그리고 우리는 외롭다. 2020년에 발생한 전 세계적인 유행병 이전에도 영국의 의사들 중 75퍼센트가 외로움을 호소하는 환자들을 매일 보았다고 말한다. 2017년에는 외로움을 느끼는 영국인이 900만 명이 넘을 정도로 문제가 심각해져서 국가에서 외로움부 장관을 임명했다. 그리고 한 연구에 따르면 미국에서 외롭다고 보고한 사람의 수가 약 6,200만 명에 이른다. 영국의 전체 인구와 맞먹는 수다. 연구들은 다양하지만, 미국인의 4분의 1이 좀 넘는 수가 자주 외로움을 느끼는 것으로 보인다. 이 분야의 손꼽히는 전문가인 존 캐치오포John Cacioppo는, 지난 20년 동안 이 수치가 3~7퍼센트 증가했다고 말한다.

지속적인 외로움이 건강과 행복에 미치는 영향은 전문 용어로 말하자면 바지에 똥을 쌀 정도로 무섭다. 이 생각을 하면 나는 밖으로 뛰쳐나가 제일 처음 만나는 낯선 사람을 껴안고 싶고, 내 직업 선택을 재검토하고 싶어진다. 캐치오포의 연구는 외로움이 정서적으로 신체적

폭행과 맞먹는다는 것을 보여준다. 스트레스 호르몬의 상승은 누군가가 여러분을 두들겨 팰 때와 비슷하다. 외로움은 뇌를 영구적으로 고도의 경계 상태에 있도록 만든다. 실험을 해보면 외로운 사람들은 외롭지 않은 사람들보다 2배 더 빨리 위험을 알아차린다. 150밀리세컨드 대 300밀리세컨드의 차이다. 우리는 보통 외로움이 반응 시간을 늦출 것이라고 생각하지만 그 이면의 진화 이론을 알면 납득이 간다. **이봐, 당신은 뒤통수에도 눈이 달려 있어야 해, 문제가 생겨도 아무도 도와주러 오지 않을 테니까.** 이런 태도는 우리 선조들이 살던 환경에서는 상당히 유용했을 수 있지만 분명 행복에는 도움이 되지 않는다.

반복된 연구들은 가장 행복한 사람들의 공통점이 좋은 인간관계라는 것을 발견했다. 의문의 여지가 없었다. 〈친구, 친척, 이웃에 가격표 붙이기〉라는 한 경제학 연구는, 더 나은 사교 생활이 주는 행복의 가치가 연간 13만 1,232달러를 추가로 버는 것과 같다고 보았다. 한편, 우울증이 외로움으로 이어지는 경우보다, 외로움이 우울증으로 이어지는 경우가 훨씬 많다고 한다. 요한 하리Johann Hari는 외로움의 상위 50퍼센트에 속했던 사람이 상위 65퍼센트에 속하게 되면, 우울증에 걸릴 가능성이 약간 증가하는 게 아니라 8배로 확 늘어난다고 말한다.

하지만 행복만 위태로워지는 건 아니다. 외로움은 건강에 너무 악영향을 미치기 때문에 보험회사들이 여러분에게 당장 이 책을 내려놓고 친구들을 만나러 가라고 명령하지 않는 게 놀라울 정도다. 연구들은 외로움을 심장질환, 뇌졸중, 치매, 그 외에 여러분이 떠올릴 수 있는 거의 모든 끔찍한 병의 증가율과 연결시킨다. 9,000명을 대상으로 한 캘리포니아대학교 버클리 컴퍼스의 연구는, 좋은 인간관계가 수명을 10년 늘린다는 것을 발견했고, 2003년의 연구는 '긍정적인 사회적 관계는 인간의 건강과 수명 예측에 있어 유전 다음으로 중요한 요인이다'라고 밝혔다. 나는 인간관계와 건강에 대한 연구 결과들만으로 책 한 권을 거뜬히 채울 수 있다. 심장마비가 일어나고 1년 뒤 살아 있을지 여부를 무엇으로 예측하는지 아는가? 대부분의 경우 두 가지인데, 친구가 얼마나 많은지와 흡연 여부다. 옥스퍼드대학교의 로빈 던바 교수는 "여러분은 마음껏 먹어도 되고 게으름을 부려도 된다. 원하는 대로 술을 마셔도 된다. 이 다른 두 요인들에 비하면 영향이 매우 미미하니까"라고 말한다.

존 던과 그가 말한 격언의 성공이 확실해보이는가? 내가 여러분에게 은둔자가 되라고 설득하고 있었다면 게임은 이미 끝났다. 혼자는 나쁘다. 그런데 여기에서 일이 이상해진다. 정말로 이상해진다.

내가 여러분에게 1800년대 이전에는 외로움이 존재하지 않았다고 말하면 어떨까? 흔하지 않았다는 게 아니다. **외로움이 아예 존재하지 않았다.** 맞다, 이건 과장이다. 하지만 그리 심한 과장은 아니다. 요크대학교의 역사학자 페이 바운드 알베르티Fay Bound Alberti는 "외로움은 비교적 현대적인 현상이다. 단어로서도 그렇고 아마 좀 더 논란이 되겠지만 경험으로서도 그렇다"라고 말한다.

맞다, 1800년 이전에는 책에서 그 단어를 거의 찾을 수 없었다. 찾는다 해도 어떠한 부정적 의미도 없이 순전히 '혼자'를 뜻하기 위해 사용되었다. 누가복음 5장 16절에 '예수가 물러가사 한적한 곳(lonely places)에서 기도하시니라'라는 구절이 있지만 그냥 예수가 혼자 떠났다는 뜻이지 그 때문에 기분이 안 좋았다는 의미는 아니다. 새뮤얼 존슨Samuel Johnson이 1755년에 편찬한 《영어사전(Dictionary of the English Language)》도 형용사를 비슷하게 사용한다. 존슨은 '외로운 바위들(lonely rocks)'을 지질학적으로 슬프고 감성적인 바위라는 뜻이 아니라, 외딴 곳에 있다는 의미로 썼다.

하지만 19세기에 변화가 일어난다. 바이런Byron 경 같은 낭만주의자들이 이 단어를 더 자주 사용하기 시작했고 분명하게 부정적 의미를 띠었다. 가장 좋은 예가 뭘까? 그 옛날의 《프랑켄슈타인》이다. 그렇다, 메리 셸리가 1818년에 창조한 이 소설 속 괴물은, 서구문화의 거대한 변화에 관해 많은 것을 알려준다. 그 괴물은 "정말이야, 프랑켄슈타인. 난 자비로웠어. 내 영혼은 사랑과 인간애로 빛났지. 하지만 지금 난 혼자이지 않은가? 비참할 정도로"라고 말한다. 그런 뒤 자신을 죽이러 북쪽으로 향한다. 아마 틀림없이 역사상 처음으로 혼자가 매우 부정적인 의미로 묘사된 경우일 것이다.

그렇다면 도대체 어떻게 두 세기 전까지는 외로움이 문제가 되지 않았을까? 음, 우리는 혼자 있을 때 어떤 기분을 느끼긴 했지만 그것이 나쁜 감정을 아니었다. 여러분은 **고독(solitude)**이라는 단어를 알고 있다. 그 단어는 1800년대 전에 등장했고 거의 항상 좋은 뜻이었다. 그리고 오늘날의 여러분도 고독을 알고 있다.

고독은 여러분이 "나는 혼자 있는 시간이 필요하다"거나 "모든 것에서 잠시 벗어날 시간이 필요하다"라고 말할 때를 의미하는 것이다. 우리는 재충전을 하고, 깊은 생각을 하기 위해 혼자 있는 시간이 필요하다. 그리고 우리는 당연히 고독을 창의적 돌파구와 연관시켜 생각한다. 뉴턴이 중력의 법칙을 발견한 건 울즈소프(Woolsthorpe)에 외떨어져 있던 1665년이었다. 알베르트 아인슈타인은 매일 자연을 산책하는 일의 효능을 믿었고, 파블로 피카소는 "위대한 고독 없이는 어떤 진지한 일도 가능하지 않다"라고 말했다. 루트비히 판 베토벤, 프란츠 카프카, 표도르 도스토옙스키, 그 외에 무수히 많은 사람들이 혼자 있는 동안 최고의 작품을 썼고 다른 방법으로는 그런 성과를 내지 못했을 것이다.

역사적으로 사람들은 일상에서 사람들과 어울리는 시간과 혼자인 시간의 균형을 잘 맞추어왔다. 집에는 대개 10여 명의 사람(가족)들이 있어서 타인과 대면하는 시간을 가졌지만, 야외에도 많이 나가 돌아다니면서 고독도 즐겼다(20세기 초에는 6마일 이하의 여행에는 90퍼센트의 사람들이 도보를 이용했다).

하지만 오늘날 우리는 고독을 그다지 좋게 평가하지 않는다. 요즘은 그 단어를 쓰면 괴짜처럼 보일 것이다. 주로 혼자 지내는 사람이라는 말은 소포폭탄테러범의 이미지를 떠올리게 한다. 현대 세계에서 '남과 어울리지 않고 혼자 지내는 조용한 사람'은, 선종의 승려보다는 총기난사 사건을 일으킬 소지가 큰 사람에 더 가깝게 들린다. 하지만 많은 시간을 혼자서 편히 지낼 수 있는 사람과, 혼자 있는 걸 못 견디는 사람 중에서 누가 더 성숙하다고 생각하는가? 많은 면에서 우리는 혼자 있는 것을 건강하지 않은 상태로 여긴다. 이 점은 내가 위에서 언급한 통계들에서 분명히 나타난다. 우리는 외로움에 대해서는 엄청나게 많은 측정 기준이 있지만 아무도 고독을 측정하진 않는다. 아, 그리고 이런 말도 있다. "고독은 역설적이게도 외로움을 막아준다." 누가 한 말인지 아는가? 미국의 공중위생국장 비벡 머시Vivek Murthy다.

맞다, 혼란스럽다. 대체 답이 뭔가? 혼자 있는 게 좋다는 건가, 나쁘다는 건가?

이것이 바로 우리가 저지르는 실수다. 이건 잘못된 질문이다. **외로움은 당신이 혼자인지와 상관이 없다.** 외로움은 주관적 감정이며, 꼭 물리적 고립을 뜻하진 않는다. 우리 모두는 군중 속에서 외로움을 느낀다. 캐치오포가 2003년에 했던 연구는, 평균적으로 **외로운 사람들은, 외롭지 않은 사람들만큼 타인과 많은 시간을 보낸다**는 것을 보여주었다. 따라서 이 문제에서는 혼자 사는 것이 원인이 아니라 증상이다. 대면 접촉이 부족하면 분명 문제가 일어날 수 있지만 전체적인 외로움의 측면에서 보면 이는 본질을 흐리는 주장이다. 캐치오포는 "타인들과 보내는 시간의 양과 상호작용의 빈도는, 외로움을 예측하는 데 그리 도움이 되지 않는다. 외로움을 예측하는 인자는 질의 문제, 그러니까 다른 사람과의 만남이 의미 있는지, 무의미한지에 대해 각자가 매기는 평가다"라고 썼다. 외로움은, 타인과의 관계에 있어서 의미 있는 연결이라는 느낌을 얻는가 얻지 못하는가의 문제다.

그런데 무엇이 이런 변화를 일으켰을까? 의미가 어디로 사라졌을까? 더 구체적으로 말하자면, 1800년대에 대체 무슨 일이 일어났던 걸까? 모든 걸 프랑켄슈타인의 괴물 탓으로 돌리진 말라. 그 괴물도 피해자였다. 19세기에 우리의 집단적 문화에 대한 이야기가 바뀌었다. 같은 시대에 일어난 결혼의 변화와 병행하여 수많은 새로운 개념들이 쏟아져 나와 우리의 사회적 서사를 점거했다. 이런 동향을 한 단어로 요약할 수 있다. 바로 개인주의다. 알베르티는 "1830년대에 외로움이 늘어난 것과 같은 시기에 '개인주의'라는 용어가 처음 사용된 것(그리고 경멸스런 용어였던 것)은 우연이 아니다"라고 썼다. 우리는 인생을, 여러 사람이 함께하는 드라마에서 원맨쇼로 인식하게 되었다. 우리의 기본 설정이 '누군가가 신경 쓴다'에서 '아무도 신경 쓰지 않는다'로 바뀌었다.

19세기에 수많은 심오한 개념들과 문화적-정치적, 철학적, 종교적, 경제적-변화들이 등장하여 개인을 맨 앞쪽에 세우고 공동체를 뒷전으로 밀어낸 현상을 과소평가하기는 어렵다. 세속주의. 공리주의. 다원주의. 프로이트주의. 자본주의. 컨슈머리즘. 사회적 계약은 자율성에 자리를 내주었고, 우리는 공동체에서 벗어나 경쟁하며 나아가기 시작했다. 이런 현상은 20세기에 실존주의와 포스트모더니즘 같은 더 많은 주의가 등장하면서 가속화되었다.

우리는 이 개념들을 너무도 당연하게 받아들여서 재고하기가 힘들다. 우리는 이 개념들을 세상의 존재 방식으로 내면화했다. 이 개념들이 꼭 나쁘다는 말은 아니지만, 변화가 지대했고 우리가 거래에서 뭔가를 잃었을 수 있다. 예전에는 여러분을 공동체의 일부로 보는 것이 기본 설정이었다. 당신은 신의 아들이다. 바커 문중의 일원이다. 캘리포니아 로스앤젤레스 부족의 전사다. 하지만 서서히 개인으로 초점이 이동하기 시작했다. 이런 변화의 매우 긍정적인 면은, 이제 여러분은 각종 소속에서 벗어나 은둔자 크리스 나이트처럼 자유롭다는 것이다.

여러분의 뇌는 여러분이 지금, 또한 근본적으로 혼자라는 것을 인식한다. 군중 속에서도 외로움을 느낄 수 있는 건 이 때문이다. 우리는 이러한 변화에서 얻은 좋은 것들에 관해서는 많이 생각하지만, 우리가 잃어버린 것들을 정확히 밝히는 데는 어려움을 겪는다. 원인 모를 모호한 불안감과 머릿속을 떠나지 않는 걱정뿐이다. 사회적 책임에 얽매이지 않고 자유를 느끼는 건 분명 멋진 일이지만, 여러분의 뇌는 타인들 역시 자유롭고 여러분을 보살필 책임이 없다는 것을 알고 있다. 그리고 수백만 년에 걸친 진화는 우리의 생리학에 있어 이런 상황이 의미하는 것은 딱 하나뿐이라는 것을 가르쳐주었다. **도움은 없을 거야. 너 혼자 알아서 해야 해.**

나는 분명 과학과 현대의 개념들을 좋아한다. 19세기에 일어난 세상의 변화는 우리에게 엄청난 자유와 통제력을 선사했지만 정서적인 만족감을 주거나 어떤 의미를 부여하지는 않았다. 고대인들이 잘못 알고 있던 일들도 분명 많았지만, 우리를 결속시키는 등의 중요한 목적에 도움이 되는 개념들 또한 많았던 것이 사실이다. 우리는 그 간극을 메우지 못했다. 사실은 초개인주의로 그 간극을 극적으로 넓혔다. 하지만 우리의 생리는 이를 따라잡지 못한다. 수백만 년 된 우리의 생물학적 구조는 여전히 의미 있는 연결을 필요로 한다. 이 새로운 이야기가 우리의 건강과 행복에 그토록 큰 영향을 미치는 것은 이 때문이다. **외로움은 개인적 고통이라기보다 문화적 병리학이다.**

현대 세계에서 개인의 자유와 통제력을 더 중시하는 경향은 우리에게 헤아릴 수 없을 정도로 많은 혜택을 주었다. 우리는 돌아갈 수 없고 돌아가서도 안 된다. 하지만 그렇다고 변화 과정에서 우리가 절실히 필요로 하는 무언가를 잃어버리지 않았다는 뜻은 아니다. 이 새로운 개념들은 합리적이지만 인간의 욕구가 항상 합리적이진 않다. 수천 년 동안의 물질적 결핍은 의존에서 벗어나고 싶은 갈망을 낳았지만, 우리가 도를 지나쳐서 실제로 상호 의존이 필요할 때조차 완전한 독립성을 내세워 타인에게서 돌아서버렸을 수 있다. 우리는 자유롭다고 느끼지만 여전히 공동체 안에 함께 있다.

서구 세계 밖에서는 여전히 많은 사람이 공동체적 의미에서 주변 사람들과 연결되어 있다. 하지만 현대 사회는, 그 모든 객관적 혜택들에도 불구하고 우리에게 무거운 대가를 지우고 있다. 세바스찬 융거Sebastian Junger가 쓴 것처럼, '수많은 비교문화 연구들은 현대 사회가 의학, 과학, 기술의 거의 기적 같은 발전에도 불구하고 인류 역사상 가장 높은 비율의 우울증, 조현병, 건강 악화, 불안, 만성적 외로움에 시달리고 있다는 것을 보여준다. 한 사회의 풍요로움과 도시화가 증대됨에 따라 우울증과 자살 비율이 내려가는 게 아니라 높아진다.' 현대의 발전이 코로나19라는 의학적 과제를 해결하는 백신을 우리에게 주었지만, 이러한 변화가 사회적 거리두기를 수세기 전보다 훨씬 더 고통스럽게 만들었다는 점은 아이러니하다.

우리는 필요에 의해 함께하는 것에 익숙해졌지만 경제적으로 풍족해지면서 더 이상 생존을 위해 서로 연결되어야 할 필요가 없어졌다. 당연히 우리는 더 많은 자유와 통제력을 원했다. 우리는 핵반응처럼 결합을 끊고 세상에 막대하고 유용한 에너지를 방출했다. 하지만 주의를 기울이지 않으면 핵반응은 체르노빌 사태를 일으킬 수 있다. 우리에겐 얼마간의 연결이 필요하다. 하버드대학교의 로버트 퍼트넘Robert Putnam에 따르면, 1964년에는 미국인의 77퍼센트가 '대부분의 사람은 믿을 수 있다'는 말에 동의했다. 하지만 2012년에는 그 말에 동의하는 사람이 24퍼센트에 불과했다.

이 시점에서 중요한 질문은, 우리 모두가 지금 이 문제를 어떻게 다루고 있느냐는 것이다. 약간의 힌트를 주겠다. 그리 좋은 해답은 아니지만.

# 사람들이 권력을
# 탐하는 이유

그건 그야말로 불꽃같은 사랑이었다. 니산Nisan은 도쿄에서 열린 만화 콘벤션에서 처음 네무탄Nemutan과 눈이 맞았다. 얼마 지나지 않아 둘은 함께 해변으로 놀러 갔다. 그리고 교토나 오사카로 주말여행을 떠나 커플 사진을 찍으며 웃고 킬킬거렸다. 눈 깜짝할 사이에 둘은 3년을 함께 했다. 니산이 〈뉴욕 타임스〉에 말한 것처럼 "나는 그녀 덕분에 놀라운 일들을 너무 많이 경험했어요. 그녀는 정말로 내 인생을 바꿔놓았어요."

그런데, 네무탄은 베개다. 더 정확히 말하면 베갯잇에 인쇄된 2D 애니메이션 캐릭터다(그래, 이야기가 순식간에 이상해진 건 나도 안다). 네무탄은 비디오 게임 〈다 카포(Da Capo)〉에서 나오는 수영복 차림의 섹시한 애니메이션 캐릭터다. 니산은 네무탄 베갯잇을 7장이나 가지고 있다. 밤에 늦게까지 일해야 할 때를 대비해 사무실에도 하나 가져다 두었다. "그녀는 사무실 의자에서 함께 잠들기에 최고예요."

숙녀들이여, 미안하다. 그는 그녀에게 홀딱 반했다.

맞다, 괴상하다. 그리고 요즘은 괴상한 일들이 정말, 정말 많다. 문제는, 그런 사람이 니산 혼자가 아니라는 것이다. 2D 캐릭터들과 사랑에 빠지는 것이 뭔가 하나의 추세가 되었다. 베갯잇만이 아니다. 〈러브 플러스(Love Plus)〉는, 남성들이 가상의 여자친구들과 상호작용할 수 있는 일본의 인기 비디오 게임이다. 실제로는 존재하지 않는 디지털 미인들과 시시덕거리고 키스를 한다. 연애 비디오 게임들이 일본에서 큰 사업이 되고 있고 시장 주도 기업은 2016년에 1억 달러 이상을 벌어들였다.

전부 2D인 것도 아니다. 이미 섹스로봇들이 존재하고 세상은 빠른 속도로 완전한 〈웨스트월드(Westworld: 인공지능 로봇들이 사는 테마파크에서 일어나는 사건을 다룬 드라마-옮긴이 주)〉화되고 있다. 리얼돌로 유명한 회사, 어비스 크리에이션스(Abyss Creations)는 자사의 실리콘 섹스돌들에게 목소리, AI 소프트웨어, 애니메트로닉 얼굴을 추가하고 있다. 당연히 사용자가 그들의 외모를 마음대로 조절할 수 있다. 여러분이 선호하는 색의 머리카락, 가슴 크기, 몸매를 선택할 수 있다.

아, 여러분의 소름 계량기의 바늘이 빨간색 눈금으로 넘어가는 것이 눈에 선하다. 하지만 이 문제에서 섹스가 전부라는 인상은 받지 말길 바란다. 니산이 생각하기엔 자신이 최고의 남자친구일 수 있다. 그는 금요일 밤마다 네무탄을 가라오케에 데려가고 함께 스티커 사진도

찍는다. 수많은 데이트 시뮬레이션 게임을 제작하는 거대 기업 코나미(Konami)는, 참가자들이 디지털 연인과 함께 주말 휴가를 보낼 수 있는 여름 해변 행사도 준비한다. 사회학자 야마다 마사히로Masahiro Yamada는 조사에 참여한 젊은 성인들의 12퍼센트가, 비디오 게임이나 그 외의 가상의 캐릭터들에게 진지한 연애 감정을 느껴본 적이 있다고 보고했다.

가상 연애 시장이 사회성 떨어지는 사내들에게만 국한된 것도 아니다. 남편의 대용물로 순종적인 남성 캐릭터도 등장해 여성에게도 동등한 기회가 열린 것이다. 여성용 오토메 게임은 기본적으로 쌍방향 소통 연애 소설이다. 이 게임들은 잘나가는 멋지고 섹시한 남성들이 등장하는 디지털 세계다. 제인 오스틴이 《그레이의 50가지 그림자(Fifty Shades of Grey)》를 만났다고 생각해보라. 그리고 이 역시 일시적인 별난 유행이 아니다. 2014년에 2,200만 명이 넘는 여성들이 볼티지(Voltage)사의 연애 게임들을 이용했다. '일본스러운 현상'만도 아니다. 2015년에 미국에서 최고 수익을 올린 30개 앱들에 볼티지의 게임 2개가 포함되었다. 이런 상황은 바로 지금 여러분의 머릿속에 맴돌고 있는 가장 큰 물음표로 이어진다. 대체 무슨 일이 벌어지고 있는 거야?

〈사람들을 연애 게임으로 이끄는 요인들은 무엇인가?〉라는 적절한 제목이 붙은 2020년의 학계 연구는, 이 게임을 하고 싶어 하는 이유가 바로 외로움 때문이라는 걸 밝혀냈다. 연애 게임을 하는 사람들에게 디지털 연애에 대해 물었을 때도, 아름다움이나 섹시한 몸이 아니라 그저 교류와 수용에 대한 욕구 때문이라고 답했다.

2002년과 2015년 사이에 20~24세의 일본 여성들 중 결혼도, 애인과 동거도 하지 않는 비율이 38.7퍼센트에서 55.3퍼센트로 늘어났다. 같은 연령층의 남성들은 이 비율이 48.8퍼센트에서 67.5퍼센트로 증가했다. 또한 그 연령층에서 성관계 경험이 없는 비율이 2015년에 남성과 여성 모두 약 47퍼센트에 이르렀다.

또한 일본 정부의 조사에서는, 젊은이들의 37.6퍼센트가 연애 상대를 원하지 않는 것으로 나타났다. 왜일까? 대부분의 젊은이들이 '귀찮아서'라고 답했다. 현실의 실제 관계는 너무 힘들고 위험이 커 보인다. 일본 남성들은 인간관계의 '멘도쿠사이(귀찮음)'를 원하지 않는다고 말하고, 여성들도 동의한다. 오토메 게임의 장점에 관해 이야기할 때 한 여성은 "그건 이상적인 사랑 이야기예요. 경쟁하는 다른 여자들도 없고 슬픈 결말도 없으니까요"라고 말했다.

그들은 인간이 아닌 누군가를 상대로 기술로만 얻을 수 있는 마찰 없는 지배력과 편의를 원한다. 가상의 파트너들은 비이성적인 기대를 하지 않는다. 당신을 거부하거나 잠수를 타거나 불안하게 만들지도 않는다. 문제가 생기면 거북한 이별의 대화 없이 게임을 처음부터 다시 시작하면 된다. 슬픔이 없다는 것도, 음, 장점의 일부다.

하지만 이 현상은 다마고치 게임의 무해한 오락과는 거리가 멀다. 우리는 외로움이라는 현상을 다루고 있지만, 걱정스러운 건 우리가 이 문제의 해결을 위해 노력하고 있는 새로운 방식들, 장기적인 정서적 충족감과 행복으로 향하는 것 같지는 않은 방식들이다.

왜 우리는 서로가 아니라 기술에게 계속 손을 내밀까?

외로운 건 괴롭다. 반면 인기 있는 건 좋다. 말하자면, 정말 좋다. 인기 있는 아이였던 경험은 수십 년 뒤의 삶에 큰 차이를 불러온다. 그것도 아주 놀라운 방식으로 말이다. 노스캐롤라이나대학교(UNC Chapel Hill)의 심리학 및 신경과학 교수인 미치 프린스타인Mitch Prinstein의 연구에 따르면, 인기 있는 아이들이 학교 성적이 더 좋고 좀 더 견실한 결혼생활과 더 나은 인간관계를 가지며 성인이 되었을 때 돈을 더 많이 번다. 또한 더 행복하고 더 오래 산다. 인기는 지능지수나 가정환경, 심리적 문제들보다 이런 긍정적인 결과들을 더 잘 예측해준다. 그렇다면 인기가 없는 사람들은 어떨까? 맞다, 질병, 우울증, 약물 남용, 자살의 위험이 더 높다. 제길.

운동을 좋아하는 인기남들과 인기 없는 샌님들 사이에 계급 전쟁이 일어나기 전에 얼른 뭔가 화제를 바꿔야겠다. 인기에는 두 가지 유형이 있다. 첫 번째가 지위다. 지위는 권력 및 영향력과 관련되어 있다. 고등학교에서 잘나가는 아이들을 생각해보라. 또한 왕따를 시키는 것 같은 고약한 방법들로 지위를 얻을 수도 있다. '적극적 공격'은 당신을 인기 있게 만들진 않지만 유감스럽게도 지위를 상승시킨다.

좋든 싫든 우리 모두에겐 천성적으로 지위에 대한 얼마간의 욕구가 있다. 우리 모두는 심리학자들이 '외재적 목표'라고 부르는 권력, 영향력, 지배력을 더 성공적으로 얻게 되길 원한다. 이런 욕구가 우리에게 깊이 새겨져 있다. 기능성 MRI 연구들에서, 우리가 높은 지위의 사람들을 떠올리기만 해도 뇌의 보상중추들에 불이 들어온다. 그리고 우리 자신이 사람들에게 높은 지위의 인물로 보인다고 생각하면 그 보상중추들이 더 밝게 빛난다. 이건 말이 된다. 지위는 우리가 그토록 갈망하는, 세상에 대한 지배력을 주기 때문이다. 설문조사를 해보면, 절반 이상의 사람들이 돈보다 지위를 선택한다는 걸 알게 될 것이다. 사람들은 모든 사람들이 4달러를 가지고 있는데 자신은 3달러를 가지는 것보다, 모든 사람들이 1달러를 가지고 있는데 자신은 2달러를 가지는 편이 낫다고 생각할 것이다.

지위가 가진 문제는 장기적으로 충족감을 주지 않는다는 것이다(아, 샌님들의 복수인가). '잘나가는 아이들'을 중학교 이후 10년 동안 추적한 버지니아대학교의 조 앨런Joe Allen은, 그들에게 약물 남용 문제, 안 좋은 인간관계, 범죄 행위가 더 많다는 것을 발견했다. 그리고 전 세계적으로도 이러한 결과가 나온다. 지위, 권력과 같은 '외재적 목표'들에 초점을 맞추면 좋은 결말로 이어지지 않았다.

이 이야기가 열세 살짜리들에게만 해당되는 건 아니다. 최고의 지위를 갖는다는 건 어떤 걸까? 인기가 있다는 건? 학계 연구는 최고의 자리에 오르면 정말로 외롭다는 또 다른 격언이 사실임을 알려준다. 〈유명인사가 되는 것: 명성의 현상학〉이라는 연구는, 대부분의 사람들이 더 많이 사랑받기 위해 유명해지길 원하지만, 아이러니하게도 유명해지면 더 외로워진다는 것을 보여주었다. 유명인사들은 밀려드는 관심에 대처하기 위해 벽을 쌓아야 한다. 항상 당신에게서 뭔가를 바라는 사람들 때문에 누구도 믿기 어려워진다. 친구들은 시기한다. 또한 모든 사람에게 그렇게 사랑을 받게 되면 결국에는 작가들이 '정서적 고립'이라고 부르는 상태로 이어진다. 그리고 그 상태는 중학교에서 잘나가던 친구들에게서 보았던 것과 비슷한 결과를 낳는다. 유명인사들은, 보통 사람들보다 알코올 문제 발생률이 거의 2배에 이르고 자살률은 4배가 넘는다. 앤디 워홀이 말한 '15분(미래에는 모든 사람이 15분간 세계적으로 유명해질 것이라는 앤디 워홀의 말을 인용한 구절 – 옮긴이 주)'이 당신에겐 찾아오지 않길 기도하라.

왜 지위와 외재적 목표들에 초점을 맞추면 그렇게 자주 문제들이 발생할까? 보통 하나를 얻으면 하나를 잃기 때문이다. 지위가 높은 사람들 중 굉장히 '호감 가는' 사람은 35퍼센트에 불과하다. 권력과 지배력을 얻기 위해 시간을 바칠 때는 사랑과 유대 같은 '내재적' 목표에 초점을 맞추지 않는다. 또한 지위를 유지하려면 좋은 관계와 정반대인 왕따시키기 같은 행동이 필요할 수도 있다. 사랑받는 것은 종종 권력의 포기를 의미한다.

여기에서 인기의 다른 한 유형이 등장한다. 바로 호감 가는 사람이다. 이 유형은 내재적 목표들에 초점을 맞춘다. 호감 가는 사람들은 지위가 높은 사람들 같은 지배력은 얻지 못한다. 하지만 이들은 우리가 신뢰하고 정감을 느끼는 사람들이다. 이들은 협력적이고 친절하다. 그리고 이런 유형의 인기는 행복으로 이어진다. 로체스터대학교의 교수 에드워드 디시Edward Deci는 이렇게 요약한다. "우리의 문화는 부와 명성을 얻는 데 강한 중점을 두지만 이 목표를 향한 추구가 삶을 만족스럽게 하지는 않는다. 당신의 삶을 행복하게 만드는 건 한 개인으로서 성장하는 것, 사랑하는 관계들을 갖는 것, 공동체에 기여하는 것이다." 그렇다면 인기로 얻는 혜택에 대해 내가 언급한 모든 통계들은 어떤 의미일까? 그 혜택들은 '지위 인기'가 아니라 '호감 인기'에서 온다. 스웨덴에서 1만 명의 아이들을 대상으로 수십 년 동안 수행한 연구에 따르면, 장기적인 행복과 성공으로 이어지는 건 대개 호감도이다.

이는 앞서 우리가 문화적 수준에서 논의했던 내용들과 유사하다. 개인주의적 통제력에 대한 욕구는 지위와 마찬가지로 우리에게 많은 권력을 제공한다. 하지만 그러한 욕구는 단절을 낳을 뿐 아니라 당신 자신이 호감 가는 사람이 되는 것과, 당신을 사랑하는 사람들이 있는 것만큼 충족감을 주지는 않는다. 따라서 우리는 사회적 수준에서의 '지위 대 호감'의 사투를 다루고 있다. 전세가 어떨 것 같은가? 호감도와 내재적 목표들이 지고 있다.

여러분은 딸이 자라서 어떤 사람이 됐으면 좋겠는가? CEO? 상원의원? 예일대학교 총장? 이 직업들은 중학생 653명에게 실시한 설문조사에서 주어진 선택지였다. 그리고 이들은 43.4퍼센트의 표를 얻은 '아주 유명한 가수나 영화배우의 개인 비서' 항목에 모두 패배했다.

오늘날 젊은이들이 다른 무엇보다 원하는 게 바로 유명해지는 것이다. 2007년에 미국 젊은이들을 대상으로 실시한 퓨 리서치 센터의 연구는, '이 세대의 최고 목표가 부와 명성'이라는 것을 발견했다. 매체에서도 이러한 특성을 발견할 수 있다. 1983년부터 2005년까지는 유명해지는 아이들에 관한 텔레비전 쇼가 없었다. 2006년 이후에는 디즈니 채널의 쇼들 중 거의 50퍼센트가 그 주제를 다룬다.

오늘날 우리의 개인주의적 문화에서는 지위가 자존감과 동의어가 되고 있지만, 프린스타인의 지적처럼 지위는 행복을 얻는 좋은 방법이 아니다. 하지만 나르시시즘을 얻는 데는 지름길이다. 대학생 1만 4,000명을 대상으로 한 2010년의 연구는 지난 수십 년 동안 공감이 40퍼센트 감소했다고 언급한 한편, 다른 연구(《시간이 지나면서 팽창되는 자아》)는 이와 비슷한 집단에서 자기애적 성격 지표(Narcissism Personality Index) 점수가 1990년과 2006년 사이에 거의 50퍼센트나 높아졌다는 것을 발견했다. 21세기에 나르시시즘은 비만만큼이나 빠른 속도로 증가하고 있다. 타인들과 연결되어 있다고 느낄 때는 지배력이 덜 중요하다. 도움을 받을 수 있다고 느끼기 때문이다. 하지만 외로울 때는 우리의 뇌가 2배 빨리 위험을 감식한다. 우리는 안전하다고 느끼기 위해 환경을 지배하길 원한다. 그리고 그 어느 때보다 개인주의적인 세상에서 그러한 절실한 통제 욕구가 우리의 인간관계에 영향을 미치고 있다. 우리가 관계를 다루는 방식뿐 아니라 우리가 선택하는 관계의 유형, 관계들이 띠는 형태도 영향을 받는다. 우리는 자신이 통제권을 쥔 관계들을 원한다. 우리는 사회적 관계들을 원하지 않는다. 지금 우리는 심리학자들이 '준사회적 관계(parasocial relationship)'라고 부르는 관계들을 원한다.

이 개념은 사람들이 텔레비전에 나오는 인물들과 맺는 관계를 표현하기 위해 1956년에 만들어졌다. 연구자 코헨Cohen과 메츠거Metzger는, '텔레비전은 완벽한 손님, 그러니까 우리가 원하는 대로 왔다가 가는 손님을 대표한다'고 썼다. 그러니까 우리 기분 내키는 대로 이루어지는 관계를 말한다. 각자의 욕구를 가진 타인을 상대할 때의 갖가지 고민 없이 얻을 수 있는 웃음과 따뜻함이다. 그들은 당신을 실망시키지 않고 돈을 빌려달라고 하지도 않는다. 싫증나면 TV를 꺼버리면 된다. MIT의 교수 셰리 터클Sherry Turkle은 그들이 "우정에 따르는 요구 없이 친하게 지낼 수 있다는 환상을 제공한다"라고 말한다.

이런 준사회적 관계가 얼마나 강력할 수 있는지가 충격적이다. 2007년에 방송작가들이 파업을 하는 바람에 많은 쇼가 일시적으로 새로운 에피소드의 방영을 중단했던 적이 있다. 그러자 가장 좋아하는 가상의 인물들과 강한 준사회적 유대를 발전시켰던 시청자들이 어떤 정서적 영향을 받았을까? 2011년의 한 연구가 직설적으로 말해준다. 그 영향은 누군가와 헤어졌을 때의 상황과 비슷했다. "실제 관계 대 준사회적 관계는 섹스 대 포르노물과 마찬가지군" 하는 생각이 들었다면, 제대로 짚었다. 이건 정서적 포르노물이다.

지위를 얻는 데 들인 시간이 호감 가는 사람이 되는 시간을 가로챈 것처럼, 텔레비전에 쓰는 시간이 어디에서 왔을지 맞춰봐라. 정답! 현실의 사람들과 보내는 시간이다. 하지만 텔레비전은 사회적 관계만큼 충족감을 주지 않는다. 텔레비전을 많이 보는 사람들은 덜 행복하고 불안이 더 심하다. 호화로운 저녁식사를 영양가는 낮고 열량만 높은 정크 푸드와 바꾸는 것이나 마찬가지다. 하지만 이건 개인들만의 문제는 아니다. 20세기 내내 이 문제는 사회 문제가 되었다.

하버드대학교의 교수 로버트 퍼트넘이 쓴《나 홀로 볼링(Bowling Alone)》은, 여러분에게 있어 최고의 디스토피아 공상 과학 소설일 것이다. 단, 허구가 아니라는 점만 제외하면 말이다. 퍼트넘은 20세기의 마지막 25년 동안 미국인들의 공동체 참여가 감소한 현상을 꼼꼼하고 자세하게 설명했다. 그에 따르면, 1985년부터 1994년까지 개인의 공동체 참여도가 45퍼센트 감소했다. 더 이상 볼링 모임과 보이스카우트에 참여할 시간이 없다. 가족과의 저녁식사에 쓰는 시간이 43퍼센트 줄어들었고, 친구 초대는 35퍼센트 감소했다. 퍼트넘은 '20세기의 마지막 25년 동안, 거의 모든 형태의 가족 친목 모임이 줄어들었다'라고 말한다. 그렇다면 그가 밝힌 원인은 뭘까? 바로 텔레비전이다.

하지만 지금은 21세기다. 우리의 역설적 욕구들은 바뀌지 않았지만 기술은 변화했다. 그럼 텔레비전에 등장하는 인물들을 잃는 것이 이별과 비슷하다는 그 연구들은 어떻게 되었을까? 음, 사람들을 MRI 기계에 넣고 스마트폰이 울리는 소리나 진동을 들려주면 어떻게 될까? 아니, 그 모든 끔찍한 중독의 징후들은 나타나지 않는다. 뇌가 약에 취한 것처럼 혼란스러운 갈망, 즉 사랑으로 비명을 지르진 않는다. 여러분은 스마트폰이 가족이나 중요한 타인인 것처럼 반응한다.

기술이 일부 사람들의 말처럼 본질적으로 악은 아니다. 문제는, 텔레비전과 마찬가지로 우리가 대부분, 대면 상호작용과 공동체 활동을 대체하기 위해 기술을 사용한다는 것이다. 스탠퍼드대학교의 노먼 나이Norman Ni는 "보내거나 받는 개인 이메일 메시지 1개당 가족과 보내는 시간이 거의 1분 줄어든다. 매일 평균 13통의 이메일을 보내고 받으면 가족과의 시간이 하루에 13분, 1주일에 약 1.5시간 줄어든다"라고 말한다. 초콜릿 케이크는 악이 아니다. 하지만 식사의 절반이 초콜릿 케이크로 이루어진다면 음, 그건 좋은 생각이 아니다. 실제 만남을 준비하는 데 사용한다면 기술은 완전한 선이다. 하지만 기술이 실제 만남을 대체하면 우리는 더 연결되는 게 아니라 점점 더 멀어진다. 그리고 지금 우리는 잠자는 시간보다 디지털 기기들에 쓰는 시간이 더 많다.

그리고 화면에 집중한 이 모든 시간은 지위와 외재적 가치 문제에 플라이휠 효과를 일으킨다. 사람들이 명성, 돈, 성취에 초점을 맞추는 경향이 1967년부터 1997년 사이에 크게 증가했지만, 1997년 이후에 확실히 폭증했다. 1997년에 무슨 일이 일어났을까? 인터넷의 대두다. 그리고 퍼트넘이 공동체 약화의 원인으로 텔레비전을 언급한 것처럼, 제이크 핼펀Jake Halpern은 디지털 기술들이 부상하면서 그러한 경향이 증가했다고 말한다. 1980년과 2005년 사이에 미국인들이 집에 친구들을 초대하는 시간이 절반으로 감소했다. 1975년 이후 30년 동안 클럽 참여는 3분의 2 줄어들었다. 또한 우리는 피크닉도 심각하게 박탈당했다. 같은 시기 동안 피크닉이 60퍼센트 감소했다.

유명한 생물학자 E. O. 윌슨E. O. Wilson은, "사람은 부족에 속해야 한다"라고 말한 적이 있다. 그런데 오늘날 많은 사람이 자신의 부족을 어디에서 찾고 있는가? 바로 비디오 게임이다. 인터넷 중독을 겪는 사람들은 어떤 게임들을 선호할까? 심리치료사 힐러리 캐시Hilarie Cash는 요한 하리에게 "여러 명이 한꺼번에 할 수 있는 게임들이 굉장히 인기가 높다. 이런 게임들에서 여러분은 길드, 그러니까 팀의 일원이 되고 그 길드 내에서 지위를 얻는다. 그 핵심에는 부족주의가 있다"라고 말했다. 하지만 온라인 공동체와 현실의 공동체는 상호 대체될 수 없다. 온라인 암 지원 단체들을 연구한 파울라 클렘Paula Klemm과 토머스 하디Thomas Hardie는, 참여자들의 92퍼센트가 우울하다는 것을 발견했다. 현실의 단체들에서는 얼마나 많은 사람이 우울할까? 0명이다. 두 연구가는 '일반적인(오프라인) 암 지원 단체들은 사람들을 도울 수 있지만, 인터넷 암 지원 단체들의 효험은 아직 입증되지 않았다'라고 보고한다. 대면 접촉을 온라인 상호작용으로 대체하기는 굉장히 쉽지만 동일한 유대감이 구축되진 않는다. 심리학자 토머스 폴렛Thomas Pollet은 '메신저나 SNS에 쓰는 시간이 늘어난다고 관계의 정서적 친밀감이 증대되지는 않는다' 는 사실을 발견했다.

게다가 이 문제는 이중으로 타격을 입힌다. 충족감이 덜한 디지털과의 연결에 더 많은 시간과 에너지를 쓰면, 타인과 교감하는 능력이 저하되기 때문이다. 젊은이들 사이에 공감 능력이 40퍼센트 감소한 것을 기억하는가? 원인이 무엇이었을까? 에드워드 오브라이언Edward O'Brien은 "온라인에서는 '친구'를 쉽게 사귈 수 있어서 사람들이 타인의 문제에 반응하고 싶지 않을 때 그냥 무시해버릴 가능성이 더 높아질 수 있고, 이런 행동은 오프라인으로도 이어질 수 있다. 과도하게 경쟁적인 분위기에, 유명인사들의 성공에 대한 과한 기대까지 더해지면, 속도를 늦추고 약간의 공감이 필요한 누군가의 말에 귀를 기울이는 일을 역행하는 사회 문화가 생긴다'라고 말한다.

여러분은, 이미 우리는 모두 영원히 단절되었고 이 시점에서 우리가 연결될 수 있는 유일한 대상은 휴대폰 충전기뿐이라고 생각할 수도 있다. 하지만 아니다. 터클은 젊은이들을 다룬 또 다른 연구를 언급한다. "캠프에서 휴대폰 없이 닷새만 살아도 공감 수치가 다시 올라간다. 어째서일까? 캠핑을 하는 사람들이 서로 이야기를 나누기 때문이다."

여러분은 어떨지 모르겠지만 나는 다른 사람들과 가까워지는 능력을 더 떨어뜨려서는 안 되는 처지다. 내 사회성 기술은 유치원 때 최고점을 찍고는 쭉 내려왔다. 현대 컴퓨터의 아버지로 여겨지는 콘라트 추제Konrad Zuse는 "컴퓨터들이 인간처럼 될 위험은, 인간이 컴퓨터처럼 될 위험만큼 크지 않다"고 말한다.

우리는 결국 공동체도 없고 고독도 없는 상태, 항상 연결되어 있지만 정서적 만족감은 절대 충족되지 않는 상태에 이르렀다. 소셜 미디어는 악이 아니지만 이것이 현실의 공동체를 대체하면 우리에게 필요한 의미 있는 결속을 얻지 못하기 때문에 문제가 생긴다. 우리는 진정으로 '함께하거나' '무언가에 속해 있다'고 느끼지 않는다. **우리에겐 너무 많은 통제력과 자율성이 있어서 어떤 유형의 집단 정체성도 가지지 못한다.**

만약 우리가 내일 EMP 폭탄을 맞는다면 스마트폰들은 망가지겠지만 근본적으로 문제가 해결되진 않을 것이다. 우리는 기술과 지위, 통제력으로 간극을 메우고 있다. 우리에겐 더 나은 무언가가 없기 때문이다. 심리학자 스콧 배리 카우프만Scott Barry Kaufman은 "권력에 대한 갈구는 외로움에서 달아나려는 시도다. 그러나 권력은 절대 사랑만큼 만족감을 주지 않는다"라고 말한다.

우리는 마음 깊은 곳에서는 여전히 대초원의 호모 사피엔스들이다. 그들에겐 무엇이 필요했을까? 거기에 답이 있다. 그리고 우리는 나, 그러니까 과학 저술가라는 작자가 제시하는 완전히 말도 안 되는 무언가를 탐구함으로써 답을 찾는 작업에 착수하겠다.

현대 사회에 왜 이렇게 문제가 많아졌는지, 그리고 지금 우리에게 절실히 필요한 미래의 희망을 어디에서 찾아야 할 것인지의 비밀을 발견할 것이다.

# 18장

## 협력하는 유전자가
## 살아남는다

이 모든 일은 페르시아 융단에서 시작되었다. 환자가 테드 캡트척Ted Kapthuck에게, 자신을 '치료'해주었다며 융단을 선물로 가져온 것이다. 테드는 정중하게 선물을 받았지만 그녀가 한 말을 믿진 않았다. 그는 외과의사나 종양 전문의가 아니었다. 심지어 의학박사도 아니었다. 테드는 약초를 조제하고 침을 놓는 사람이었다.

테드는 진지하고 이성적인 사람이다. 그는 자신이 하는 일이 분명히 환자들의 컨디션을 나아지게 만드는 어떤 힘이 있다고 믿었다. 그러나 이 여성은 외과적 수술이 필요한 그녀의 난소 문제를 그가 치료했다고 말하고 있는 것이다. 그가 〈뉴요커〉에서 말한 것처럼 "침이나 약초가 그 여성의 난소에 무언가를 해줄 방법은 없다. 그건 어떤 유형의 플라세보 효과가 분명했지만, 나는 그 개념에 그리 관심을 기울인 적이 없었다."

몇 년 뒤 테드는 하버드 의과대학교에 초청을 받았다. 대체의학을 기반으로 한 새로운 치료법을 연구하고 있던 연구가들이 테드의 통찰력을 알고 싶어 했다. 그가 플라세보 효과를 공식적으로 처음 접하게 되는 순간이었다. 그런데 플라세보 효과가 너무나 강력해서 종종 테스트 중인 약보다 더 효험을 보이는 경우가 발생했다. 이 효과 때문에 '진짜' 치료가 방해가 되어 의사들이 화를 낼 정도였다. 테드는 혼란스러웠다. 우리는 환자들의 고통을 덜어주려고 애쓰고 있고 위약이 고통을 덜어준다. 그런데 왜 위약을 싫어하지?

그때 테드는 자신이 앞으로 무엇을 해야 할지 깨달았다. 그는 그토록 많은 사람의 고통을 완화해주는 이 '애물단지'를 연구하여 환자들을 도와야겠다고 결심했다. 테드는 "우리는 약효를 높이려 고군분투하고 있었지만 플라세보 효과를 증가시키려 애쓰는 사람은 아무도 없었다"라고 말한다. 그는 우리가 의학에서 가장 강력한 도구들 중 하나를 등한시하고 있다고 생각했다. 그래서 의사들에게 그들이 저지르고 있는 실수를 알려 주는 일에 일신을 바쳤다.

쉬운 일은 아닐 터였다. 그는 이 효과를 과학적으로 입증해야 했다. 안 그러면 누구도 그의 말에 귀를 기울이지 않을 것이다. 그에겐 의학 박사 학위도, 다른 박사 학위도 없었다. 임상 연구 수행이나 연구에 필요한 통계 기법들에 대해서도 전혀 몰랐다. 그러니 배워야 할 것이다.

테드는 하버드대학교 최고의 의학 통계학자들에게 가르침을 받았다. 약초와 침의 세계에서 엄격한 수학으로 옮겨 가는 건 지독하게 힘든 일이었지만 전력을 다했다. 정말로 열심히 노력했다. 그리고 마침내 그가 연구들을 이끌 수 있게 되면서, 그리고 성과를 내기 시작하면서 그런 노고가 결실을 맺기 시작했다. 그가 무모했던 게 아니었다. 플라세보 효과는 바이러스를 죽이거나 종양을 제거하지는 못하지만 '진짜' 약을 더 효과 있게 만드는, 믿을 수 없는 힘을 가지고 있었다.

그는 편두통 환자들을 세 그룹으로 나누었다. 첫 번째 그룹은 '맥솔트(Maxalt, 식품의약국의 승인을 받은 편두통 약)'라고 표시된 봉투에 들어 있는 가짜 약을 받았다. 두 번째 그룹은 '위약'이라고 표시된 봉투에 들어 있는 진짜 맥솔트를 받았다. 세 번째 그룹은 '맥솔트'라고 표기된 봉투의 진짜 맥솔트를 받았다. 어떤 결과가 나타났을까? '맥솔트'라고 표시된 가짜 약을 받은 사람들의 30퍼센트가 기분이 나아졌다. 그리고 '위약'이라고 표기된 진짜 약을 받은 사람들의 38퍼센트가 두통이 완화되었다. 통계학적으로 결과가 구별이 되지 않았다. 가짜 약이 통증을 완화하는 데 진짜 약만큼 효과를 나타냈다. 하지만 가장 중요한 통찰은 이게 아니었다. '맥솔트'라고 표시된 맥솔트를 받은 사람들 중에서는 62퍼센트가 컨디션이 나아졌다. **똑같은 약에 표기만 다르게 했는데 24퍼센트 더 효과를 나타낸 것이다.** 최대의 효험을 얻으려면 플라세보 효과를 최대화해야 한다.

테드는 자신이 예전에 했던 일이 사람들을 어떻게 도왔는지도 알게 되었다. 그는 환자들을 두 그룹으로 나눈 뒤 한 그룹에게는 진짜 침을 놓고 두 번째 그룹에게는 '가짜' 침을 놓았다(환자들에게는 똑같아 보이지만 침이 몸을 뚫고 들어가지 않았다). 두 그룹 다 비슷하게 증상이 호전되었다. 테드의 가짜 침이 플라세보 효과를 발휘한 것이다.

그의 연구는 당연히 저항에 부딪혔다. 하지만 이제 그는 정밀한 연구 결과로 되받아칠 수 있었다. 그는 우선 위약으로 인한 플라세보 효과가 암을 치료하거나 부러진 뼈를 고정시킬 수 있다고 주장하는 게 아님을 분명히 했다. 그러나 위약이 고통과 불안의 측면에서 환자들에게 적합한 생리학적 영향을 미치고, '진짜' 치료의 결과를 향상시킨다는 것을 증명할 수 있었다.

테드는 이 효과가 마법이 아니고 가짜도 아니라는 것을 보여주었다. 날록손Naloxone은 아편 수용체들을 차단하는 약으로, 대개 헤로인 과다복용을 중화하는 데 사용된다. 그런데 날록손은 인체의 천연 아편인 엔도르핀까지 차단한다. 날록손을 사람들에게 주었을 때 어떤 일이 일어날까? 플라세보 효과가 멈췄다. 따라서 위약들은 다차원적이고 강력한 치유 마법이 아니다. 인체의 천연 진통제를 현대 의학이 아직 이해하지 못하는 어떤 방식으로 활용하는 정상적인 치료 절차다. 그리고 그 효과는 지대할 수 있다. 8밀리그램의 모르핀은 많은 양이다. 하지만 실제로 이만큼의 모르핀을 주입받은 환자와, 주입받았다는 말만 들은 환자들이 같은 정도의 증상 완화를 경험했다. 위약의 효과를 능가하는 약효를 얻기 위해서는 복용량을 50퍼센트 늘려야 한다.

마카오의 한의학 프로그램에서 받은 학위만 있을 뿐 의학박사도 아닌 사람이 국립보건원에서 연구 보조금을 받기까지는 그리 오랜 시간이 걸리지 않았다. 이제 테드를 괴롭히는 문제는 플라세보 효과가 진짜이고 유용하다는 건 알지만 어떻게, 왜 작동하는지 명확하게 알 수 없다는 것이었다. 게다가 데이터에서는 토끼굴이 생각보다 더 깊다는 것을 알려주는 일부 이상한 결과들이 드러나고 있었다.

하루에 네 알의 위약이 두 알보다 효과가 좋다. 파란색 위약들은 수면 개선에 뛰어나고, 불안을 줄이기 위해서는 초록색 위약을 원할 것이다. 하지만 위약은 캡슐이 알약보다 낫고, 주사가 훨씬 더 효과가 좋다. 아, 그리고 유명회사 제품의 비싼 위약들이 일반적인 저렴한 약들보다 효과적이다. 어차피 약효가 없는 알맹이라는 점은 똑같은데, 투여 방법이 왜 그러한 차이를 만들어낼까? 심지어 위약이라고 대놓고 표시된 약들도 효과를 나타냈다. 그렇다, 약이 가짜라고 말해주어도 여전히 사람들은 컨디션이 나아졌다고 느끼는 것이다.

그제야 테드는 자신의 치료가 대체 의학일 뿐이었는데도 왜 그렇게 좋은 효과를 나타냈는지 깨달았다. 플라세보 효과는 치료 과정, 그리고 몸이 나아질 것이라는 환자의 믿음과 관련이 있었다. 주사는 알약보다 더 진지해보이기 때문에 플라세보 효과를 증대시킨다. 유명상표와 비싼 가격표는 이 약이 보증된 것이라 말하고, 그러므로 더 많은 플라세보 효과를 낳는다. 하지만 속임수가 전부가 아니었다. 의사가 보여주는 더 많은 공감과 관심과 염려도 같은 힘을 전달했다. 테드의 연구들은 아무 치료도 받지 않은 환자의 28퍼센트가 3주 뒤에 증상이 완화됐다는 결과를 보여주었다. 그들은 자력으로 호전되었다. 그런데 '사무적인' 의사에게 가짜 침을 맞은 환자들 중에서는 44퍼센트가 병세에 호전을 보였다. 치료 과정과 관심이 긍정적 효과를 불러왔다. 그런데 진심으로 마음을 써주는 의사와 가짜 침이 결합되었을 땐 어떻게 되었을까? 의사들이 환자와 45분간 대화를 하라는 지시를 받았을 때는? 환자들의 62퍼센트가 컨디션이 나아졌다고 느꼈다. 보살핌이 용량 의존적 효과가 있었다.

다시 말하지만 이런 효과가 에볼라 바이러스를 죽이거나 혈관 우회술을 대체하진 않는다. 하지만 또 한편으로 생각해보면, 그런 심각한 병들과 그저 불편을 덜고 싶은 가벼운 증상들 중 무엇 때문에 의사를 찾는 경우가 더 많을까? 그리고 '진짜' 약은 플라세보 효과가 있을 때 더 약효가 좋다. 이 말은 누군가가 관심을 기울인다는 것을 보여줄 때 '진짜' 약이 더 잘 듣는다는 뜻이다.

테드 캡트척은 우리가 기술의 발전으로 분명 엄청나게 많은 것을 얻게 된 반면, 그 과정에서 연민의 힘을 무시함으로써 무언가를 잃었음을 증명했다. 급하게 이루어지는 의사와의 면담은 플라세보 효과를 줄이고 환자의 회복을 더디게 한다. 환자를 대할 때 의사가 하는 입에 발린 말들이 환자에게 실제로 효과가 있다. 물론 우리는 '진짜' 효과가 있는 진짜 약과 진짜 수술을 원한다. 하지만 그 약들과 수술들은 그 '가짜' 플라세보 효과들을 제공하는 인적 요소가 있으면 훨씬 더 과학적으로 효력을 발휘한다.

테드 캡트척은 침을 놓지 않은 지 20년이 넘었지만 그 시절에 배웠던 교훈들을 자신의 새로운 역할에 적용해왔다. 2013년에 그는 하버드 의과대학교의 의학 정교수로 임명되었다. 여기까지가 테드의 이야기이다.

하지만 이야기는 아직 끝나지 않았다. 왜 플라세보 효과가 작동하는지 아직 설명하지 않았다. 우리 몸이 진짜 약 없이 스스로 통증을 떨쳐버릴 수 있다면 왜 그렇게 하지 않는 걸까? 그 따뜻한 감정들이 때때로 '진짜' 치료만큼 중요할 수 있는 이유 뒤에 있는 논리는 무엇일까?

고통을 부상의 직접적 결과가 아니라 자동차 계기판의 '서비스 경고등'처럼 생각해보라. 경고등은 당신에게 뭔가가 잘못됐으니 해결이 필요하다고 알려준다. 당신의 몸이 **지금 네가 하고 있는 일을 중단하고 이 문제를 보살펴야 해**라고 말하고 있는 것이다. 보살핌. 우리가 살펴본 것처럼 보살핌이 플라세보 효과의 핵심이다. 우리가 위약이란 것을 알 때도 효과가 있는 건 그 때문이다. 누군가가 우리를 보살피고 더 많은 관심을 줄수록, 그들이 더 유능해보일수록, 더 좋은 도구들을 사용할수록, 우리와 더 많은 시간을 보낼수록 우리 몸은 더 많은 것을 알아차린다. 그러면 몸이 당신에게 이런 이야기를 들려줄 것이다. **누군가가 우리를 돌보고 있어. 내가 더 이상 너에게 고통스럽다고 소리치지 않아도 돼. 우리는 이제 안전해.** 그러고는 '서비스 경고등'을 끈다.

치료소를 찾은 고객들 중 최대 66퍼센트가 심지어 첫 진료를 받기도 전에 접수만 하고도 기분이 나아졌다고 말했다. **우리에게 도움의 손길이**

오고 있어. 경고등을 꺼도 되겠어. 관심이 당신을 치유할 수 있다. 나는 이런 모호한 문장을 들으면 대개 나도 모르게 눈을 치켜뜨지만 이 말은 과학적으로 사실이다.

위약에는 '서로를 돌보는 인간'이라는, 유효 성분이 들어 있는 것으로 나타났다.

그렇다면 지위와 권력, 외재적 목표들에 초점을 맞추고 관심과 내재적 목표들은 등한시하는 이 세계에서는 무슨 일이 일어날까? 우리는 우울해졌다. 거대한 물질적 성공에도 불구하고 서구 사회에서는 지난 50년 동안 행복 지수가 낮아졌고 우울증 발병률이 높아졌다. 2011년에 국립보건통계센터는 미국 중년 여성들의 거의 4분의 1이 현재 우울증 치료제를 복용 중이라고 발표했다.

하지만 오늘날 우리는 우울증의 원인을 완전히 잘못짚고 있다. 우리는 화학적 불균형이나 그 외의 인체 내부적 원인 때문이라고 성급하게 생각한다. 그런 문제들도 분명 원인의 일부이지만 가장 중요한 원인과는 거리가 멀다. 심리학자 조지 브라운George Brown과 티릴 해리스Tirril Harris가 수행한 일련의 연구들은, 우울증을 겪지 않은 여성들 가운데 삶에 심각한 문제가 있는 경우는 20퍼센트라는 것을 발견했다. 우울증을 겪은 여성들은 이 수치가 68퍼센트였다. 맞다, 나도 안다, 이 통계는 전혀 놀랍지 않다. 인생의 문제들이 당신을 슬프게 만든다. 하지만 반전이 있다. 우울증으로 이어지는 것은 나쁜 일들의 양뿐만이 아니었다. 인생의 안전장치 대 문제의 비율, 그러니까 당신이 주변 사람들로부터 얼마나 많은 지원을 받는지도 영향이 있다. 큰 문제들이 벌어지는데 아무런 도움도 없다면? 우울증에 걸릴 가능성이 75퍼센트다. 요한 하리는 저서 《물어봐줘서 고마워요(Lost Connection)》에서 '우울증은 단지 뇌가 고장이 나서 생기는 문제가 아니었다. 우울증은 잘못 돌아가고 있는 삶 때문에 발생했다'라고 밝혔다. 그리고 이런 결과는 전 세계에서 나타났다.

우울증을 다룬 2012년의 한 연구는 '현대화의 일반적, 구체적 특징들이 우울증에 걸릴 위험성 증가와 연관성이 있다'는 결론을 내렸다. 〈우울증과 현대화: 여성들에 대한 비교문화 연구〉라는 다른 연구는, 물질적으로 최악의 상황에 있는 나이지리아의 시골 여성들이 우울증에 걸릴 가능성이 가장 낮은 반면, 도시에 사는 미국 여성들은 그 가능성이 가장 높은 것을 발견했다. 서구 세계는 그 어느 때보다 더 부유해졌지만 그 어느 때보다 우울해졌다. 인생에는 불가피하게 문제들이 일어나기 마련이므로 이런 현상은 분명히 지원의 문제이다. 우리는 이를 우리가 사는 방식으로 받아들이지 못하고 있다.

그렇다면 이 문제에 대해 우리는 무엇을 했을까? 아, 우리는 위약을 주었다. 맞다, 프로작 같은 우울증 치료제 말이다. 2014년에 나온 한 논문은, '발표된 데이터와 제약업체들이 숨긴 미발표 데이터를 분석해보면, 대부분의(전부는 아니더라도) 이점들이 플라세보 효과에 의한 것임을 보여준다'라고 밝혔다. 〈프로작에 귀를 기울였지만 위약이 들리다〉라는 제목의 또 다른 연구는, 2,300명이 넘는 연구 대상자들을 살펴본 뒤

'약물 반응의 약 4분의 1은 유효한 약의 투약, 2분의 1은 플라세보 효과, 그리고 나머지 4분의 1은 다른 불특정한 요인들에 기인한다'는 것을 발견했다. 이 논문들이 전체 과학계로부터 빗발치는 반발을 불러일으켰을까? 아니다.

약을 휴지통에 던져버려야 한다는 말은 아니다. 약은 사람들을 돕는다. 하지만 그 도움이 꼭 우리가 생각하는 이유 때문에 발생하지는 않는다. 약의 효과에 대한 가장 중요한 설명은 약이 보살핌을 흉내 낸다는 것이다. 현대 사회에서 우리에게 부족한 보살핌 말이다. 하지만 누군가가 플라세보 효과를 얻지 못한다면? 혹은 플라세보 효과가 충분하지 않다면? 음, 그들은 보살핌을 받지 못한다는 느낌을 좀 더 직접적으로 해결할 수도 있을 것이다. 불법 마약으로.

더 많은 마약을 얻으려고 열심히 레버를 누르는 실험실 쥐의 이야기는 다들 알고 있을 것이다. 사이먼프레이저대학교(Simon Fraser University)의 심리학 교수 브루스 알렉산더Bruce Alexander는, 이러한 쥐들의 행동에 중독이 유일한 원인인지 궁금했다. 여러 마리의 쥐들을 장난감과 함께 우리에 넣고 쥐의 낙원을 만들면 어떻게 될까? 쥐들은 마약을 원하지 않는다. 그룹에 있던 쥐들은 혼자 있을 때면 25밀리그램의 모르핀을 사용했다. 쥐의 낙원에서는 5밀리그램 이하로 사용했다. 애초에 혼자 갇혀 있던 쥐들은 당연히 마약을 사용했으며 가장 심각한 중독 증상을 보였다.

〈사회적 애착이 중독 장애인가?〉라는 논문에서, 신경과학자 토머스

인셀Thomas Insel은 우리의 뇌가 타인에게 중독되어 있다는 결론을 내렸다. 그리고 약물 남용은 동일한 도파민 경로를 이용하여 우리의 회백질에서 결과를 모방한다. 우리가 공동체에 속해 있을 때는 자체 공급하는 '보살핌'에 기댈 수 있지만, 공동체가 없으면 다른 곳에서 공급받아야 한다는 것이다.

1980년과 2011년 사이에 모르핀 사용량이 30배 늘어났다. 하지만 모든 곳에서 늘어나진 않았다. 샘 퀴노네스Sam Quinones는 "가장 격심한 고통을 겪고 있는 지역이라고 해도 될 개발도상국들에서는 사용량이 증가하지 않았다. 대신 가장 부유한 국가들이 세계의 모르핀 거의 모두-90퍼센트 이상-를 소비했다"라고 말한다. 지위와 통제력에 초점을 맞추고 보살핌이 거의 없는 개인주의 국가에서 정신 건강 문제들과 중독이 폭발적으로 증가한다.

그렇다면 반대 경우를 생각해보자. 개인주의가 성행하지 않는 세계에선 어떤 일이 일어날까? 지위와 외재적 가치들이 단지 부차적인 정도가 아니라 일시적으로 사라진 곳에서는? 젠장, 판돈을 더 올려보겠다. 우리가 전쟁과 재난을 겪을 때 무슨 일이 일어나는가? 객관적으로 최악의 끔찍한 상황이 벌어지고 있다면?

답은 우리가 인간 본성으로 돌아간다는 것이다. 아마 당신은 인간 본성에 대해 부정적일 수도 있다. 현재 우리가 처한 상황에 대해 내가 묘사한 그 모든 끔찍한 이야기를 들은 뒤라서 특히 더 그럴 것이다. 아마 당신은 인간의 본성이 다윈주의적 잔인성이라고 생각할지 모른다.

적자생존, 무자비한 경쟁, 현대의 개인주의, 그리고 불쌍한 조지 프라이스의 이야기. 하지만 그게 진화 이야기의 전부는 아니다.

우리가 왜 이 지구에서 종들의 대장이 되었다고 생각하는가? 가장 똑똑했기 때문일까? 그렇진 않다. 네안데르탈인들이 제일 똑똑했다. 여러분의 뇌는 네안데르탈인들의 뇌보다 15퍼센트 작다. 최근의 발견들은 네안데르탈인들에게 불, 음악, 문화, 동굴벽화가 있었다는 것을 보여준다. 세상에, 우리 호모 사피엔스들이 도구의 사용 같은 몇 가지를 그들에게 배운 것 같다. 그런데 왜 우리가 이겼을까?

우리가 지구 생명체들의 그랜드 푸바가 된 건 가장 협력적이었기 때문이다. 그게 우리 종의 성공 비결이었다. 뤼트허르 브레흐만Rutger Bregman은 "네안데르탈인들이 초고속 컴퓨터였다면 우리는 와이파이가 설치된 구식 개인용 컴퓨터였다. 우리가 더 느렸지만 더 잘 연결되었다"라고 말한다.

1장에서 이야기했듯이 우리는 거짓말을 잘 감지하지 못한다. 하지만 그게 우리의 집단적 강점이다. 우리의 기본 설정은 서로를 믿는 것, 협력하는 것이다. 개인화된 네안데르탈인들이 "때려치워, 난 갈 거야"라고 말할 때 우리는 함께 뭉쳤다. 상황이 최악일 때도 협력하고 돕는 우리의 능력 덕분에 시간이 지나면서 우리가 이기고 그들이 졌다. 네안데르탈인들은 뇌가 더 큰데도 불구하고 10~15명으로 이루어진 부족 내에서만 협력할 수 있었지만, 우리는 뛰어난 협력 능력으로 100명 이상의 무리로 확대될 수 있었다. 그 전투들이 어떻게 흘러갔을지 상상이 될 것이다. 그리고 다윈의 글들을 자세히 읽어보면 그가 이러한 사실을 모르지 않았음을 알 수 있다. "가장 동정적인 구성원들을 가장 많이 포함한 공동체가 가장 번영하고 가장 많은 자손을 기를 것이다."

우리는 전쟁이나 재난처럼 객관적으로 최악의 상황에 처했을 때, 모두 '각자도생'할 것이라고 추측한다. 하지만 사실은 그렇지 않다. 1959년에 수행한 연구에서 사회학자 찰스 프리츠Charles Fritz는 재난에서 생존한 9,000명이 넘는 사람들을 인터뷰한 결과, 현대 사회가 지옥이 되었을 때 우리가 타고난 '협력 모드'로 되돌아간다는 사실을 알게됐다. 지위는 일시적으로 제쳐놓는다. 정치, 계급, 종교를 둘러싼 다툼은 무시한다. 지금은 그런 일에 신경 쓸 겨를이 없어! 양동이부터 집어들어! 우리는 정말로 중요한 일이 무엇인가에 대해 명확하게 파악한다. 일상생활에서는 불가능할 것 같은 명확함이다. 생과 사가 걸린 문제에서는 무엇이 의미 있는지 극명하게 드러난다.

당신에게 문제가 생기면 그건 당신의 문제다. 하지만 쓰나미 참화나 국가에 적이 침략했을 때처럼 우리 모두에게 문제가 생겼을 때, 그건 우리의 문제다. 우리는 함께 그 문제 속에 있다. 프리츠는 "위험, 상실, 박탈이 광범위하게 공유되면 생존자들 사이에 친밀한 집단 결속력이 생긴다. 그리고 이러한 결합은 보통 때는 거의 생기지 않는 소속감과 일체감을 제공한다"라고 썼다. 그리고 우리는 타고난 본성으로 되돌아간다. 우리는 천성적으로 편안함에 대한 욕구보다 연결에 대한 욕구가 더 크다. 그리고 상황이 최악일 때 인간은 최고의 모습을 보여준다.

2005년에 허리케인 카트리나가 뉴올리언스를 강타했다. 도시의 80퍼센트가 침수되고 1,800명이 넘는 사람이 목숨을 잃었다. 사람들이 어떻게 반응했을까? 음, 뉴스는 온통 무법 상태에 대한 보도뿐이었다. 살인, 강간, 약탈, 갱단의 장악이 헤드라인을 빼곡하게 장식했다. 하지만 그런 보도는 사실이 아니었다. 다음 달에 나온 더 자세한 분석은, '상황을 알만한 군사, 법률, 의학, 민간의 핵심 관계자들에 따르면 대피자들이 저질렀다고 보도된 악행들-집단 살인, 강간, 구타-의 대다수가 거짓이거나 적어도 증거가 뒷받침되지 않은 것으로 판명되었다'라고 밝혔다. 레베카 솔닛Rebecca Solnit은 그 모든 재난의 한복판에 있었던 데니스 무어Denise Moore와 이야기를 나누었는데, 무어는 "우리는 동물들처럼 갇혀 있었다. 하지만 나는 그곳에서 지금까지 본 최고의 인간애를 목격했다"라고 말했다.

델라웨어대학교의 재난 연구센터는 유사한 사건들에 대한 700개가 넘는 연구들을 검토한 뒤 이런 유형의 반응이 전반적으로 사실이라는 것을 발견했다. 우리는 이기적으로 남들을 이용하지 않고 단결했다. 브레흐만은 '약탈의 규모가 어느 정도건, 물품과 서비스를 아낌없이 대거 베풀고 공유하는 광범위한 이타주의 앞에서는 항상 빛을 잃는다'라는 한 연구자의 말을 인용한다.

집단이 위협을 받으면 우리는 기꺼이 희생한다. 그건 희생이 아니기 때문이다. 우리는 필요한 사람이 되고 도울 수 있어 기뻐한다. 재난이 덮치면 달아나기보다 현장으로 향하는 사람이 더 많다. 프리츠는 '재난

지역으로 가는 움직임이, 파괴 현장으로부터의 도주나 대피보다 양적으로나 질적으로나 더 현저하게 나타난다'라고 썼다. 그리고 이런 현상은 일반적이다. 애덤 메이블럼Adam Mayblum은, 9·11 테러 때의 경험을 레베카 솔닛에게 이야기했다. "그들은 우리를 공포에 떨게 하는 데 실패했다. 우리는 침착했다. 우리를 죽이고 싶다면 우리를 혼자 놔두어라. 그러면 우리는 스스로 죽을 것이기 때문이다. 우리를 더 강하게 만들고 싶다면 공격하라. 그러면 우리는 단결한다."

우리가 하나가 되면 위약은 필요하지 않다. 우리는 서로 보살피고 보살핌을 받는다. 전쟁 동안에는 정신질환으로 인한 입원이 감소한다. 이런 현상은 누차 기록되어 왔다. 1960년대에 벨파스트에 폭동이 일어났을 때 가장 폭력이 심한 구역들에서는 우울증이 감소했고, 폭력이 없던 곳에서는 우울증이 늘어났다. 심리학자 H. A. 라이언스H. A. Lyons는 '폭력을 정신 건강 개선 방법으로 제시하는 것은 무책임하겠지만, 벨파스트에서 발견된 결과들은 사람들이 공동체에 더 많이 참여할수록 심리적으로 더 나아질 것임을 보여준다'라고 썼다.

그리고 아마 가장 충격적인 점은 우리가 더 자주 행복하더라는 것이다. 유명한 인도주의자 도로시 데이Dorothy Day는, 1906년에 샌프란시스코에서 일어난 지진에 관해 쓰면서 '내가 당시의 일에 대해 가장 분명히 기억하는 건, 사건 후에 사람들이 보여준 온정과 친절이었다. 위기는 계속됐지만 사람들은 서로를 보살폈다'라고 했다.

그러다 위협이 가라앉으면 아이러니하게도 우리는 그리워하기 시작한다. 고통이나 불행이 아닌 공동체를 말이다. 사라예보 전쟁이 일어나고 20년 뒤에, 세바스찬 융거가 언론인 니드자라 아흐메타세비치Nidzara Ahmetasevic에게 그때 사람들이 더 행복해했는지 묻자, "우리는 행복했다. 더 많이 웃었다"라고 대답했다. 그러고는 "나는 전쟁에 관해 뭔가를 그리워한다. 하지만 또한 나는 누군가가 전쟁을 그리워하고 있다면 우리가 사는 세상과 누리고 있는 평화가 엉망이란 뜻이라고 생각한다. 그리고 많은 사람이 전쟁을 그리워한다"라고 덧붙였다.

전쟁을 일으키거나 다 같이 전기도 안 들어오는 초가집에서 살자는 말이 아니다. 하지만 제임스 브랜치 캐벌James Branch Cabell은 '낙관주의자들은 우리가 가능한 최고의 세계에서 살고 있다고 믿고, 비관주의들은 그 생각이 사실일까 봐 두려워한다'라고 썼다. 공동체와 행복에 관한 한, 우리는 어떤 면에서 우리 자신이 성공의 희생자라는 데 거의 의심의 여지가 없다. 현대 생활의 장점들은 쉽게 알아차릴 수 있지만, 의미와 공동체의 상실을 계산하는 것은 그만큼 더 힘들다.

초기의 인간의 삶은 일상적으로 재난을 겪었고 서로의 도움 없이는 생존할 수 없었다. 개인주의는 취급조차 하지 않았다. 개인주의를 잊어버리고 싶은 거의 무한한 이유들이 있다. 우리는 더 이상 서로에게 의지하지 않지만 여전히 서로 의지하도록 만들어졌다. 우리는 심지어 서로가 필요하지 않을 때에도 서로가 필요하다. 당신의 아이들에게 필요한 것들이 모두 충족되었는데도 당신은 여전히 뭔가 해주고 싶을 것이다. 아이들이 안전한데도 보호하려 하고, 음식이 풍부한데도 먹을 것을 주고 싶을 것이다. 아이가 원하는 모든 것을 가지고 있어도 당신은 여전히 아이를 보살피고 싶을 것이다. 하나의 문화로서 우리는 모든 필요를 '해결'하여 제로에 이르게 할 수 있다고 믿는 것 같지만, 그래도 우리는 여전히 다른 사람에게 필요한 존재가 되어야만 한다. 융거는, '인간은 고생을 개의치 않는다. 사실 고생을 즐긴다. 인간이 신경 쓰는 건 필요를 느끼지 않는 것이다. 현대 사회는 사람들이 서로의 필요를 느끼지 않도록 만드는 기술을 완성시켰다'라고 썼다. 많은 사람들이 인간관계가 얼마나 중요한지 다시 깨닫는 데는 전 세계적인 유행병이 필요했다.

우리는 더 똑똑해졌지만 덜 현명해졌다. 그냥 상투적인 말이 아니라 과학적으로 그렇다. 지혜는 단순히 지능지수가 아니다. 지혜는 타인에 대한 이해를 포함한다. 소득 수준이 서로 다른 2,000명의 미국인들을 조사한 연구원들은, 사람들이 부유할수록 덜 지혜롭다는 사실을 발견했다. 아니, 돈은 나쁜 게 아니다. 하지만 그게 바로 과학자들이 발견한 사실이다.

친구들이 어떻게 '또 다른 자아'인지 기억하는가? 공동체도 마찬가지다. 우리는 집단에 속할 때 그 집단도 우리의 일부에 포함시킨다. 공동체들이 또 다른 나, 또 다른 친구다. 실제로 어떤 면에서는 더 강한 영향을 미친다. 2020년의 한 연구는, 친구들이 서로 연결되어 있을 때 우리가 친구들로부터 가장 크게 지지받고 있다고 느낀다는 사실을 발견했다. 5명의 다른 친구들에게 각각 사랑받는 느낌은, 서로서로 유대관계에 있는 5명의 친구들에게 받는 경우보다 덜 효과적이었다. 친구들은 위대하다. 공동체는 그보다 더 위대할 수 있다.

단지 대면 접촉만 하는 것으론 충분하지 않다. 우리에겐 공동체가 필요하다. 사람들과의 접촉이 가져오는 건강상의 혜택들을 기억하는가? 148개의 종단적 연구들을 검토한 심리학자 줄리안 홀트-런스태드는, 공동체에 속해 있는 사람들이 7년의 기간 동안 사망할 가능성이 50퍼센트 더 낮았다는 것을 발견했다. 하지만 공동체의 면모가 가장 중요하다. 직원들과 보내는 시간이나 디지털과의 연결은 아무 효과가 없었다. 당신이 정말로 잘 알고 가깝다고 느끼는 사람들과 시간을 보내야만 더 오래 산다.

공동체에는 의무가 따른다. 하지만 부모가 되는 데 책임이 따르는 것처럼, 우리에겐 짊어질 짐이 필요하다. 우리는 자유의 길에서 좀 너무 멀리 갔다. 과도한 통제력을 가지면 충족감을 느끼지 못하기 때문에 우리는 양방향 도로를 원한다. 우리가 다른 사람들을 보살펴야 하는 것처럼 우리 역시 감정을 공유하고 보살핌을 받아야 한다. 가장 큰 행복을 느끼는 직업 목록을 살펴보면, 성직자, 소방관, 물리치료사, 교사 등 남을 돕는 직업들이 점령하고 있다.

내가 여러분을 슬프게 만들려고 현대의 삶에 관한 이 모든 기운 빠지는 이야기를 하는 건 아니다. 나는 여러분이 더 행복해지길 바란다. 하지만 요한 하리는 더 행복해지려고 노력하면 아마 실패할 것이라는 연구를 언급한다. 왜 그럴까? 행복에 대한 서구의 정의가 개인주의적이기 때문이다. 캘리포니아대학교 버클리 캠퍼스의 브렛 포드Brett Ford가 발견한 것처럼, 개인주의적인 노력은 효과가 없다. 여러분의 노력은 온통 나-나-나로 점철될 것이고 우리는 이미 그런 행태가 수백만 년 동안 이어진 인간의 본성과 맞지 않는다는 것을 알았다. 여러분은 잘못된 표적을 겨냥하고 있기 때문에 잘못된 결과를 얻을 것이다. 더 높은 지위, 더 많은 돈, 더 큰 통제력, 더 적은 의무는 행복을 가져다주지 않을 것이다. 포드가 하리에게 말한 것처럼, "행복이 사회적인 문제라고 생각할수록 당신은 더 나은 삶을 살 것이다." 당신은 더 행복해질 수 있다. 하지만 위로 올라가기 위해서는 먼저 다른 사람들을 어떻게 올릴지 생각해야 한다.

바라건대 볼트론(합체 로봇)처럼 우리가 모두 하나로 합쳐지기 시작하면 좋으련만. 자, 이제 이 이야기를 마무리할 때가 되었다. 우리가 섬인지 아닌지 최종 결론을 내려야 한다.

# 인생은
# 원맨쇼가 아니다

그들은 법적으로 이미 사망한 것이나 다름없었다. 재산을 다 빼앗기고 결혼도 무효화되었다. 하지만 그들은 끔찍한 취급을 받는 것에 익숙해져 있었다. 바로 나환자들의 이야기다.

때는 1866년, 하와이 영토는 나병 문제를 '해결하고' 있었다. 이 병에 겁을 먹은 당국은 나환자들을 몰로카이(Molokai)섬으로 추방하기로 결정했다. 나병 환자는 16명이었고 그중 비교적 건강한 사람은 4명뿐이었다. 2명은 중증이었다. 다른 3명도 곧 병세가 위중해질 것이다.

몰로카이에는 병원도, 그들을 보살필 직원도 없을 것이다. 그들은 거의 맨몸으로 쫓겨났다. 그들에게 주어진 것은 담요 몇 장과 그들이 사용할 줄도 모르는 농기구 몇 개가 전부였다. 주어진 식량은 며칠밖에 못 버틸 정도였고 섬의 오두막들은 쓰러져 가고 있었다. 스스로의 힘으로 살아남으라고 남겨졌다는 말은 너무 너그러운 표현이다. 그들은 죽으라고 버려졌다.

게다가 그들은 서로 모르는 사람들이었다. 가족이나 친구가 아니었다. 건강한 사람이 병자를 도울 이유가 없었다. 사실 정반대였다. 건강한 사람들이 식량을 모두 차지하고 쇠약한 사람들을 돌보는 데 시간을 낭비하지 않는다면 그들의 생존 가능성이 크게 늘어날 것이다. 소금에 절인 돼지고기와 선원용 건빵을 가장 건강한 네 사람끼리 나누면 몇 주는 먹을 수 있을 터였다.

환자 분류만이 살 길이었다. 쇠약한 사람들은 버릴 때였다. 그들은 모두를 죽게 만들 짐 같은 타인이었다. 그게 유일한 이성적인 판단일 터였다.

2주 뒤에 배가 다시 섬을 찾았다. 도움을 주기 위해서가 아니라 더 많은 나환자를 내려놓기 위해서였다. 그리고 선원들은 눈앞의 광경에 놀라서 얼이 빠졌다.

오두막들은 수리되어 있었고, 땅에는 작물의 씨가 뿌려져 있었다. 환자들의 몸을 따뜻하게 해줄 장작불이 24시간 내내 꺼지지 않았다. 신선한 물도 찾아냈다. 그들 중 비교적 건강한 사람들은 식량을 독차지하지 않았고, 오히려 몸이 약한 사람들을 보살피는 데 모든 시간을 썼다. 다른 사람들은 요리를 하고 그들이 꾸리기 시작한 지속 가능한 삶을 돌보았다. 그 결과 1차로 떠난 모든 환자들이 살아 있었다.

강한 사람들은 '이성적'인 일을 하지 않았고 이기적인 생존을 선택하지 않았다. 그들은 본능에 따라, 인간 본성에 따라 움직였다. 그들은 사람들을 돌보는 비이성적인 선택을 했다.

그냥 그럴싸한 이야기가 아니냐고? 전혀 아니다. 《해적, 죄수, 그리고 나병 환자들: 법의 테두리 밖에서의 삶에서 배운 교훈(Pirates, Prisoners, and Lepers: Lessons from Life Outside the Law)》에서 자세히 설명한 것처럼, 펜실베이니아대학교의 폴 로빈슨Paul Robinson과 새라 로빈슨Sarah Robinson은, 이런 대응은 역사 내내 전 세계에서 가장 끔찍한 상황에 처한 집단들에서 되풀이해 발견되었다고 설명한다. 항상 그렇진 않지만 빈번히 나타난다. 하나의 종으로서의 우리의 성공을 가져온 것이 '비이성적' 협력이기 때문이다.

우리는 이 지구에서 우위를 차지할 운명이 아니었다는 걸 종종 잊어버린다. 우리는 호모 사피엔스의 12만 5,000세대의 대부분의 기간 동안 멸종 위기 상태로 살아왔다. 만약 우리가 자주 협력하지 않았다면, 말이 안 되는 상황일 때에도 도박하듯 다른 사람들을 돕는 쪽을 선택하지 않았다면, 간단히 말해 당신은 지금 여기에서 이 책을 읽고 있지 못할 것이다.

몰로카이의 나병 환자 거주지는 실제 섬이었다. 하지만 그곳이 증명한 것은 당신과 나는 섬이 아니라는 것이다.

자, 여러분은 지금까지 무엇을 알게 되었는가?

외로움은 괴롭고 우리는 그 어느 때보다 외롭지만, 이 문제는 사람이 부족해서가 아니라 공동체의 결핍과 관련되어 있다. 그리고 외로움은 비교적 최근에 나타난 개인주의에서 탄생한 새로운 현상이다. 우리는 또한 더 창의적이 되기 위해, 지혜를 찾기 위해, 그리고 자기 자신과 만나기 위해 좀 더 의도적으로 고독을 이용할 수도 있다. 하지만 우리의 은둔자 크리스 나이트만큼의 고독은 필요하지 않다(하버드의 심리학자 질 훌리Jill Hooley는 실제로 크리스에게 조현성 성격장애가 있다고 생각한다). 우리는 19세기 이전에 그랬던 것처럼 공동체와 고독 사이에서의 균형이 필요하지만, 지금은 어느 쪽도 충분히 누리지 못하고 있다.

인기는 좋은 것이지만 우리 사회는 호감 가는 사람이 되기보다는, 지위, 권력, 명성을 택하는 잘못된 유형의 인기를 양성하고 있다. 이런 선택은 일반적으로 좋은 결과로 이어지지 않는다. 당신의 딸이 CEO 대신 유명인의 비서가 되길 원하는 건 그 때문이다. 공동체가 결핍되면 우리의 뇌는 안전하지 않다고 느껴서, 삶과 관계에 대해 더 강한 통제가 필요하다며 우리를 몰아붙일 것이다. 그리하여 우리는 충족감을 얻지 못하는 기술과의 준사회적 관계를 선택하게 된다. 소셜 미디어가 악한 건 아니다. 하지만 우리는 흔히 소셜 미디어를 실제 인간관계와 공동체를 대체하기 위해 사용하기 때문에, 소셜 미디어의 해악들이 긍정적인 점들을 자주 넘어선다. 페퍼다인대학교의 심리학자 루이스 코졸리노Louis Cozolino가 말한 것처럼 "문제는, 당신이 사랑의 대체물에 의존하면 결코 만족할 수 없다는 것이다." 그리고 제발 베개와 사랑에 빠지진 말라.

우리의 초개인주의적인 사회의 결과로써, 행복감은 줄어들고 우울증은 늘어났다. 우리는 항우울제의 플라세보 효과와 아편의 가짜 위안을 통해 대처하려고 애써 왔지만 소용없을 것이다. 우리에게 필요한 것은 더 많은 공동체다. 그것이 우리의 본성이며, 자연재해가 이따금씩 현대성의 껍데기를 벗겨낼 때면 우리가 얼마나 천성적으로 선하고 협력적인 존재인지 알 수 있다. 허리케인 카트리나부터 몰로카이섬의 나환자들까지, 우리가 되풀이해보여준 것처럼 삶이 최악의 상태일 때 우리는 최고의 모습을 보여준다. 권위에 대한 욕구를 버릴 때, 공동의 문제들에 직면하여 '함께할 때', 우리는 개인적 실리는 그다지 중요하지 않으며 과도한 통제력은 필요하지 않고 서로를 위해 희생하면, 너무나 놀랍게도 더 행복에 가까워진다는 것을 알게 된다. 그러기 위해 재난이나 전쟁을 기다리진 말자. 플라세보 연구가 보여준 것처럼 우리 모두는 누군가가 우리를 보살피고 있다는 것, 우리가 혼자가 아니라는 것, 무엇이 우리를 괴롭히건 누가 도와주러 오고 있다는 것을 알아야 한다.

이 장의 격언에 대한 최종 판결은 뭘까? 내가 군이 말해야 할까? 좋다, 공식적인 기록으로 남기기 위해 말하겠다.

**'어떤 인간도 섬이 아니다' = 진실.**

1800년대는 혁명적인 새로운 개념들을 낳았고, 이 개념들은 수많은 좋은 일들로 이어졌지만 얼마간 그리 좋지 않은 일들도 생겨났다. 개인주의는 도를 지나쳤고 우리는 공동체에 대한 영양결핍으로 정서적 괴혈병에 걸렸다. 그리고 이 지점에서 우리의 사랑스러운 주제인 '이야기'

가 다시 등장한다. 이야기들이 공동체에 어떤 역할을 할까. 리 마빈Lee Marvin은 "당신에 관한 이야기라고 가정하면 죽어야 이야기가 끝난다"라고 말한 적이 있다.

**당신이 이야기의 유일한 등장인물은 아니다.**

인생이라는 이야기는 '원맨쇼'가 아니다. 아마 한 시간짜리 드라마(운수 사나운 날은 시트콤)일 수 있지만, 인물들이 전부 캐스팅되지 않으면 비극이 될 것이다. 젠장, 아이가 생기면 당신은 심지어 더 이상 이야기의 주인공이 아닐 수도 있다. 하지만 대신 앞으로의 여행에서 주인공을 돕는 현명한 멘토가 될 수 있다.

우리는 의식적으로 항상 더 많은 자율성과 통제력을 얻으려 노력하지만 태생적으로는 원맨쇼와 맞지 않다. 만약 원맨쇼와 맞는다면 플라세보 효과가 효력이 없을 것이다. 여러분은 '다 괜찮을 거야'라고 말해주는 누군가가 필요하다. 영웅은 다른 사람들을 구해야 하고 때때로 자기 스스로도 구원해야 한다.

와, 어느새 마지막 장까지 왔다. 여러분과 나, 우리가 해냈다. 이제 가장 묵직한 수수께끼를 풀 시간이 됐다. 인생의 의미 말이다. 그럼 마지막 이야기로 결론에 들어가 보자.

# 결론 비스무리한 것

조반니 보로메오Giovanni Borromeo는 그저 죽음을 막고 싶었다. 1943년에 치명적인 질병이 그가 사는 로마를 휩쓸었다. 의사들은 질병의 정체를 알 수 없어서 'K 증후군'이라고 불렀다. 이 질병은 극도로 전염성이 높아서 감염자들은 폐쇄 병동에 격리돼 있어야 했다.

병의 초기 단계는 결핵과 유사했지만 진행 과정은 훨씬 더 끔찍해서 마비, 치매 같은 신경질환 증상들을 일으켰고 결국 환자는 숨을 쉬지 못해 사망했다. 아이들이 가장 심한 고통을 겪었다. 항상 아이들의 쉴 새 없이 터져 나오는 격렬한 기침소리가 공기를 가르며 복도에 울려 퍼졌기 때문에 가까이에 K 증후군 병동이 있다는 걸 알아차릴 수 있었다.

누구도 이런 병을 본 적이 없었다. 병을 일으키는 근원적인 병원체가 밝혀지지 않았고 치료법도 없었다. 당시는 전염병학이 아직 걸음마 단계였고 유럽에서 여전히 전쟁이 한창이어서 아무 도움도 받을 수 없었다. 조반니의 가장 큰 두려움은 전염병이 그가 사랑하는 병원 내부뿐 아니라 로마 전역에 퍼지는 것이었다. 불과 25년 전인 1918년에 발생한 독감에 5억 명이 감염되어 세계 인구의 거의 5퍼센트가 목숨을 잃었다.

상황이 나쁜 데다 빠른 속도로 악화되고 있었지만 적어도 조반니는 완벽한 곳에 있었다. 파테베네프라텔리Fatebenefratelli 병원은 티베르Tiber 강의 작은 섬에 있었고 창궐하는 전염병과 전쟁을 벌인 전통이 있었다. 1656년에는 페스트와 싸웠고 1832년에는 적군이 콜레라였다. 이 병원은 피난처였고 이곳 의사들은 항상 해왔던 일을 할 것이다. 어떤 대가를 치르더라도 생명을 구하기 위해 싸울 것이다.

하지만 질병이 유일한 위협은 아니었다. K 증후군이 조반니를 죽이지 않으면 나치가 죽일 수도 있었다. 나치는 병원을 사찰했고 조반니의 간섭을 달가워하지 않았다. 일부 직원들은 나치가 원하는 대로 K 증후군 병동을 점검하도록 놔두라고 중얼거렸다. 하지만 조반니는 생명을 구하기 위해 최선을 다했다. 그는 나치를 미워했지만 그들이 죽게 놔두진 않을 것이다. 그는 나치가 K 증후군 병동에 들어가는 걸 계속해서 막았다.

한번은 그 일 때문에 실랑이가 벌어졌다. 조반니는 나치가 자신을 건방지다며 끌고 가지 않을까 생각했다. 하지만 다행히 아이들의 심한 기침 소리를 들은 그들은 마음을 바꾸고 떠났다.

끔찍한 시간이었다. 조반니는 그가 할 수 있는 일을 했다. 그는 그저 죽음을 막고 싶었다. 결국 전쟁이 끝냈다. 그리하여 좋은 의사였던 그는 나치가 목숨을 걸고 K 증후군 병동으로 들어가도록 두지 않았다. 또 다른 기적은 그가 감염되지 않았다는 것이었다.

하지만 사실 그 병은 전염성이 전혀 없었다.

무슨 말이냐면, 친애하는 독자들이여, K 증후군은 존재하지 않는다. 그건 지어낸 이야기였다. 거짓말이었다. 내가 말한 것처럼 조반니 보로메오는 그저 죽음을 막고 싶었다. 그러니까 무고한 유대인의 죽음 말이다. 파테베네프라텔리는 유대인들의 피난처였다.

당시 나치는 로마에 있는 유대인 1만 명을 잡아들인 후 배에 태워 강제수용소로 보냈다. 파테베네프라텔리 병원 건너편에는 유대인 거주 지역이 있었는데, 붙잡히지 않은 소수의 유대인들이 병원으로 피신하곤 했다. 조반니와 동료 의사들은 그들을 받아들였다. 하지만 숨겨야 할 게 많았다. 나치가 계속 병원을 찾아왔기 때문에 뭔가 계획을 세우지 않으면 들킬 것이고 그러면 모두가 죽을 것이다. 그래서 그들은 'K 증후군'이라는 이야기를 만들어냈다.

병원에서 근무했던 또 다른 의사 아드리아노 오시치니Adriano Ossicini는 나중에 한 인터뷰에서 "우리는 유대인들이 환자인 것처럼 서류를 꾸몄다. 그리고 그들이 K 증후군이라고 말했지만 사실은 모두 건강했다"라고 회상했다.

의사들은 겁이 났지만 그래도 긴장을 덜기 위해 작은 재미를 즐겼다. K 증후군에서 K가 무엇을 뜻하는지 아는가? 의사들은 그들이 지어낸 가짜 질병에 나치 사령관인 케셀링Kesselring의 이름을 붙였다. 그리고 끔찍한 질병인 것처럼 이야기를 꾸미고 '환자'들을 개인 병실에 격리시킴으로써 나치에게 겁을 주어 쫓아버렸다.

조반니는 1961년에 그가 사람들의 생명을 구했던 그 병원에서 세상을 떠났다. 100명이 넘는 사람들이 그 증후군 덕분에 목숨을 건졌다. 그리고 2004년에 이스라엘의 홀로코스트 추모관인 야드 바셈Yad Vashem은, 조반니 보로메오를, 홀로코스트 동안 목숨을 걸고 나치로부터 유대인들을 구한 비유대인을 가리키는 '열방의 의인'으로 선정했다.

K 증후군은 진짜가 아니었다. 하지만 그보다 훨씬 더 중요한 건 그 이야기가 목숨을 구했다는 것이다.


이 책의 서문에서 나는 마지막에 삶의 의미에 대한 답을 알려주겠노라고 약속했다. 그리고 이제 우리는 거의 끝에 다다랐다. 그러니, 음, 약속을 지킬 시간이 된 것 같다.

정의하자면, 의미는 삶의 모든 것을 연결하는 무언가여야 한다. 삶의 의미는 우리가 하는 대부분의 일에 대해 표면 아래에서부터 동기를 부여하고, 우리가 그에 부합할 땐 행복하고 그렇지 않을 땐 불행하게 만드는 무언가여야 한다.

자, 각설하고 삶의 한 가지 진정한 의미는 무엇인가?

제기랄, 나라고 알겠나. 여러분이 이 부분에서 진지한 모건 프리먼식의 지혜를 기대하고 있다는 건 안다. 하지만 나는 캘리포니아주에서 형이상학을 설파해 돈을 벌 면허증이 없다. 물론 내겐 1톤 가량의 연구 자료들이 있지만 영원한 진실과 연결되는 핫라인은 없다. 내게 삶의 한 가지 진정한 의미 같은 심오한 뭔가를 물어보면, 나는 쇼핑몰에서 엄마를 찾지 못한 아이처럼 두리번거릴 것이다.

안다, 알고 있다, 그다지 만족스러운 답은 아니다. 하지만 여러분은 나를 탓해선 안 된다. 내가 찾아보니 '삶의 의미는 무엇인가'는 사실 꽤 오래전부터 전해 내려온 다루기 쉽지 않은 질문이다. 믿거나 말거나 이 질문은 1843년에 처음 영어로 등장했다.

자그마치 19세기에 등장했다는 거다. 외로움과 마찬가지로 말이다. 그 전엔 의미가 미리 정해져 포장되어 나왔다. 그래서 구태여 의미를 물어보지 않았다. 그러다 새로운 개인주의적 개념들이 장악하기 시작했다. 과학이 꽃을 피웠다. 그 덕분에 우리는 물질세계에 대한 더 나은 답들과 그 세계에 대한 더 많은 통제력을 얻었고, 이런 변화는 상당한 환영을 받았다. 하지만 정작 인생의 의미를 알려주는 우리 자신의 이야기들을 잃어버리면서 생겨난 정서적 공허를 채워주진 못했다.

흠, 그래도 아마 답이 있을 것이다. 다른 각도에서 접근해보자. **우리가 삶이 얼마나 의미 있다고 인지하는지 예측해주는 것은 무엇인가?**라고 물어보자. 2013년의 한 연구는 이 질문에 대해 매우 강력하고 분명한 답을 발견했다. 바로 '소속감'이다.

실제로, 〈소속되는 것이 중요하다. 소속감이 인생의 의미를 높여준다〉라는 제목의 그 논문은, 소속감과 인생의 의미 사이의 연관성만 발견한 게 아니었다. 실제로 소속감은 인생의 의미를 느끼게 만들어준다. 게다가 이런 과학적 결과가 딱 한 번만 나온 것도 아니었다. 같은 저자인 플로리다주립대학교의 로이 바우마이스터 교수가 쓴 또 다른 논문은, 소속되고 싶은 욕구를 우리 종의 '가장 중요한 동기'로 상정했다. 그리고 그 연구는 저항에 부딪치기는커녕 2만 4,000번 이상 인용되었다.

소속되는 것. 이것이 우리 종의 초능력이 협력인 이유다. 인간의 뇌에 누군가가 보살피고 있다고 말해줌으로써 치료를 하는 플라세보 효과가 그 증거라고 말할 수 있다.

조금씩 모건 프리먼식의 지혜가 등장하고 있다. 나는 겸허하게 당신에게 말한다. **소속되는 것이 인생의 의미다.**

19세기와 개인주의 이전에 우리의 모든 이념은 소속과 연결에 대한 이야기들이어서, 우리는 혼자가 아니고, 따라서 여러분이 이야기의 유일한 등장인물이 아니라는 것을 상기시켜주었다. 의미와 소속은 항상 이야기들로 포장되어 우리가 살아가는 데 지침이 되는 이념들의 형성을 도왔다.

그러면 어떤 사람들은 '그 이야기들 대부분은 사실이 아니었다'라고 말할 것이다. 난 그걸 부인하진 않는다. 닐 게이먼Neal Gaiman이 말한 것처럼, '이야기들은 거짓일 수 있다. 하지만 진실을 말하는 좋은 거짓들이다.' 이야기들의 주된 목적은 우리가 알건 모르건 진실이 아니라 결속이었다. 이야기들이 항상 사실을 제대로 짚는 건 아니지만 인생의 의미, 그러니까 소속에 대해서는 제대로 이해한다. 인체가 가짜 이야기를 플라세보 효과로 받아들이는 격이다. 침술은 도움이 되지 않지만 침술이 제공하는 보살핌은 소속되었다는 분명한 표시이고, 중요한 건 그거다.

소속감의 힘은 굉장히 강해서 우리의 이야기가 도전을 받게 되면, 우리는 주먹 너클을 끼고 상대를 후려쳤다. 꼭 역사학 박사가 아니더라도 인류에게 수많은 문제를 일으켰던 이런 류의 싸움은 알고 있을 것이다. 나는 전쟁 중에 한 집단 내에서 일어나는 결속력에 대해선 많이 이야기했지만, 애초에 전쟁이 일어난 원인에 대해서는 편의상 언급하지 않았다. 이야기를 공유하는 한 집단 내의 협력이 우리 종의 초능력일 수 있지만, 우리는 다른 이야기들을 가진 집단에 대해서는 그 구성원들을 죽이는 것도 불사하지 않았다.

그렇다면 답이 뭘까? 우리의 이야기들이 서로 배타적일 때 어떻게 소속감을 유지할까? 해결책은 간단하다. 더 많은 이야기가 있으면 된다. 우리는 새로운 방식으로 우리를 결속시킬 또 다른 이야기를 계속해서 만들어낼 수 있다. 그리고 지금 그렇게 하고 있다. 여러분은 나와 가족은 아닐지 몰라도 친구다. 여러분은 나와 종교가 다를 수 있지만 같은 나라의 국민일 수 있다. 이런 공통점이 하나도 없을 수 있지만 우리 둘 다 〈스타워즈〉의 팬일 수 있다. 새로운 이야기들은, 이전의 이야기들이 실패했을 때 우리를 결속시킬 수 있다. 우리는 항상 같은 부족의 일원이 될 수 있고 소속의 이야기를 공유할 수 있다. 우리가 노력만 한다면 서로 연결될 수 있는 방법은 무수히 많다. 협력이라는 기본 설정을 되살리기 위해 전쟁이나 재난이 필요하진 않다. 19세기에 우리의 지배적이고 포괄적인 이야기가 바뀌었다. 하지만 우리가 원한다면 다시 바꿀 수 있다.

어쩌면 지금은 좀 덜 이성적이어야 하고, 이야기는 좀 더 많이 필요한 때일지 모른다. 맞다, 내가 이런 말을 하는 건 아이러니하다. 나는 몇

백 페이지에 걸쳐 여러분의 눈앞에 과학 연구 자료들을 들이민 사람이니 말이다. 하지만 나는 또한 이 책에 이야기들도 포함시켰다. 그렇지 않은가? 2020년의 한 연구는 '우리는 심각한 위협, 건강, 혹은 자기 자신과 관련된 문제들처럼 정서적 몰입이 높은 때는 일화적 증거가 통계 증거보다 더 설득력 있다는 사실을 발견했다'라고 밝힌다. 이러는 내가 얍삽한 놈인 건 맞다. 하지만 이건 우리에게 이야기가 필요하다는 확실한 증거다.

나는 여전히 사실과 통계를 좋아한다. 사실과 통계는 엄청난 가치가 있으며 우리의 삶을 극적으로 개선시켰다. 하지만 우리가 과학 이론들을 통해 삶의 의미를 발견하진 못할 것이다. 우리에겐 개인을 넘어 소속감을 느끼게 해주는 결속력 있는 이야기가 필요하다. 마크 트웨인은 '환상을 버리지 말라. 환상이 사라지면 당신은 여전히 존재는 할 수 있지만 더 이상 살아 있지 않다'라고 썼다.

**우리는 소속되어야 한다.** 그리고 우리 모두는 우리를 결속시킬 이야기가 필요하다. 이 책은 '각자의 모험을 스스로 선택해나가는' 형식이 아니지만, 여러분의 삶에선 여러분의 모험을 스스로 선택해야 한다. 그러니 이게 끝이 아니다. 시작이다.

우리는 외계인으로 오해받은 전자레인지, 천재적인 말, 도둑질하는 은둔자, 완벽한 기억의 위험, 카사노바, 나환자 군락, 일당백 군인, 거짓말쟁이 축구선수, 베개 여자친구, 가짜 약, 전도사와 포르노물 제작자의 우정을 살펴보았다. 여자 셜록 홈스, 에드거 앨런 포의 낚시질, 인질 협상가, 분만실에 등장한 쇠사슬, 세상에서 가장 우호적인 사람들, 거부당한 비아그라, 그리고 가짜 질병으로 나치를 속인 사건도 이야기했다. 이 미친 여행을 나와 함께해준 여러분에게 감사하다.

지금까지의 여정에서 여러분이 무언가 배웠길 바란다. 나는 분명 배운 게 있다. 나는 이 책에서 소개한 교훈을 너무 늦게 알게 되어 후회막급이었다. 내가 여러분의 그런 후회를 좀 덜어주었으면 하는 마음이다. 나는 친화성 검사에서 100점 만점에 4점을 받은 사람이지만, 내 인생에서 가장 기억에 남는 순간들, 감동받았던 순간들을 돌이켜보면, 언제나 혼자가 아니었다. 그런 순간들은 늘 내가 사람들과 함께 있을 때 찾아왔다. 내가 소속감을 느꼈던 곳 말이다.

지금 여러분이 소속감을 느끼지 못한다면 이 책의 마법 같은 플라세보 치유력을 잊지 말라. 농담이 아니라 그 치유력은 침술만큼 고통을 덜어준다. 이 책을 손에 쥐기만 해도 표지에 담긴 미디클로리언(《스타워즈》에 등장하는 지적 생명체로, 포스와 직접 접촉할 수 있다-옮긴이 주)들이 당신의 고통을 치유해줄 것이다. 과학적으로 그렇다. 내게 편지를 보내고 싶다면 내 이메일 주소는 eb@bakadesuyo.com이다.

이제 나는 여러분보다 내가 더 이 책이 필요하다는 것을 깨달았다. 내 모든 삶, 이야기는 고독했다. 버디 무비나 로맨스 코미디나 여러 사람이 조화를 이루는 드라마가 아니었다. 원맨쇼였다. 하지만 나는 프랑켄슈타인의 괴물이 겪은 외로움에서 교훈을 얻었다.

그래서 나는 이제 가야 한다. 내 친구들을 만나러. 친구들을 껴안고 사랑한다고 말해야 한다. 아마 "네 내장을 먹고 싶어"라고 말할지도 모르겠다.

'빨리 가고 싶으면 혼자 가고, 멀리 가고 싶으면 함께 가라'는 오래된 아프리카 속담이 있다. 나는 아주 오랜 세월 동안 빨리 갔다. 하지만 길은 내가 생각했던 것보다 훨씬 더 길었다. 더 이상 빨리 가는 것만으론 안 된다. 나는 멀리 가야 한다.

우리 함께 가지 않겠는가?

# 자료

계속해서 이야기했듯이 외로움은 심각한 문제다. 힘들다면 도움을 얻어야 한다. 내 웹사이트에 도움이 될 만한 최고의 자료들을 모아놓았다. www.bakadesuyo.com/resources에서 보면 된다.

도움을 받는 건 부끄러운 일이 아니다. 2020년에 공상 과학 소설 같은 상황이 벌어진 뒤, 나를 포함해 너무도 많은 사람이 단절된 기분을 느꼈다. 봉쇄 조치 속에서 내 기분은 엉망이 되었고 영혼은 기름에 튀겨진 느낌이었다.

지금 힘든 시간을 보내고 있다면 위의 홈페이지를 방문하길 바란다. 외로움 문제는 때론 너무 등한시되고 있어서 어떤 이들은 저 페이지를 '이용 약관'쯤으로 생각할는지도 모른다. 그러나 누군가에겐 분명히 필요한 정보를 줄 것이다. 자기 자신을 고통받게 내버려 두는 건 존재론적 배임행위에 해당된다. 그리고 더 중요한 건, 이것만은 부디 기억하라.

당신은 혼자가 아니다.

# 작별 인사를 하기 전에

당신이 아무리 고립되어 있고 외롭다고 느끼더라도 당신의 일을

진실하고 성실하게 하면 미지의 친구들이 당신을 찾아올 것이다.

_칼 융


앞에서 말했듯이 이것은 끝이 아니고 시작이다. 우리 자신을 더 잘 알고

타인을 이해하며, '더 나은 사람'이 되기 위한 방법을 배우는 시작이다.

　우리의 여행은 계속될 것이다. 현재까지 50만 명이 넘는 사람들이 내

무료 뉴스레터를 구독하고 있다. www.bakadesuyo.com/newsletter

　우리 함께 더 멀리 가자.

# 감사의 말

책을 쓰는 일은, 농담을 하고는 그 농담이 재밌었는지

아닌지 알기 위해 2년을 기다려야 하는 것과 같다.

_알랭 드 보통

감사의 말을 읽는 사람은 거의 없다. 솔직히 말해 그건 유감스럽다. '어떤 책도 섬이 아니기' 때문이다. 이 문장들의 모음이 여러분의 손에 가기까지 많은 분들이 도움을 주셨고 그분들은 얼마간의 칭찬을 받아야 마땅하다.

비록 읽는 사람은 별로 없겠지만 이 부분을 쓰려고 하니 감격스럽다. 당연히 드려야 할 감사를 표할 수 있게 된 것인데도, 마치 내가 사람들에게 기사 작위를 내릴 수 있게 된 것 같은 기분이다.

- 내게는 아리스토텔레스가 말한 진정한 친구인 제이슨 핼록Jason Hallock이 있다. 핼록은 분명 나에게 있어 '또 다른 나'이며, 심지어 훨씬 더 싹싹한 나다. 그는 너무도 자주 내가 무너지지 않도록

지탱해주는 버팀목이 되어 주었다.

- BCU(바커의 세계 속 우주)의 막강한 영웅들인 닉 크래스니Nick Krasney, 조시 카우프만Josh Kaufman, 데이비드 엡스타인David Epstein 은, 내가 완전히 혼자였던 팬데믹 봉쇄 기간 동안, 나를 버틸 수 있게 해준 사람들이다. 내 은행잔고가 얼마건 내 인생에 이 친구들이 있으니 나는 부자다.

- 과거 어떤 골칫덩이(나)가 나타날지 전혀 모르셨을 내 부모님.

- 내 대리인 짐 레빈Jim Levine, 편집자 기디언 웨일Gideon Weil과 힐러리 스완슨Hilary Swanson, 세 분은 예상 외로 묵묵히 나의 온갖 별난 짓들을 참아주셨다.

- 나는 또한 가우탐 무쿤다Gautam Mukunda, 돈 엘모어Don Elmore, 마이크 구드Mike Goode, 스티브 캠Steve Kamb, 팀 어번Tim Urban의 내장을 먹고 싶다.

- 그리고 내 블로그를 읽어준 모든 분들, 여러분은 대단하다. 한마디로 굉장하다. 여러분은 내 공동체, 내 부족이다. 여러분은 미처 깨닫지 못했겠지만, 내 인생을 더 좋은 방향으로 바꿔놓았다. 여러분이 내게 얼마나 소중한지 말로는 도저히 표현이 안 된다.

**옮긴이 박우정**

경북대 영어영문학과를 졸업하고 현재는 출판 번역 에이전시 유엔제이에서 도서 전문 번역가로 활동
하고 있다. 옮긴 책으로《세계 최고의 부자들을 만난 남자》《메이크 타임》《스프린트》《불평등이 노년
의 삶을 어떻게 형성하는가》《왜 신경증에 걸릴까》《자살의 사회학》《좋은 유럽인 니체》《역사를 이
긴 승부사들》《평면의 역사》《아들러 평전》등이 있다.

똑똑한 개인주의자를 위한 타인 사용설명서

1판 1쇄 발행 2023년 03월 13일

지은이 에릭 바커
옮긴이 박우정
발행인 오영진 김진갑
발행처 토네이도미디어그룹㈜

책임편집 유인경
기획편집 박수진 박민희 박은화
디자인팀 안윤민 김현주 강재준
마케팅 박시현 박준서 조성은
경영지원 이혜선 임지우

출판등록 2006년 1월 11일 제313-2006-15호
주소 서울시 마포구 월드컵로5가길 12 서교빌딩 2층
원고 투고 및 독자 문의 midnightbookstore@naver.com
전화 02-332-3310 팩스 02-332-7741
블로그 blog.naver.com/midnightbookstore
페이스북 www.facebook.com/tornadobook
인스타그램 @tornadobooks

ISBN 979-11-5851-262-0 (03190)